Gnade, die befreit – 25 Predigten für ein kraftvolles Leben
Copyright © 2025 Marlen Lange
Lilienweg 1a, 24536 Neumünster

1. Auflage März 2025

Bibelzitate sind, soweit nicht anders angegeben, entnommen aus:
Neue evangelische Übersetzung von Karl-Heinz Vonheiden, NEÜ
© 2023 (Textstand 2023.01)
Gute Nachricht Bibel, durchgesehene Neuausgabe 2018, Deutsche Bibelgesellschaft Stuttgart
Einheitsübersetzung der Heiligen Schrift, 2016, Katholische Bibelanstalt GmbH Stuttgart
Elberfelder Bibel 2006 by SCM R. Brockhaus in der SCM Verlagsgruppe Gmbh Stuttgart
Hoffnung für alle, TM, Copyright 2015 by Biblica, Inc.
Bibel nach Martin Luthers Übersetzung, revidiert 2017, © 2016, Deutsche Bibelgesellschaft Stuttgart
Neue Genfer Übersetzung - Neues Testament und Psalmen, Copyright © 2011 Genfer Bibelgesellschaft
Neues Leben Die Bibel © der deutschen Ausgabe 2002/2006/2017 SCM R. Brockhaus in der SCM Verlagsgruppe Gmbh Stuttgart
Schlachter Bibel, Copyright © 2000 Genfer Bibelgesellschaft, Franz Eugen Schlachter
Das Buch. Neues Testament, Psalmen, Sprichwörter - übersetzt von Roland Werner © 2022 SCM R.Brockhaus in der SCM Verlagsgruppe GmbH, Holzgerlingen

Verlag: BoD · Books on Demand GmbH, Überseering 33, 22297 Hamburg, bod@bod.de
Druck: Libri Plureos GmbH, Friedensallee 273, 22763 Hamburg
ISBN: 978-3-7693-7600-5

Die Deutsche Nationalbibliothek verzeichnet diese Publikation in der Deutschen Nationalbibliografie: detaillierte bibliografische Daten sind im Internet über http://dnb.dnb.de abrufbar.

Gnade, die befreit

- 25 Predigten für ein kraftvolles Leben -

Von Michael Kaizik

Verfasst von Marlen Lange

Inhalt

VORWORT

Vorwort von Bernd Kollmann

„Es ist nicht alles Gold, was glänzt" - wenn es möglich wäre, dieses Sprichwort um-zukehren, dann wäre das eine naheliegende Kategorie für Michael Kaizik, wie ich ihn seit einigen Jahrzehnten kenne: vergleichsweise wenig Imponiergehabe, Glanz, Schein und Glamour. Hinter der eher unspektakulären Fassade verbirgt sich jedoch eine besondere Lebensweise, die zutiefst geprägt ist vom Evangelium und einem gesunden Hunger danach, mehr von Gottes Herrlichkeit zu erleben. Und das ist nicht alles: Dieser Lebens- und Dienststil von Michael Kaizik hat den Test des Alltags in unserer Welt bestanden; beruflich und familiär. Wenn mich im nördlichsten Bundesland jemand nach einer Empfehlung für eine Kirchengemeinde fragen würde, käme mir die Gemeinde unter seiner Leitung zuerst in den Sinn:

- ein sicherer Platz für alle

- unaufgeregte und solide pastorale Fürsorge

- verbunden mit einer gesunden Sehnsucht für das, was der Heilige Geist gerade nach vorne bringen möchte

- ohne ängstliche Engführung

- ausgelegt auf Weitherzigkeit und Großzügigkeit

Dafür hat Michael Kaizik als Gemeindepastor eine Form geschaffen - auch durch seine Verkündigung. Und an dieser Stelle kommt das vorliegende Buch ins Spiel. Meine Empfehlung: Genieße es als einen wahren und bewährten Schatz der Gnade und Wahrheit durch Geist und Persönlichkeit für unsere Zeit. Der Inhalt ist geeignet, einen Platz ziemlich unten in deinem persönlichen Glaubensfundament zu bekommen - für einen tragfähigen Glauben an einen genialen Gott, der auch in schweren Zeiten wie diesen durchträgt und weiterbringt.

Bernd Kollmann, Pastor, Baptistenkirche Rendsburg.

Vorwort von Anika Schiestl

Was zeichnet einen Helden aus?

Wohl am Ehesten eine Person, die bereit ist alles zu geben, für eine innere Überzeugung. Eine Person, die seine Liebsten mit dem eigenen Leben beschützt. Ein Mensch, der die Wahrheit vertritt und diese hoffnungsvoll verbreitet, auch auf die Gefahr hin, denunziert zu werden.

Helden überzeugen bestenfalls durch Weisheit und Klugheit, sie agieren besonnen und weise und überzeugen durch körperliche oder emotionale Stärke. Ihr guter Ruf eilt ihnen voraus.
Ich durfte in meinem Leben einigen Helden begegnen.
Michael Kaizik, mein Vater und Pastor, ist ein besonderer Held meines Lebens. Es ist ein Vorrecht, dass Gott mir einen Vater geschenkt hat, der mich gelehrt und mir vorgelebt hat, in der Gnade Gottes zu leben. Er ist ein Mensch, der verstanden hat, dass er nicht aus sich heraus lebt, sondern aus der Gnade und Güte des einzig wahren und treuen Gottes.

Michael Kaizik wurde und wird selbst von der Gnade und Güte Gottes „verfolgt" und hat erkannt, welchen Schatz er in sich trägt, sodass er nicht anders könnte, als dieses Herzensanliegen Gottes weiterzutragen.
Aus Gnade darf er seit vielen Jahren als Geistlicher im vollzeitlichen Dienst stehen und Ansprechpartner für viele sein. Aus Gottes Gnade heraus füllt er seine Rollen als Pastor, Leiter, Vertrauter, Lehrer, Vater, Großvater und Freund mit Leben und Liebe.

In den nachfolgenden Seiten führt Pastor Michael Kaizik tief in die Thematik des Geschenks der Gnade hinein und zeigt auf, welche Lebensveränderung damit einhergeht, wenn Menschen erkennen, was Gnade in ihnen bewirken kann.

Wenn wir bereit sind, die nachfolgende Ausarbeitung mit dem Heiligen Geist zu erforschen, so bin ich überzeugt, dass dieses Buch die Möglichkeit zu tiefgründigen und lebensverändernden Offenbarungserkenntnissen bietet. Offenbarungen, die Gott uns durch Seinen Heiligen Geist schenken möchte und die wir alle dringend benötigen.

Gott möchte uns anhand dieses Buches Sein Herzensanliegen mitteilen:

Durch Gnade wurden wir erlöst. Durch Gnade teuer erkauft. Durch Gnade entfesselt. Befreit aus dem Machtbereich Satans. Versetzt in das Reich Gottes. Es ist Sein Liebeswerk, für dich, für mich, für uns.

A. Schiestl, ACC-akkreditierte chr. Beraterin, DeGPT&FVT zertifizierte Traumapädagogin und traumazentrierte Fachberaterin, LiFe Coach, Psychoedukatorin, 1.Vorsitzende des „Freiheits-Stil" e.V.

www.freiheitsstil.de

kontakt@freiheitsstil.de

EINLEITUNG

Alles begann mit einem Telefonanruf bei einem Gemeindeältesten aus der Freien Christengemeinde in der Peterstraße. Eine Freundin hatte mich ermutigt, mit dieser Gemeinde Kontakt aufzunehmen. Wir selbst waren zum damaligen Zeitpunkt als Familie Mitglieder der evangelischen Landeskirche. Gemeinsam mit zwei Freundinnen hatte ich dort einen Kindergarten gegründet. Doch wir merkten recht schnell, dass unser Herz auch für die Kinder und Eltern außerhalb unserer Gemeinde schlug. So traten wir an den Kirchenvorstand mit der Bitte heran, den Kindergarten, dem wir den Namen „Pusteblume" gegeben hatten, auch für Menschen außerhalb unserer Komfortzone zu öffnen. Leider stieß dies auf Widerstand, denn der damalige Kirchenvorstand fürchtete um die Sauberkeit und Ordnung des Gemeindehauses.

So beteten wir und suchten nach einer Alternative. Da kam der Zuspruch meiner Freundin, deren Kinder auch unseren Kindergarten besuchten, gerade recht.

Das Telefonat war so offen, herzlich und einladend, dass wir nur kurze Zeit später begannen, den Gottesdienst in der Peterstraße zu besuchen. Dies war möglich, weil der Gottesdienst in unserer damaligen Gemeinde abends stattfand. In der Freien Christengemeinde versammelte man sich um 9:30 Uhr am Sonntagmorgen.

Nach ausgiebigem Austausch und einer privaten Einladung bei dem Gemeindeleiter Michael Kaizik und seiner Frau Karin zog der Kindergarten 1995 von der Anscharkirche in die Peterstraße um. Man hatte uns so herzlich und weit die Türen geöffnet, dass wir es als Reden Gottes für uns verstanden. Hier hatten wir einen Ort gefunden, wo dem Geist Gottes so viel Raum gegeben wurde, wie wir es uns immer ersehnt hatten. So wechselten wir auch als Familie die Gemeinde. Wir taten es in Dankbarkeit gegenüber unserem bisherigen Pastor, der mittlerweile neunzig Jahre alt ist und zu dem wir immer noch einen guten Kontakt haben. In der Anscharkirche durften wir unter seiner guten Anleitung und Fürsorge unsere ersten Schritte als Christen tun.

Tatsächlich wechselten mit uns einige gute Freunde von der Landeskirche in die Freie Christengemeinde. Wir betraten verheißungsvolles Neuland, ließen uns auf unseren Glauben hin taufen, lernten die Gaben des Heiligen Geistes besser kennen und erlebten, was es heißt, die biblische Lehre vom Geben des Zehnten zu leben. Wir hatten schon einige Zeit vorher den Impuls gehabt, die Bibelstelle in *Maleachi 3,10* ernst zu nehmen: *„Bringt den Zehnten ganz in das Vorratshaus, damit Speise in meinem Haus sei, und prüft mich doch dadurch, spricht der Herr der Heerscharen, ob ich euch nicht die Fenster des Himmels öffnen und* *euch Segen in überreicher Fülle herabschütten werde!"*

Das taten wir, indem wir das damalige Projekt von Reinhard Bonnke „Vom Minus zum Plus" mit unserem Zehnten unterstützten. Er ließ in den achtziger Jahren eine Broschüre drucken mit der Botschaft von Jesus Christus, der am Kreuz das menschliche „Minus" in Gottes mächtiges „Plus" verwandelte, und die an jeden Haushalt in Deutschland verschickt wurde. Wir hatten das Gefühl, Teil von etwas Großem und Bedeutendem zu sein und wurden, so wie Gott es versprochen hat, sehr reich gesegnet. Es öffnete unsere geistlichen Augen für mehr.

Die Gemeinde in der Peterstraße war zum damaligen Zeitpunkt noch recht klein. Wir trafen uns in einem Gebäude, welches Jahrzehnte zuvor mit dem Namen *„Zur Quelle"* als Gaststätte und Kegelbahn gedient hatte. Und dieser Ort ist bisher tatsächlich für viele, viele Menschen zu einer Quelle des Lebens geworden. Sonntags besuchten wir wöchentlich den Gottesdienst, teilweise trafen wir uns zu den so genannten „Mehr-Gottesdiensten" auch zusätzlich noch sonntagabends und in der Woche kam man zu den Hauskreisen zusammen. Es war alles sehr überschaubar und familiär mit den circa fünfzig Mitgliedern. Und doch war da immer ein Beten und Sehnen nach mehr von Gottes Reden und seiner Herrlichkeit. Nur drei Jahre später konnte der kleine Gemeindesaal die vielen Besucher nicht mehr fassen und es entstand 1998 auf dem Hinterhof ein großer Saal, den wir heute noch für unsere Gottesdienste, die mittlerweile von mehr als zweihundert Gästen besucht werden, nutzen. Unter dem Saal wurde eine große Kids Area ausgebaut für die Kindergottesdienste.

Wir waren also angekommen und ich sitze mit meiner Familie auch heute noch, dreißig Jahre später, an fast jedem Sonntag im Gottesdienst und lausche den erbauenden, Horizont erweiternden, seelsorgerischen, ermahnenden und prophetischen Predigten. Hier ist unser geistliches Zuhause, von wo aus wir in unser Umfeld wirken dürfen. Hier fühlen wir uns sicher und lassen uns ermutigen für den Dienst an den Menschen. Es ist ein Ort des Lebens, der Freude und der Gegenwart Gottes. Unsere Gemeindevision lautet: „Wir erleben Gott, lieben Menschen, folgen Jesus und bringen ihn in die Gesellschaft", woraus sich folgender Slogan für das „Christus Centrum Neumünster" ergibt: „gemeinsam-lebendig-unterwegs".

Hier sind unsere Kinder groß geworden und dienen heute, teilweise mit ihren Ehepartnern, als freudige Mitarbeiter und Leiter. Unsere Enkelkinder besuchen hier die Kinderkirche, die Royal Rangers und andere Veranstaltungen. Sie dürfen als geliebte, wertgeschätzte und glaubensstarke Menschen heranwachsen.

Das macht mich sehr dankbar und froh. Gott wohnt bei den Menschen und wir dürfen ihn erleben.

Nachdem Michael Kaizik viele Jahre als Gemeindeleiter dieser freien Gemeinde, die später ihren Namen in das „Christus Centrum Neumünster" umwandelte, vorstand, absolvierte er von 1998 bis 2002 die Ausbildung am Theologischen Seminar Erzhausen und wurde am 02.05.2003 ordiniert.

Pastor Michael Kaizik ist seit 2003 Pastor des CCN. Er ist verheiratet mit Karin und Vater von fünf Kindern sowie Großvater von elf Enkelkindern. Gemeinsam mit der Leiterschaft der Gemeinde setzt er sich für ein vom Heiligen Geist erfülltes Leben ein. Seine Arbeit ist geprägt durch das Streben nach Einheit, die Verkündigung eines kraftvollen christlichen Lebens und das Erleben der biblischen Wahrheiten in den Gottesdiensten und Kleingruppen der Gemeinde.

Michael ist mit 18 Jahren in Wuppertal zum Glauben an Jesus gekommen. Später hat er dann sein Lebensmittelpunkt in Neumünster gefunden.

Hier begann dann eine Sehnsucht in ihm zu reifen, Erweckung im Norden Deutschlands zu erleben und die Christen und Gemeinden in dieser Hinsicht zu ermutigen. Michael glaubt, dass der Herr hier im Norden ein großes Volk hat, das diese Sehnsucht teilt und teilen wird und in Einheit Erweckung erleben wird.

Michael sieht in seinem Dienst auch einen apostolischen Auftrag, Gemeinden zu gründen, Netzwerke zu schaffen und Beziehungen zu knüpfen. Er betont immer wieder, dass das Reich Gottes in Beziehungen besteht.

Es gibt viele Geist begabte Prediger in unserer Gemeinde und doch inspirieren mich die Predigten unseres Pastors ganz besonders. Hinzu kommt, dass ich ihm nun seit neun Jahren in unserem Büro als seine Sekretärin gegenüber sitze, die Power Point Präsentationen für seine Predigten erstelle und viele seiner Predigtskripte gelesen habe. So entstand der Gedanke, sie einem breiteren Publikum zugänglich zu machen. Ich persönlich empfinde es als sehr hilfreich, die Predigten nicht nur zu hören, sondern auch zu lesen und mich in das jeweilige Thema hineindenken zu können.

Teil jeder seiner Predigten ist die Botschaft, dass Jesus durch Seinen Sieg am Kreuz die Mächte der Finsternis entmachtet hat, dass Er uns ausgestattet hat mit der Kraft Seines Heiligen Geistes und wir damit Autorität haben, über diese Mächte zu herrschen, und dass wir von Ihm ausgesandt sind, diese gute Botschaft zu den Menschen weiterzutragen. Das soll auch Sinn und Zweck dieses Buches sein.

Jesus sagte zu den Juden, die an ihn glaubten: *„Wenn ihr in meinem Wort bleibt, so seid ihr wahrhaftig meine Jünger, und ihr werdet die Wahrheit erkennen, und die Wahrheit wird euch frei machen!"* Johannes 8,31-32

Jesus selbst ist das Wort Gottes und in Ihm sollen wir bleiben. Wenn wir in Ihm bleiben, werden wir die Wahrheit erkennen. Es ist die Wahrheit, dass Gott der Eine ist, das Alpha und das Omega, dass wir Seine Schöpfung sind, dass Er uns liebt und durch den Tod Seines Sohnes freigekauft hat von der Macht der Sünde. Wenn wir Jesus unser Leben anvertrauen, sind wir frei. Es muss kein Mensch mehr unter der Macht Satans leben, denn Satan kann der Macht des Kreuzes nicht widerstehen.

Doch wir sind nicht nur befreit von Sünde und Tod, sondern wir sind auch befreit, um die guten Werke zu tun, die Christus für uns vorbereitet hat.

„Denn wir sind Gottes Schöpfung. Er hat uns in Christus Jesus neu geschaffen, damit wir die guten Taten ausführen, die er für unser Leben vorbereitet hat." Epheser 2,10

Wir sind befreit, um zu leben, zu siegen, zu geben, zu bezeugen, zu ernten, zu segnen, zu dienen, zu überwinden, zu vergeben, zu glauben, zu herrschen, zu gehen, zu hoffen, anzubeten.... Lies es selbst auf den folgenden Seiten und lass dich inspirieren und ermutigen von den Predigten von Pastor Michael Kaizik.

PRÜFT ALLES UND BEHALTET DAS GUTE!

- BEFREIT, UM ZU LEBEN -

„Prüft alles, das Gute behaltet!" 1. Thessalonicher 5,21

Dieser Vers aus dem Brief an die Thessalonicher ist der Leitvers für das Jahr 2025. Die Ökumenische Arbeitsgemeinschaft für Bibellesen (ÖAB) wählt für jedes Jahr unter Gebet einen Bibelvers als Jahreslosung aus.

Was ist eine Jahreslosung? Es ist ein Wort für dich heute!

Ist es einfach ein gutes und richtiges Wort, oder sollten wir das prophetisch deuten und davon ausgehen, dass Dinge auf uns zukommen werden, die ein richtiges Prüfen sehr wichtig werden lassen?

Prüft alles!

Immer wieder prasseln viele Inputs, Anfragen, Informationen auf uns ein.

Paul Donders, ein niederländischer Autor, hat in seinem Buch über Leiterschaft vor circa zwanzig Jahren nach einer durchgeführten Studie geschrieben, dass ein durchschnittlicher Mensch, der im Mittelalter irgendwo in einem Dorf gelebt hat, in seinem gesamten Leben so viele Informationen bekommen hat, wie du bekommst, wenn du die Frankfurter Allgemeine liest. (Quelle: Paul Donders – „Kreative Lebensplanung")

Wie ist es heute? Wir sehen uns heute konfrontiert oder beeinflusst durch Facebook, Instagram, Telegramm, WhatsApp, SMS, Fernsehen mit unzähligen Programmen, Youtube, TikTok, …

Täglich bekommen wir so viele Informationen. Wie soll man das bewältigen? Bei zu viel Information besteht auch die Gefahr gleichgültig zu werden.

Oft müssen wir Entscheidungen treffen. Die Medien sagen uns – meist indirekt – wie wir zu denken oder zu leben haben. Sie lassen sich instrumentalisieren, um zum Beispiel öffentlich gegen eine Person oder Institution Stellung zu beziehen, deren Handlungen oder Meinungen als nicht richtig empfunden werden (Cancel Culture). Es gibt viele Gedanken, die „herumschwirren". Viel Neues, noch nicht zeitlich Bewährtes, wird uns vorgestellt und wir müssen entscheiden. Ist das jetzt gut? Ist das richtig? Wie machen wir das? Gerade Neues muss erst einmal geprüft und nicht sofort abgelehnt werden. Sogar prophetische Worte müssen geprüft werden.

Ja, sogar Gott selbst will geprüft werden. Gott fordert sein Volk auf, ihn zu prüfen!

„Bringt den Zehnten ganz in das Vorratshaus, damit Speise in meinem

Haus sei, und **prüft mich** doch dadurch, spricht der Herr der Heerscharen, ob ich euch nicht die Fenster des Himmels öffnen und euch Segen in überreicher Fülle herabschütten werde!" Maleachi 3,10

Stell dir vor: Gott will, dass du ihn prüfst! So ist also das Prüfen etwas absolut Positives! Prüfen hat nicht unbedingt mit negativer Kritik zu tun. Prüfen ist etwas Gutes, nichts Schlechtes.

Also schauen wir uns einmal an, wie und was wir prüfen sollen und der erste Punkt ist ganz wichtig.

Prüft, ob ihr im Glauben seid!

Dazu können unter anderem folgende drei Bibelstellen genannt werden.

*„**Prüft euch selbst**, ob ihr im Glauben seid; stellt euch selbst auf die Probe! Oder erkennt ihr euch selbst nicht, dass Jesus Christus in euch ist? Es sei denn, dass ihr unecht wärt!" 2. Korinther 13,5*

Wir sollen uns selbst prüfen.

Im folgenden Vers geht es um eine große Katastrophe zur Zeit des Propheten Jeremia, die auf das Volk Gottes kam. Nachdem das Volk jahrzehntelang ermahnt worden war, wurde es aus seinem Land nach Babylon weggeführt. Jerusalem und der Tempel wurden zerstört und da sagte der Prophet:

*„Lasst uns **unsere Wege prüfen** und erforschen und umkehren zum Herrn!" Klagelieder 3,40*

Und in Bezug auf das Abendmahl schreibt der Apostel Paulus:

*„Deshalb solltet ihr **euch prüfen**, bevor ihr das Brot esst und aus dem Kelch trinkt." 1. Korinther 11,28*

Bevor wir andere prüfen, ruft uns das Wort Gottes auf, uns selbst zu prüfen. Prüfe dich mal selbst! Was sagt der Herr über dich?

Es ist wichtig, über diese Frage nicht in Selbstverdammnis zu kommen. Sei dir bewusst, dass, wenn du an Jesus glaubst, du ein Kind und ein (e) Geliebte (r) Gottes bist!

Mach mal einen Check deines geistlichen Lebens. Gib dem Heiligen Geist Gelegenheit, dir Dinge über dein Leben zu offenbaren:

- Stehst du noch im Glauben?
- Lebst du ein Glaubensleben? Vertraust du dem Herrn?

- Lebst du dein Leben mit und vor Ihm?

Genauso, wie du regelmäßig einen Gesundheitscheck machst, fordert die Bibel dich heraus, einen Check deines geistlichen Lebens zu machen. Das ist nichts Schlimmes, sondern absolut gut. Frage dich:

- Wie steht es mit meinem Gebetsleben?
- Wie steht es mit meiner Liebe zum Herrn und zu den Mitmenschen? (*„Aber ich habe gegen dich, dass du deine erste Liebe verlassen hast." Offenbarung 2,4*)
- Wie sieht es aus mit meinem Reden?
- Bin ich bequem geworden und lebe nur noch in meiner Komfortzone?
- Besuche ich noch regelmäßig die Gottesdienste?
- Welche Bilder und Gedanken lasse ich in mein Leben hinein?
- Wie sieht es aus mit meiner beständigen persönlichen Gemeinschaft mit dem Herrn?
- Glaube ich von Herzen an Jesus? Diese Frage ist sehr wichtig! Bin ich wiedergeboren? Habe ich das neue Leben aus Gott?

Wenn nicht, dann ist heute der richtige Zeitpunkt, den Herrn darum zu bitten, und er wird es dir geben.

Prüft, was der Wille Gottes ist

„Und passt euch nicht diesem Weltlauf an, sondern lasst euch in eurem Wesen verwandeln durch die Erneuerung eurer Denkweise, damit ihr **prüfen** *könnt, was der gute und wohlgefällige und vollkommene Wille Gottes ist." Römer 12,2*

„Und um das bete ich, dass eure Liebe noch mehr und mehr überströme in Erkenntnis und allem Urteilvermögen, damit ihr **prüfen** *könnt, worauf es ankommt, sodass ihr lauter und ohne Anstoß seid bis auf den Tag des Christus." Philipper 1,9-10*

Wir sollen prüfen, was der Wille Gottes ist. Jesus lehrt uns im „Vaterunser" zu beten: *„Dein Wille geschehe" (Matthäus 6,10).*

Gott hat gute, wohlgefällige und vollkommene Pläne für dich. Er möchte, dass wir als verwandelte Menschen mit einer neuen Denkweise unser Leben führen. Er will das Beste für dich.

Dies darfst du wissen: Gott ist vollkommen gut! Weil er das Beste für uns will, dürfen wir unser Leben Ihm ganz hingeben. Um den Willen Gottes zu sehen und um zu prüfen, was der Wille Gottes ist, müssen wir eine neue Denkweise einüben. Unser Denken wird gespeist aus dem Wort Gottes. Der Maßstab für unser Denken kommt nicht aus den Medien, sondern aus dem Wort Gottes.

Auch heute gibt es einen starken Druck, sich in das Schema dieser Welt einzufügen und auf vielen verschiedenen Ebenen in ihre Schablone gedrückt zu werden.

Grundsätzlich sind wir alle verführbar! Wer denkt, dass er nicht verführbar wäre, der lebt schon in der Verführung!

Das soll uns keine Angst machen, aber wir müssen uns und manches andere prüfen.

Das Wichtigste an unserem erneuerten Denken besteht darin, zu wissen, dass Gott immer gut ist.

Johannes sagt: *„Gott ist Licht und in ihm ist gar keine Finsternis."* 1. Johannes 1,5

Gott ist gut und Sein Wort ist wahr. Der Heilige Geist hilft uns, Sein Wort zu verstehen und in unserem Leben anzuwenden.

Gottes Wille für dich ist gut und du kannst ihn nicht verbessern.

Maria, die Mutter Jesu, sagte: *„Mir geschehe nach deinem Wort."* Lukas 1,38

An dem Beispiel von Maria, der Mutter Jesu, sehen wir, dass der Wille Gottes immer das Beste für uns ist, aber nicht unbedingt das Einfachste. Maria sagte: *„Mir geschehe nach deinem Wort."* Lukas 1,38

Es war für Maria nicht immer einfach, die Mutter des verheißenen Messias zu sein, aber das Beste für sie und für die gesamte Menschheit. Es fing an mit Joseph, ihrem Verlobten. Wie sollte sie ihm glaubhaft erklären, von wem sie schwanger ist? Doch Gott kümmerte sich darum. Wenn wir uns ganz dem Herrn und Seinem Willen hingeben, dann wird der Herr sich auch um alles Weitere kümmern.

Prüft die Geister!

Das sagt auch Johannes: „Prüft die Geister, ob sie aus Gott sind."

*„Geliebte, glaubt nicht jedem Geist, sondern **prüft die Geister**, ob sie aus Gott sind! Denn es sind viele falsche Propheten in die Welt ausgegangen."* 1. Johannes 4,1

*„Die Einwohner Beröas waren edler gesinnt als die Leute in Thessalonich und hörten die Botschaft Gottes mit Interesse an. Tag für Tag forschten sie in den Schriften nach, um zu **prüfen**, ob Paulus und Silas tatsächlich die Wahrheit lehrten.“ Apostelgeschichte 17,11*

*„Ich weiß alles, was du tust. Ich habe dein Bemühen und dein geduldiges Warten gesehen. Ich weiß, dass du böse Menschen nicht ertragen kannst. Du hast jene **geprüft**, die sich als Apostel ausgeben, es aber nicht sind, und sie als Lügner entlarvt.“ Offenbarung 2,2*

Geister zu unterscheiden, ist keine Gabe der Kritik. Hinter falscher Lehre stehen in der Regel dämonische Geister.

Deshalb hat Gott uns die Gabe der Geisterunterscheidung gegeben. Es ist die Gabe, um zu unterscheiden aus welchem Geist etwas geschieht.

„Manchen ist es gegeben, Wunder zu wirken. Einige sprechen in Gottes Auftrag prophetisch; andere sind fähig zu unterscheiden, was vom Geist Gottes kommt und was nicht. Einige reden in unbekannten Sprachen, und manche schließlich können das Gesagte für die Gemeinde übersetzen.“ 1. Korinther 12,10

Die Unterscheidung der Geister ist sehr wichtig, denn Paulus schreibt hier von Menschen, die aufgetreten sind und falsche Dinge gesagt haben. Er lehrt uns: *„Denn sie sind falsche Apostel, Betrüger, die lediglich behaupten, sie seien Apostel von Christus. Aber das ist nicht weiter verwunderlich! Gibt sich nicht sogar der Satan als Engel des Lichts aus? Kein Wunder, wenn auch seine Helfer im Namen der Gerechtigkeit auftreten! Doch sie werden ihr verdientes Ende finden.“ 2. Korinther 11,13-15*

Es gibt also falsche Geister.

Prüft die Dienste!

Wir sind tatsächlich aufgefordert, und besonders die Leiter unter uns, Dienste zu prüfen. Da heißt es im 1. Timotheusbrief:

*„Im Übrigen sollen auch sie zuerst einer **Prüfung** unterzogen werden, und nur wenn nichts an ihnen auszusetzen ist, dürfen sie zum Dienst in der Gemeinde zugelassen werden.“ 1. Timotheus 3,10*

Es besteht immer die Gefahr, stolz zu werden. So ermahnt Paulus Timotheus in seinem Brief, die Mitarbeiter in der Gemeinde vor ihrem Dienst zu prüfen, dass sie untadelig sind, nüchtern, besonnen, anständig, gastfreundlich, fähig zu lehren, gütig und nicht geldgierig, streitsüchtig und nicht neubekehrt.

„Er soll nicht erst vor kurzem Christ geworden sein; er könnte sonst schnell überheblich werden, und so hätte der Teufel ihn dahin gebracht, dass Gott sein Urteil über ihn sprechen muss. „1. Timotheus 3,6

Ein Leiter darf nicht „geistlich alt werden." Er muss "Up to Date" bleiben. Ein Hindernis für Erweckung sind Leiter, die irgendwann stehengeblieben sind und denken: „So muss es sein und nicht anders!" Dies ist ein Hindernis für das Wirken des Heiligen Geistes.

In der größten Pfingstbewegung der USA, „Assemblies of God", müssen sich tatsächliche die ordinierten Pastoren alle fünf Jahre einer Prüfung unterziehen, ob sie noch geistlich fit sind für ihren Dienst; ein sogenannter „Pastoren TÜV".

Der Dienst eines Leiters ist eine große Herausforderung und beinhaltet eine große Verantwortung.

Prüft die Prophetien!

Paulus ermahnt die Thessalonicher in seinem Brief an sie, die prophetische Rede nicht zu verachten. Im Kontext dazu steht der Vers der Jahreslosung: „Prüft alles und das Gute behaltet!"

„Wenn jemand unter euch in Gottes Auftrag prophetisch redet, dann geht damit nicht geringschätzig um." 1. Thessalonicher 5,20

Das griechische Wort „propheteia" heißt, wenn man es genau übersetzt: „für jemand anderen reden". Wenn ich prophetisch rede, ist es nicht meine persönliche Meinung, sondern für uns bedeutet das: „für Gott reden; wir reden an Gottes Stelle zu einem oder mehreren Menschen". Das prophetische Reden versteht sich selbst als das Reden Gottes. Warum müssen wir es denn prüfen?

Gerade deshalb, weil der Anspruch so hoch ist, muss geprüft werden, ob Gott wirklich geredet hat, oder ob es meine eigenen Gedanken sind, oder ob es im schlimmsten Fall sogar dämonischen Ursprungs ist.

Wie prüft man die prophetischen Worte?

Zuerst, und das trifft auf alles Prüfen zu, durch das Wort Gottes! Das Allerwichtigste ist, dass wir die Bibel kennen. Gottes Wort ist immer der Maßstab.

Paulus nennt vier Kennzeichen einer nutzbringenden Prophetie:

- Die Erbauung; sie baut den Schwachen auf.
- Die Ermahnung oder Ermunterung; sie rüttelt den müde gewordenen auf.
- Die Tröstung; sie muntert den innerlich Verletzten auf.
- Die Überführung; sie deckt die geheimen Regungen des Herzens auf.

Paulus sagt: *„Wenn ihr jedoch alle prophetisch redet und irgendein Ungläubiger oder Fremder kommt herein, dann wird er von seiner Schuld überzeugt und durch das, was ihr sagt, überführt."* 1. Korinther 14,24

Entscheidend ist unsere Haltung!

„Legt dem Wirken des Heiligen Geistes nichts in den Weg! Geht nicht geringschätzig über prophetische Aussagen hinweg, sondern prüft alles. Was gut ist, das nehmt an. 2. Thessalonicher 5,19-21

Wir sollen das Gute, das Schöne, das Harmonische behalten. Wie anders ist dies oft, auch in der Gemeinde, unter Christen. Man beurteilt Dinge, was grundsätzlich richtig ist. Aber dann wird über all das Negative so stark geredet, dass von dem vielen Positiven nichts mehr bleibt. Wir sollen aber nicht das Negative festhalten, sondern das Gute.

Es wird so viel negativ geredet, besonders in der Politik, und somit auch in den Medien, dass man denken könnte, negativ zu reden, sei eine Tugend – ist es aber nicht.

Auf Meckern liegt keine Verheißung. Wir sollen auch nicht über die Politiker schimpfen, sondern wir haben den Auftrag, für sie zu beten. Selbst wenn wir mit einigen Dingen nicht einverstanden sind, darf man sie beurteilen, aber nicht meckern. Wie kann ich für unsere Regierung beten, wenn ich vorher zwanzig Minuten über sie gemeckert habe? Das erscheint mir, schwierig zu sein.

Wenn Menschen in unsere Gemeinde kommen, wollen sie nicht dasselbe Gerede hören, wie sonst überall, sondern wir sollen durch den „entgegengesetzten Geist" den Menschen dienen.

„So wie mein Mund gute Speise erkennt, so prüft mein Ohr die Worte, die es hört." Hiob 12,11

Wir sollen prüfen, was wir hören. Wir müssen nicht jeden Dreck in unser Herz aufnehmen. Kannst du dich an dem Schönen und Harmonischen in der Gemeinde, in der Schöpfung, in unserer Gesellschaft freuen, oder siehst du nur das Negative und Schlechte?

Das „Gute" ist das, was das Wort Gottes aussagt. Das Wort Gottes ist immer unser Maßstab.

Was macht es nun mit uns, wenn wir gehört haben, was und wie wir prüfen sollen? Der Psalmist schreibt folgendes dazu:

„Ich habe über mein Leben nachgedacht und kehrte wieder um zu deinen Weisungen." Psalm 119,59

Er hat sich selbst überprüft und sein Leben Gott untergeordnet.

Sich selbst zu prüfen, soll zu einer Entscheidung führen.

Wollen wir beten, dass Gottes Wort uns zu einer Entscheidung führt! Und die Entscheidung ist, noch mehr nach Gottes Wort zu leben.

IN GOTTES ERWÄHLUNG LEBEN - DAS BEISPIEL VON SAUL UND DAVID

- BEFREIT, UM RICHTIG ZU WÄHLEN -

Saul und David waren beide erwählte Könige Israels.

In ihren Geschichten liegen geistliche Prinzipien, die auch für uns und unseren Dienst sehr wichtig sind.

Die Wege dieser beiden, von Gott berufenen Männer, kreuzten sich. Doch der eine scheiterte und der andere lebte nach dem Willen Gottes und erfüllte seine Bestimmung.

Woran kann das liegen? Sie hatten beide gute Voraussetzungen. Eigentlich hatte Saul sogar bessere Voraussetzungen als David. Die Umstände und Bedingungen von David waren gar nicht so gut und dennoch heißt es von ihm: *„Er diente seiner Generation nach dem Wille Gottes."* Apostelgeschichte 13,36

Woran kann es also heute liegen, in deinem und meinem Leben, wenn der eine erfolgreich lebt und der andere von Niederlage zu Niederlage geht und schließlich scheitert?

Schauen wir einmal am Beispiel von Saul, was wichtig ist, um die eigene Bestimmung zu erfüllen und was sie zum Scheitern bringen kann.

1. Saul war Gottes erste Wahl.

Wenn man in der Bibel über König Saul liest, könnte man denken: „Naja, da hat sich Gott wohl vertan. Da hat er den Falschen erwählt." Und wenn man dann noch an einer Stelle liest, dass es Gott reute, dass er Saul zum König gemacht hatte *(1. Samuel 15,11)*, dann scheint es klar, dass es ein Fehler war.

Doch wenn es lautet, dass es Gott reute, bedeutet es vielmehr, dass Gott traurig war über die Entwicklung, die Saul genommen hatte.

„Der hatte einen Sohn namens Saul, stattlich und schön, sodass keiner schöner war unter den Söhnen Israels; um Haupteslänge überragte er alles Volk." 1. Samuel 9,2

Diesen stattlich schönen Mann wollte Gott als König über sein Volk setzen; den Besten. Und so sieht Gott heute auch dich, nachdem Gott alles in dich hineingelegt hat. Du bist sein Bestes! Ist es nicht so, wenn Eltern ein Baby bekommen? Sie sagen, dass es das Schönste auf der ganzen Welt ist. Das eigene Kind ist immer das hübscheste. So sieht Gott dich, denn Gott hat nur Lieblingskinder. Gott hat so viel in jeden einzelnen von uns hineingelegt. Hier geht es auch um Berufung.

Es mag sein, dass du dich selbst gar nicht so siehst. Aber Gott sieht dich so. So möchte er dich haben und er hilft dir in deinem Dienst, so zu sein. Er rüstet dich aus und hat einen Plan für dein Leben.

Gott hat einen Plan für jedes Leben, egal ob du an Jesus glaubst oder nicht. Wenn du anfängst, an Jesus zu glauben, entfaltet sich der Plan, den Gott schon immer für dich hatte.

Vielleicht hast du Niederlagen erlitten. Vielleicht gibt es sogar Sünde in deinem Leben, vielleicht Enttäuschung und Resignation. Doch Gottes Gnade ist immer noch da und sie möchte dir neuen Mut schenken.

Paulus selbst spricht über seine eigene Schwäche und Gottes Zuspruch zu ihm.

„Doch er sagte zu mir: » Meine Gnade muss dir genügen, denn meine Kraft ist gerade in den Schwachen mächtig. « Jetzt bin ich sogar stolz auf meine Schwachheit, weil so die Kraft von Christus auf mir ruht." 2. Korinther 12,9

Ich muss sagen, dass ich manchmal gar nicht stolz auf meine Schwachheit bin. Wie kommt es, dass Paulus so etwas sagt? Ein Kapitel vorher, in Kapitel elf, zählt er alle Widrigkeiten in seinem Leben auf.

„Ich habe härter gearbeitet, wurde öfter ins Gefängnis geworfen, mehr geschlagen und war immer wieder in Lebensgefahr. Fünfmal haben die Juden mir neununddreißig Hiebe verabreicht. Dreimal wurde ich ausgepeitscht. Einmal wurde ich gesteinigt. Ich habe drei Schiffbrüche überlebt. Einmal verbrachte ich eine ganze Nacht und einen Tag auf dem Meer treibend. Ich habe viele beschwerliche Reisen unternommen und war unzählige Male in großer Gefahr: ob durch Flüsse oder durch Räuber, ob durch mein eigenes jüdisches Volk oder durch Nichtjuden, ob in Städten, in der Einöde oder auf stürmischer See oder durch Leute, die sich als Anhänger von Christus ausgaben, es aber nicht waren. Ich habe Erschöpfung und Schmerzen und schlaflose Nächte kennengelernt. Oft litt ich Hunger und Durst und habe gefastet. Oft habe ich vor Kälte gezittert und hatte nichts, um mich warm zu halten." 2. Korinther 11,23-27

Er sagt sogar, dass es ein Engel Satans ist, der ihn mit Fäusten schlägt. Ich denke, dies bezieht sich nicht auf eine Krankheit, die manch ein Bibelausleger ihm andichten möchte. Denn diese Aussage steht in dem Kontext, was er alles erleidet, um Jesu Willen. Paulus sagt: *„Dreimal habe ich darum gefleht, dass dieser Engel von mir ablassen möge, aber*

Er hat gesagt…" und dann kommt dieses Wort aus *2. Korinther 12,9:* *„Und er hat zu mir gesagt: Lass dir an meiner Gnade genügen, denn meine Kraft wird in der Schwachheit vollkommen! Darum will ich mich am liebsten vielmehr meiner Schwachheiten rühmen, damit die Kraft des Christus bei mir wohne."*

Da merken wir, dass diese Gnade eine Kraft ist. Gott hat es anders getan als Paulus es sich dachte. Er hat indirekt Paulus´ Gebet erhört. Er hat diese Widrigkeiten nicht einfach weggenommen, aber Er hat ihm Kraft gegeben. Und dann sagt Paulus, dass er nun sogar stolz auf seine Schwachheit ist.

Gnade ist nicht nur ein schönes frommes Wort, sondern Gnade ist eine Kraft, die in uns wirkt.

Die Gnade, die Gott uns schenkt, und die uns zu einer Neuschöpfung in Jesus Christus und zu Gottes Kindern macht, ist nicht einfach nur ein passiver Status, den wir von nun an besitzen. Sie wird in uns, in den Gläubigen, wirksam. Sie ist ein Geschenk.

„Aber durch Gottes Gnade bin ich, was ich bin; und seine Gnade, die er an mir erwiesen hat, ist nicht vergeblich gewesen, sondern ich habe mehr gearbeitet als sie alle; jedoch nicht ich, sondern die Gnade Gottes, die mit mir ist." 1. Korinther 15,10

Ich habe selbst oft erlebt, dass Gott mir Dienste auftrug, von denen ich dachte, sie wären zu groß für mich und ich wäre nicht kompetent genug. Aber ich war gehorsam, habe sie ausgefüllt und mit dem Dienst kam die Salbung. Gott fing an zu wirken. Das ist die Gnade Gottes.

Wenn der Auftrag also von Gott ist, dann schau nicht darauf, was du kannst, oder nicht kannst. Sei gehorsam!

Darum geht es hier: um Gehorsam.

2. Saul war ein Mann, der Menschen gefallen wollte.

Das war das Problem. Er hatte eine gute Ausgangsposition. Das ganze Volk stand hinter ihm. Ganz anders war es bei David, der zu Beginn um sein Leben fürchtete und vor Saul wegrennen musste. Sein Leben hing manchmal nur noch an einem seidenen Faden. Zum Beispiel stellte er sich vor dem Philisterkönig wahnsinnig, um nicht umgebracht zu werden. *(1. Samuel 21,11-16)* Der absolute Tiefpunkt!

Doch Saul, mit seinen hervorragenden Möglichkeiten, wollte den Menschen gefallen. Wir sehen in der Bibel, dass seine Herrschaft in zwei Phasen aufgeteilt werden kann: die ersten Jahre, in denen er sich auf Gott verließ und danach die Jahre, in denen er Gott untreu war. Diese Untreue passierte nicht schlagartig, sondern es war ein schleichender Prozess. Saul hatte Gottes Gnade, doch durch seinen Ungehorsam wurde die Gnade in seinem Leben blockiert.

So ist es auch in unserem Leben. Wenn Gott uns gnädig ist, wenn die Gnade wirkt und wir lenken seine Gnade in die falsche Richtung, um selbst großartig dazustehen, wird die Gnade blockiert und kann nicht weiter fließen. Dann merken wir, dass wir in eigener Kraft arbeiten und aus unseren eigenen Ressourcen schöpfen.

So war es bei Saul. Er lebte aus seinen eigenen Ressourcen, weil er den Menschen gefallen wollte.

„Es soll euch zuerst um Gottes Reich und Gottes Gerechtigkeit gehen, dann wird euch das Übrige alles dazugegeben." Matthäus 6,32

Dieses Wort sagt Jesus selbst im Kontext von materieller Versorgung, aber wir können es auf alles anwenden – auf unser ganzes Leben.

Doch wie war es bei Saul? Er gehorchte Gott an entscheidender Stelle nicht. An Sauls Leben kann man sehen, wie Menschen an entscheidender Stelle vom Kurs abkommen können: hier ein Kompromiss, eine falsche Entscheidung, ein Nachlassen in der Gemeinschaft mit Gott, ein Nachgeben in der Versuchung. So etwas geschieht langsam.

So driftete Saul ab. Als David König wurde, war es fast das erste Anliegen, welches David hatte, – und hier sehen wir den Unterschied in der Haltung zu Saul – die Lade Gottes nach Jerusalem zurückzuholen, die Jahre zuvor von den Philistern geraubt worden war. David rief seine Berater und Minister zusammen und sagte:

„Dann wollen wir die Lade unseres Gottes zu uns zurückholen; denn in den Tagen Sauls haben wir nicht nach ihr gefragt." 1. Chronik 13,3

Saul hatte nicht diese Sehnsucht nach der Gemeinschaft mit Gott. Das ist der entscheidende Punkt. Er empfand die Gegenwart Gottes als nicht so wichtig; seine eigene Ehre war ihm wichtiger.
Und nun ist die Frage an uns: Wie ist es bei uns? Ist es uns wichtig, dass die Gegenwart Gottes in der Gemeinde, oder wo wir uns bewegen, stärker sichtbar wird, oder geht es uns um unser eigenes Ansehen, um

unser Recht und um unsere Meinung?

In den folgenden Bibelstellen geht es um einige Hauptpassagen aus dem Leben Sauls, die sehr charakteristisch für seinen Abfall sind.

„Er wartete dort sieben Tage auf Samuel, …" 1. Samuel, 13,8

Saul wartete auf Samuel, den von Gott gesalbten Propheten in jener Zeit. Dieser war einer der mächtigsten Männer Gottes der gesamten Bibel, welcher Maßstäbe setzte und auf Gottes Geheiß Saul zum König eingesetzt hatte. Er sagte Saul, dass dieser nichts unternehmen sollte, bis er kommen würde. Er sollte einfach nur warten.

Und dann verzögerte sich Samuels Kommen. Ist es nicht auch so, dass sich manchmal Gottes Eingreifen in unserem Leben verzögert? Wir denken: „Wann greift er denn endlich ein? Ich habe doch gebetet und habe die Verheißungen gelesen. Und jetzt kommt die Erhörung meiner Gebete nicht sofort." Deswegen redet die Bibel vom Ausharren, vom Dranbleiben, vom Nichtaufgeben.

„… wie dieser ihn zuvor angewiesen hatte, aber Samuel kam nicht nach Gilgal. Als Saul merkte, dass seine Krieger anfingen, ihm davonzulaufen, verlangte er: »*Bringt mir das Brandopfer und die Friedensopfer!*« *Und er selbst brachte das Brandopfer dar." 1. Samuel, 13,8-9*

Als Sauls Leute wegliefen, fing er an, irgendetwas zu unternehmen und in eigener Kraft zu agieren. Er brauchte das Ansehen und die Akzeptanz seiner Krieger und des Volkes.

Dies ist besonders ein Wort an Menschen, die in Leiterschaft stehen. Gerade wenn du ein Leiter bist, darfst du niemals versuchen, die Akzeptanz der Menschen in eigener Kraft zu erreichen, sondern Gott muss sie dir geben. Sonst hast du keine Chance. Natürlich brauchst du sie, aber nicht aus dir selbst heraus, sondern aus Gott.

Saul fing an anmaßend zu werden. Er brachte selbst das Brandopfer dar, was nur den Priestern vorbehalten ist. Das hätte er auf keinen Fall tun dürfen, doch ihm war jedes Mittel recht, um die Akzeptanz seiner Krieger zu erlangen.

„Kaum hatte er die Opferhandlung vollzogen, traf Samuel ein. Saul ging ihm entgegen und begrüßte ihn, aber Samuel sagte: »*Was hast du getan?*« *Saul antwortete:* »*Ich musste mitansehen, wie mir die Männer davonliefen, und du bist nicht zum vereinbarten Zeitpunkt erschienen, während die Philister schon in Michmas bereitstanden." 1. Samuel, 13,10-11*

Hier erkennt man, dass Saul ein Mann war, der die Schuld gern auf andere schob und sie nicht bei sich selbst suchte: *„…du bist nicht zum vereinbarten Zeitpunkt erschienen"*

Er beschuldigte Samuel, doch der Ungehorsam war auf Sauls Seite, denn er hatte nicht gewartet und beschwerte sich nun bei dem Propheten. „Schuld sind immer die anderen!"

Ein guter Leiter übernimmt Verantwortung für sein Tun – so wie David es tat. Er tat Buße, wenn er konfrontiert wurde und schob nie die Schuld auf andere.

Natürlich war Saul in einer schwierigen Situation. Er stand in einem Kampf. Auch wir stehen in einem Kampf, der gekämpft werden muss. Aber wir müssen ihn in Gottes Weise kämpfen.

„Da habe ich mir gesagt:» Die Philister wollen mich in Gilgal angreifen, und ich habe noch nicht einmal den Herrn um Hilfe gebeten! « So sah ich mich gezwungen, das Brandopfer selbst darzubringen." 1. Samuel, 13,12

Saul stellte das Geschehen jetzt auf eine religiöse Ebene. Dabei war die eigentliche Motivation nicht die Hilfe Gottes, sondern das Ansehen bei den Menschen.

»Wie dumm von dir!«, rief Samuel zu Saul.»Du hast das Gebot des Herrn, deines Gottes, das er dir gegeben hat, nicht befolgt. Hättest du das getan, hätte der Herr dein Königtum über Israel für immer bestehen lassen. So aber wird deine Herrschaft nicht von Dauer sein, denn der Herr hat sich einen Mann nach seinem Herzen ausgesucht. Er hat ihn bereits zum Anführer seines Volkes bestimmt, weil du dem Herrn nicht gehorcht hast.« 1. Samuel 13,13-14

Saul kämpfte um seine eigene Ehre. Doch das ist ein Kampf, den Gott uns nicht geboten hat. Wir sollen, so steht es im *1. Timotheusbrief Kapitel 6,12, „den guten Kampf des Glaubens kämpfen."* Dieser wird uns nicht erspart und wir sollen ihn kämpfen. Unser Kampf, so sagt der Apostel Paulus im *Epheserbrief 6,12, „ist nicht gegen Fleisch und Blut, sondern gegen die bösen Mächte und Gewalten der unsichtbaren Welt, gegen jene Mächte der Finsternis, die diese Welt beherrschen, und gegen die bösen Geister in der Himmelswelt."*

Doch Saul kämpfte um seine eigene Ehre.

Als Leiter hast du eine Wahl. Du kannst dich darauf konzentrieren, gemocht zu werden oder Menschen zu leiten. Sicherlich möchte jeder beliebt sein, aber das darf nicht die Triebfeder unseres Handelns und unserer Entscheidungen sein. Willst du beliebt sein, wirst du instinktiv versuchen, die Menschen zufrieden zu stellen. Wenn du das tust, wirst du auf Dauer keinen Erfolg haben.

Es ist auch einfach, allem und jedem die Schuld für deinen mangelnden Fortschritt als Leiter zuzuschreiben. Ein mir bekannter Leiter sagte einmal: *„Wenn du weiterhin keine Fortschritte machen willst, dann gib weiterhin den anderen die Schuld dafür. Das Gegenteil von Schuldzuweisung ist Verantwortung. Die Leiter, die du am meisten bewunderst, sind wahrscheinlich die verantwortungsvollsten Leiter, die du kennst."*

Wir leben als Gläubige, als Diener Gottes, nach einem vollkommen anderen Wertesystem, so wie es Paulus beschreibt.

„Wie ihr seht, geht es mir nicht darum, Menschen zu gefallen! Nein, ich versuche, Gott zu gefallen. Wollte ich noch Menschen gefallen, wäre ich kein Diener von Christus." Galater 1,10

3. Saul wurde stolz.

Das ist der Todesstoß für jeden geistlichen Dienst. Menschgefälligkeit und Stolz gehen Hand in Hand.

Doch Samuel, der große Prophet und Richter, ging auf zu Saul. Er wollte Saul weiter in die richtige Richtung lenken und ihn, den er liebte, noch nicht aufgegeben.

„Und Samuel machte sich früh auf, um Saul am Morgen zu begegnen. Und es wurde dem Samuel berichtet: Saul ist nach Karmel gekommen, und siehe, er hat sich ein Denkmal aufgerichtet; danach hat er eine Schwenkung gemacht, ist hinübergezogen und nach Gilgal hinabgestiegen. Als nun Samuel zu Saul kam, sprach Saul zu ihm: Gesegnet seist du vom Herrn! Ich habe das Wort des Herrn erfüllt!" 1. Samuel 15,12-13

Hier lügt Saul, denn das hatte er nicht getan. Er führte einen Kampf gegen die Amalekiter, die für den Satan selbst stehen, oder auch für den alten Menschen, den von Satan inspirierten Menschen. David versetzte später Amalek den Todesstoß, was Saul nicht schaffte.

Nun hatte Samuel zu Saul gesagt, dass alles, sogar die Schafe und Rinder, getötet werden sollten. Und Saul sagt: „Ich habe alles erfüllt."

Gott wollte ihm einen hundertprozentigen Sieg geben, doch Saul hielt sich nicht an seine Weisung.

„Samuel aber antwortete: Und was ist das für ein Blöken von Schafen in meinen Ohren, und Brüllen von Rindern, das ich da höre? Und Saul sprach: Man hat sie von den Amalekitern hergebracht; denn das Volk verschonte die besten Schafe und Rinder, um sie dem Herrn, deinem Gott, zu opfern; an dem Übrigen haben wir den Bann vollstreckt!" 1. Samuel 15,14-15

Also hatte Saul nicht alles erfüllt. Nicht „man", sondern Saul selbst hatte befohlen, das Vieh zu verschonen. Wie man liest, bringt Saul immer alles auf eine falsche, religiöse Ebene. Er lebt weder Beziehung noch Gehorsam.

„Samuel aber antwortete dem Saul: Halte still, und ich will dir sagen, was der Herr diese Nacht zu mir geredet hat! Da sprach er zu ihm: Rede! Und Samuel sprach: Ist es nicht so, als du klein warst in deinen Augen, wurdest du das Haupt der Stämme Israels, und der Herr salbte dich zum König über Israel?" 1. Samuel 15,16-17

Als Saul demütig war, wurde er das Haupt des Volkes Israel, so wie der Weg nach oben erst einmal nach unten führt.

Das hatte Saul erlebt, doch jetzt war es umgekehrt.

Der Vers 23 in 1. Samuel 15 sagt: „Auflehnung ist so schlimm wie die Sünde der Zauberei und Eigensinn so schlimm wie Götzendienst." Im Grundtext heißt es sogar: *„Auflehnung **ist** Zauberei und Eigensinn **ist** Götzendienst."* Vom Gesetz her sind dieses todeswürdige Verbrechen im alttestamentlichen Kontext.

„Er aber sprach: Ich habe gesündigt; nun aber ehre mich doch vor den Ältesten meines Volkes und vor Israel und kehre mit mir um, damit ich den Herrn, deinen Gott, anbete!" 1. Samuel 17,30
Dies war keine echte Buße von Saul. Ihm ging es vorrangig um seine Ehre.
Wie konsequent verfolgen wir in der Gemeinde unsere Ehre und unser Ansehen?

„Stolz kommt vor dem Zusammenbruch, und Hochmut kommt vor dem Fall." Sprüche 16,18

Dieser Vers ist ein alttestamentliches Wort, welches zweimal im Neuen

Testament sinngemäß zitiert wird.

„Ebenso ihr Jüngeren, ordnet euch den Ältesten unter; ihr alle sollt euch gegenseitig unterordnen und mit Demut bekleiden! Denn »Gott widersteht den Hochmütigen; den Demütigen aber gibt er Gnade«." 1. Petrus 5,5

„Umso reicher aber ist die Gnade, die er gibt. Darum spricht er: »Gott widersteht den Hochmütigen; den Demütigen aber gibt er Gnade«." Jakobus 4,6

Das beste abschreckende Beispiel für Hochmut ist Satan selbst. Stolz kommt direkt aus der Hölle und ist besonders gegen unseren Dienst gerichtet.

Es gibt zwei verborgene Prophetien im Alten Testament, in denen zwei Propheten gegen finstere Mächte sprechen. Wir merken beim Lesen, dass der Satan selbst angesprochen wurde. Da heißt es in *Jesaja 14,12-15: „Wie bist du doch vom Himmel herabgestürzt, du strahlender Stern, Sohn des Morgens! Du wurdest jäh auf die Erde geschleudert, du Völkerbezwinger! Denn du dachtest dir: ›Ich werde zum Himmel aufsteigen und mir einen Thron über den Sternen Gottes machen. Ich werde weit im Norden auf dem Berg der Versammlung sitzen. Ich werde in die Wolken aufsteigen und mich dem Höchsten gleichmachen.‹ Aber du wirst ins Totenreich hinabgestoßen werden, in das entfernteste Schlammloch."*

Die Sterne stehen für Engel, über die er sich stellen und sich Gott gleichmachen wollte. Satan wollte hoch hinaus und ist ganz tief gestürzt.

In *Hesekiel 28,14-15* wird ein Fürst geschildert, zu dem Gott sagt: *„Du warst ein gesalbter, schützender Cherub, ja, ich hatte dich dazu eingesetzt; du warst auf dem heiligen Berg Gottes, und du wandeltest mitten unter den feurigen Steinen. Du warst vollkommen in deinen Wegen vom Tag deiner Erschaffung an, bis Sünde in dir gefunden wurde."*

Das war sein Ende.

Wenn wir für Gott leben wollen, müssen wir demütig sein. Jesus ist unser absolutes Vorbild. Der Fall Satans war ein abschreckendes Vorbild, aber Jesus ist unser positives, von dem wir so viel in der Bibel lesen.

Wenn du Satan den Zutritt zu deinem Leben verschließen und stattdessen Wachstum, Gedeihen und den Segen Gottes in deinem Leben erleben möchtest, dann musst du in Demut vor Gott leben.

So hat es David getan. Manchmal hat er auf ganzer Linie versagt, zum Beispiel als er Ehebruch mit Batseba beging und Gott den Propheten Nathan zu ihm schickte. *(2. Samuel 12,1 ff)*

Aber wenn er dafür zur Rechenschaft gezogen wurde, dann versuchte er niemals einem anderen die Schuld zuzuschieben. Er nahm die Schuld auf sich, tat Buße und lebte vor dem Herrn. Er war dazu bereit und das ist der entscheidende Unterschied.

Demut bedeutet nicht, dass man alles richtig macht und nicht mehr sündigt. Demut bedeutet, ein Herz zu haben, welches für Gott sensibel ist.

„Deshalb beugt euch demütig unter die Hand Gottes, dann wird er euch ehren, wenn die Zeit dafür gekommen ist." 1. Petrus 5,6

So wie Stolz nach unten führt, führt Demut nach oben.

Was bewirkt Stolz? Stolz bewirkt Unsicherheit, denn du kämpfst immer um deine eigene Ehre. Das ganze Buch der Prediger spricht davon und beginnt mit dem Satz: *„Es ist alles ganz eitel, sprach der Prediger, es ist alles ganz eitel." Prediger 1,2*

Er sieht hier die Menschen, wie sie sind. Sie kämpfen um ihre eigene Stellung.

Stolz führt zu Argwohn. Wie war es bei Saul? David kämpfte gegen Goliath und gewann diesen Kampf, wodurch das Volk Philister geschlagen werden konnte. Da sangen die Frauen, so heißt es, auf den Straßen Israels folgendes Lied: *„Saul hat tausend geschlagen, David aber zehntausend." 1. Samuel 18,7*

Das mochte Saul gar nicht hören. Mit den Tausend war er einverstanden, aber nicht mit den Zehntausend von David. Er dachte voller Misstrauen: *„Jetzt fehlt nur noch, dass sie ihn zum König machen!" 1. Samuel 18,8* und fing an, David zu verfolgen. Er wollte ihn wirklich töten.

Gott erwählte David, der nicht perfekt war, aber bußbereit, verantwortungsvoll und demütig. Die Bibel nennt ihn *„einen Mann nach dem Herzen Gottes". (1. Samuel 13,14)*

So sucht Gott auch dich. Lass dich finden! Er hat dich gesalbt. Das heißt, dass Er dich fähig und willig macht, Seinen Willen zu tun und Ihm genauso zu dienen, wie einst David es tat.

VOM INPUT ZUM OUTPUT

- BEFREIT, UM ZU BEZEUGEN -

Von zwei Gewässern in Israel möchte ich hier sprechen. Das eine ist der See Genezareth und das andere ist das Tote Meer. Der See Genezareth ist voller Leben. Wir lesen schon in der Bibel von gewaltigen Fischfängen, die die Jünger gemacht hatten. Einmal hieß es sogar, dass die Netze zu reißen drohten. Ein anderes Mal bestand die Gefahr, dass das Boot untergehen würde und die Jünger mussten noch andere Boote dazu rufen, dass sie ihnen helfen, den riesigen Fang einzubringen. Das Tote Meer hingegen ist, wie der Name schon sagt, tot.

Es werden beide Gewässer von dem gleichen Fluss gespeist, dem Jordan. Dieser Fluss fließt in den See Genezareth und auch in das Tote Meer. Der See Genezareth allerdings hat einen Zufluss und einen Abfluss. Das Tote Meer hat nur einen Zufluss, aber keinen Abfluss. Im heißen Wüstenklima des Südens verdampft das stehende Wasser und es bilden sich viele Salze. Jegliches Leben wird abgetötet.

Input und Output, Zulauf und Ablauf, das ist wichtig, auch für unser Leben.

So möchte ich dies als ein Gleichnis nehmen für unser Leben.

Die folgenden beiden Bibelstellen drücken aus, was wir als Missionsbefehl oder Missionsauftrag benennen.

„Da trat Jesus herzu und redete sie mit den Worten an: »Mir ist alle Gewalt im Himmel und auf Erden verliehen. Darum gehet hin und macht alle Völker zu meinen Jüngern: tauft sie auf den Namen des Vaters, des Sohnes und des Heiligen Geistes und lehrt sie alles halten, was ich euch geboten habe. Und wisset wohl: Ich bin bei euch alle Tage bis ans Ende der Weltzeit!«" Matthäus 28,18-20

„Aber wenn der Heilige Geist auf euch herabkommt, werdet ihr mit seiner Kraft ausgerüstet werden, und das wird euch dazu befähigen, meine Zeugen zu sein – in Jerusalem, in ganz Judäa und Samarien und überall sonst auf der Welt, selbst in den entferntesten Gegenden der Erde." Apostelgeschichte 1,8

In der Apostelgeschichte wird die gleiche Begebenheit berichtet wie im Matthäusevangelium, aber mit dem Schwerpunkt auf den Heiligen Geist.

Der Fokus liegt also hier auf der ganzen Welt. So groß ist der Auftrag. Er ist nicht limitiert und man kann sagen: „Jesus hat eine riesige Vision."

Wenn ich unsere Gemeinde betrachte, dann erscheint es mir, dass meistens der Input größer ist als der Output. Wir empfangen mehr, als wir weitergeben. Wir haben so viele gute Dinge in der Gemeinde.

Man könnte jetzt natürlich sagen: „Dann verringern wir den Input. Dann passt es wieder. Wenn weniger reinkommt, muss auch nicht so viel hinaus." Aber das wollen wir nicht.

Es ist nichts Schlechtes, was hereinkommt, aber es soll mehr hinausgehen.

In dieser Predigt soll es nun darum gehen, dass dieser Output stärker wird, was das bedeutet und wie es funktioniert.

Gott hat uns, Seiner Gemeinde, alle Mittel zur Missionierung (Evangelisierung) der Welt gegeben. Und dabei gibt es für mich keinen Unterschied bei der Missionierung, ob man jetzt weit weg in ein anderes Land gehen muss, oder ob wir hier in unserem Umfeld bleiben und das Evangelium weitersagen.

Wir als Gemeinde Jesu haben bereits die göttliche Fülle, wie es in *Kolosser 2,9-10* steht:

„Denn in Christus ist die ganze Fülle des Göttlichen greifbare Realität geworden und hat sich mit ihm verbunden, und ihr seid durch eure Einheit mit Christus damit erfüllt. Er ist Herr über alle Herrscher und alle Mächte."

Wir haben alles bekommen. Wir können „loslegen". Worauf warten wir noch?

Bereits zur Zeit des Neuen Testaments war die Ortsgemeinde hauptverantwortlich dafür, diesen Auftrag Jesu auszuführen. Das Ziel besteht darin, Menschen zu Jüngern zu machen!

Als Jugendlicher besuchte ich in unserer Gemeinde eine Jugendgruppe. Einige sagten: „Wir müssen noch viel mehr den Menschen von Jesus erzählen." Und der Jugendleiter sagte: „Ja, das sollten wir tun." Dann sagten einige: „Aber wir müssen erst noch vorbereitet werden." „Okay", sagte der Jugendleiter, „wir bereiten euch vor und bieten Seminare an, damit ihr lernt, wie man das Evangelium weitergibt." Als die Jugendlichen nach ihrer Vorbereitung und Schulung aktiv werden sollten, sagten wieder einige: „Ach, wir fühlen uns noch gar nicht genug vorbereitet."

Da fiel mir ein Bibelwort ein, das in *Markus 5, 1-20* steht. Es ist eine Geschichte, die davon handelt, wie Jesus einen dämonisierten Mann befreite. Dieser Mann hatte, so wie die Bibel es beschreibt, eine Legion Dämonen und wurde durch Jesus schlagartig frei. Das war sehr spektakulär. Die Leute aus dem Dorf kamen und sahen ihn vernünftig zu den Füßen Jesu sitzen. Vorher war er gewalttätig, randalierte und musste immer wieder in Ketten gelegt werden, die er zerriss. Dieser Mann sagte nun zu Jesus: „Ich will dein Jünger sein und dir nachfolgen." Und was sagte Jesus darauf in *Vers 19? „Nein. Geh nach Hause zu deiner Familie und erzähle ihnen, was der Herr für dich getan hat und wie gnädig er gewesen ist."*

Also: Gerade war er noch dämonisiert, beziehungsweise besessen, wie man es heute nennt, und dann sandte Jesus ihn schon aus, um ein Zeuge für Ihn zu sein. So einfach ist das! Er musste nicht erst lange vorbereitet werden. Die Power Gottes war genug Vorbereitung für ihn. Er sollte einfach weitersagen, was Gott an ihm gewirkt hatte.

Gemeinden ohne Vision und Aktion für Evangelisation und Weltmission, also ohne die Vision, andere zu Jünger zu machen, verlieren ihren Auftrag. Man kann sogar sagen: „Sie sind tot."

Die Frage ist doch hier: „Kann unsere Gemeinde zu einem Zentrum für Mission werden? Kannst du das werden?"

Die Gemeinden, von denen wir im Neuen Testament lesen, waren ausnahmslos Zentren für Mission und Evangelisation. Im griechischen Urtext handelt es sich bei dem Ausdruck „zu Jüngern machen" um einen Befehl. Es ist ein Imperativ und dahinter müsste eigentlich ein Ausrufezeichen stehen. Das waren die letzten Worte, die Jesus sprach, bevor er in den Himmel fuhr. Es ist nicht bloß ein Vorschlag, den Jesus hier macht, sondern ein dringender, dauerhafter Befehl.

Ich möchte hier nur über dieses eine Wort sprechen: „Geht hin!" Man könnte auch sagen: „Let´s go" oder „Come on" – worauf warten wir noch?

Was bedeutet: „Geht hin!"?

Das griechische Wort für "geht" beinhaltet ein permanentes, fortwährendes Handeln. Es soll nicht bedeuten: einmal hingehen, erledigt und abgehakt. Nein, es soll ein Lebensstil sein.

„Geht immer wieder hin!"

Was bedeutet „hingehen"? Hingehen bedeutet nicht hierbleiben, sondern weggehen, woanders hingehen. Hingehen heißt: nicht nur in der Gemeinde bleiben, und alles schön und perfekt stylen, perfekte Gottesdienste feiern, super Equipment anschaffen… Natürlich dürfen wir das auch tun. Wir wollen unser Bestes geben für den Input, aber wir sollen auch hingehen.

Das heißt nicht unbedingt, dass du deinen Job oder dein Zuhause auf-gibst. Hingehen bedeutet in diesem Zusammenhang, dahin zu gehen, wo die Menschen sind!

Ich beschäftige mich schon seit langem und immer wieder mit Erwe-ckungsbewegungen und mit der Erweckungsgeschichte. Und die stärks-te Erweckungs- und Erneuerungsbewegung, die es für meine Begriffe jemals gegeben hat, war die Bewegung unter den Wesley Brüdern in England; abgesehen von der Erweckungsbewegung aus der Apostel-geschichte in der Bibel.

Zur Zeit von John Wesley war England am Ende, sowohl wirtschaftlich, sozial als auch geistlich. Zur gleichen Zeit tobte in Frankreich die fran-zösische Revolution. In England gab es schlimmste Kinderarbeit, vor allem in den Bergwerken. Daher kommt das Märchen mit den Zwergen im Bergwerk, welches so harmonisch und schön klingt. Aber die Realität sah so aus, dass Kinder unter Tage arbeiten mussten und aus diesem Grund körperlich nicht weiterwachsen konnten. England versank in Hu-rerei und Alkohol.

Da hatte John Wesley eine Begegnung mit Gott und hörte von der Herrn-huter Brudergemeinde, eine Bewegung von Ludwig Graf von Zinzendorf. Er spürte, dass dort etwas Großes in Bewegung war und besuchte diese Menschen in Herrenhut, was von England aus weit entfernt war, zumal es zu damaliger Zeit keine Autos und Flugzeuge gab. Er war also mit dem Segelschiff und zu Fuß unterwegs, um sich dort Input abzuholen. Dann kehrte er nach England zurück und wandelte diesen Input in einen Output um. Er ritt auf seinem Pferd, bis er fast neunzig Jahre alt war, durch das Land und verkündigte das Evangelium. Er schüttelte damit die ganze Nation. Die ganze Nation wurde verändert und Historiker sagen, dass England dadurch vor einer Revolution bewahrt wurde, ähnlich wie es sie in Frankreich gab. In England gab es erste Gewerkschaften, ge-leitet von Methodisten, gläubigen Christen, die sagten: „So kann es nicht weitergehen." Sie waren aufgerüttelt und inspiriert von der Botschaft von John Wesley. Es gibt Geschichten von Menschen, die sich als Sklaven verkaufen ließen, um per Schiff auf die westindischen Inseln zu gelan-gen, um dort die „Gute Botschaft" zu predigen.

Natürlich sind das besondere Geschichten. Aber sie dürfen uns ermuti-gen, auch die Haltung dieser Pioniere und Jünger zu haben.

Weiter bedeutet „Hingehen", eine Beziehung aufzubauen. Es bedeutet, dass wir andere Leute zu Jüngern machen, indem wir eine Beziehung zu Menschen aufbauen, mit denen wir im Laufe des Tages in Kontakt kommen - auf der Arbeit, in der Schule oder auch im Supermarkt, wo wir auch sind. Wir können unser „Hingehen" integrieren in unseren normalen Tagesablauf.

Jesus sagt hier auch: „Da, wo du im Alltag hingehst, sollst du anderen Leuten zeigen und beibringen, wie sie mir nachfolgen können."

Mit "Hingehen" ist nicht immer gemeint ist, dass du das Land verlassen musst. Integriere dieses biblische „Hingehen" in dein alltägliches Leben! So lautet auch ein Satz aus unserer Gemeindevision: *„Wir bringen Ihn in die Gesellschaft."* Wir wollen Jesus zu den Menschen bringen.

Drittens kann das „Hingehen" auch eine Herausforderung an unser bisheriges Leben, unsere menschlichen Traditionen, unsere Vorlieben und unsere Bequemlichkeit darstellen.

Das griechische Wort, welches hier steht, wenn wir lesen: „Geht hin in alle Welt!", heißt „ethnos" – in alle Nationen. Daher kommt der Begriff „ethnische Gruppe". „Ethnos" ist darüber hinaus der Begriff für die Heidenvölker, die Nationen, die nicht jüdischen Völker. Nun müssen wir einmal überlegen, zu wem Jesus dies sagte. Er sprach dabei zu jüdischen Jüngern, denen es aufgrund ihrer jüdischen Tradition verboten war, das Haus eines Heiden zu betreten. Das war unmöglich und doch sagt Jesus: „Geht zu den Heiden!" Ich kann förmlich spüren, wie sich die Nackenhaare von Petrus aufstellten.

Wir lesen zum Beispiel im Neuen Testament in *Matthäus 8 ab Vers 5*, wie Jesus von einem Hauptmann der römischen Besatzungsmacht gebeten wird, seinen Diener zu heilen. Jesus sagt: *„Ich will mitkommen und ihn heilen."* Doch der Hauptmann möchte Jesus nicht kompromittieren und sagt: *„Herr, ich bin es nicht wert, dich in meinem Haus zu empfangen. Sag nur ein einziges Wort, dann wird mein Diener gesund."* Der Hauptmann wusste, dass ein Jude nicht das Haus eines Heiden betreten konnte. Doch Jesus hätte es getan, weil es kein göttliches Gebot ist, sondern eine menschliche Tradition.

In *Johannes 18 ab Vers 1* lesen wir von der Gefangennahme Jesu. Sie brachten ihn in den Palast des römischen Statthalters Pontius Pilatus. Doch die Pharisäer und Schriftgelehrten gingen nicht hinein, um sich nicht unrein zu machen, denn sie wollten das Passafest feiern.

In der *Apostelgeschichte 10 ab Vers 1* können wir ebenfalls lesen, wie Gott menschliche Traditionen auf den Kopf stellt. *„In Cäsarea lebte aber* *ein Mann namens Kornelius, ein Hauptmann, ... der war fromm und gottesfürchtig.*" Ein Engel des Herrn erschien Kornelius, der ein Heide war, und sagte ihm: *„Geh und lass Petrus holen. Der wird dir sagen, was du tun sollst."* Petrus wäre niemals mitgekommen, denn er war ein frommer Jude. So musste Gott ihn erst durch eine Vision auf dem Dach seines Hauses auf diese Situation vorbereiten, dass er nach Cäsarea ging. Da sieht man, wie tief diese Tradition sitzt.

Und jetzt sagt Jesus: „Geht hin zu den Nationen, zu den Nichtjuden und verkündigt ihnen das Evangelium." Für uns ist das heute kein Problem mehr, aber früher war es das.

Es können jedoch auch andere Herausforderungen auftreten und ich möchte hier einige nennen.

Erst einmal sagt Jesus in *Markus 7,13: „So setzt ihr durch eure eigenen Vorschriften (Überlieferungen, Traditionen) das Wort Gottes außer Kraft. Und von dieser Art ist vieles, was ihr tut."*

Das Wort Gottes hat nie gesagt, dass ein Jude nicht in das Haus eines Heiden gehen darf. Aber es gibt menschliche Traditionen, menschliche Überlieferungen und menschliche Gedanken, die uns davon abhalten.

Wir sollen alle religiösen (denominationellen, kirchlichen) und menschlichen Traditionen hinter uns lassen und Jesus und Seinem Wort gehorchen. Jesus hat uns nicht empfohlen, zu den Nationen zu gehen, sondern Er hat es uns geboten.

In *Johannes 2,5* sagt Maria, die Mutter Jesu, zu den Dienern: *„Was immer er euch sagt, das tut!"* Es geht um die Geschichte, in der Jesus Wasser in Wein verwandelt. Maria wusste wohl schon, was passieren würde und so kam Jesus zu den Dienern und sagte: *„Füllt die Krüge mit Wasser! Und sie füllten sie bis obenhin."* Es waren sechs steinerne Wasserkrüge, die man für die Waschungen, die das jüdische Gesetz verlangt, benutzte und jeder von ihnen fasste achtzig bis einhundertzwanzig Liter. „Wie merkwürdig", haben sich die Diener vielleicht gedacht. Zugebenermaßen ist das Wort Gottes manchmal herausfordernd und wir verstehen nicht gleich, was Er uns sagen möchte. Gott ist nicht gebunden an menschliche Traditionen.

Ich kannte einmal einen Pastor, der in Berlin wohnte und mittlerweile schon verstorben ist. Eines Nachts wachte er auf und es war ihm, als hätte Gott zu ihm gesprochen: „Steh auf und gehe auf diese bestimmte Brücke in Berlin!" Er kannte die Stimme Gottes in seinem Leben und dieses Gefühl war in ihm so drängend, und obwohl er gern weitergeschlafen hätte, dass er aufstand und zu dieser Brücke ging. Tatsächlich traf er dort auf einen Mann, der gerade Suizid begehen wollte. Er konnte ihn davon abhalten und ihn zum Glauben führen. Der Gehorsam dieses Pastors besiegte seine Bequemlichkeit und ein Menschenleben wurde gerettet.

Ich selbst habe so etwas auch erlebt in Wuppertal, wo ich aufgewachsen bin. Ein Mann bekam abends von Gott den Auftrag, mich zu besuchen. Er hatte mich vor seinem geistigen Auge gesehen und hatte diesen Input. Er kannte mich gar nicht, wusste nur, wie ich aussehe, wie ich mit meinem Vornamen heiße und kannte die Gegend, in der ich wohnte. So besuchte er mich und las mir das Wort aus *Johannes 3,3: „Jesus antwortete und sprach zu ihm: Wahrlich, wahrlich, ich sage dir: Wenn jemand nicht von Neuem geboren wird, so kann er das Reich Gottes nicht sehen!"* Einige Zeit später bekehrte ich mich und diese Begebenheit war dafür nicht unerheblich ausschlaggebend.

Eine weitere Geschichte steht in der Apostelgeschichte. Paulus, damals noch Saulus, der die Christen gefangen nehmen ließ, hatte vor den Toren von Damaskus eine Begegnung mit dem Herrn. Zu der gleichen Zeit erschien der Engel dem Ananias.

„Es war aber in Damaskus ein Jünger namens Ananias. Zu diesem sprach der Herr in einem Gesicht: Ananias! Er sprach: Hier bin ich, Herr! Der Herr sprach zu ihm: Steh auf und geh in die Gasse, die man »die Gerade« nennt, und frage im Haus des Judas nach einem Mann namens Saulus von Tarsus. Denn siehe, er betet; und er hat in einem Gesicht einen Mann namens Ananias gesehen, der hereinkam und ihm die Hand auflegte, damit er wieder sehend werde. Da antwortete Ananias: Herr, ich habe von vielen über diesen Mann gehört, wie viel Böses er deinen Heiligen in Jerusalem zugefügt hat. Und hier hat er Vollmacht von den obersten Priestern, alle, die deinen Namen anrufen, gefangen zu nehmen! Aber der Herr sprach zu ihm: Geh hin, denn dieser ist mir ein auserwähltes Werkzeug, um meinen Namen vor Heiden und Könige und vor die Kinder Israels zu tragen! Denn ich werde ihm zeigen, wie viel er leiden muss um meines Namens willen. Da ging Ananias hin ..." Apostelgeschichte 9,10 ff

Ananias hatte Zweifel, aber Gott sagte: „Geh hin" und Ananias „ging hin". Es war für ihn eine Herausforderung. Oft ist es das auch für uns; meist an unsere Bequemlichkeit. Doch bei Ananias war es keine Frage der Bequemlichkeit, sondern eine existenzielle Bedrohung und Herausforderung: Gefängnis oder Freiheit.

Hingehen bedeutet, ein Überwinderleben zu führen. Zum Hingehen muss man bereit sein und sich dafür bewusst entscheiden. Der Missionsauftrag gilt für alle Zeiten und für alle Menschen. Und gewöhnlich sind es die Leute, mit denen wir täglich zu tun haben, die uns Gott dringend ans Herz legt.

Ein weiterer Punkt ist: Hingehen mit einer neuen Offenbarung über unseren himmlischen Vater.

Für manche bedeutet „hingehen" auch bewusst das Alte zu verlassen und einen Schritt in den vollzeitigen Dienst zu tun, wie zum Beispiel für die Missionare. Es ist eine schwerwiegende Entscheidung, seinen (gut bezahlten) Job zu verlassen und dem Herrn auch für Finanzen zu vertrauen. Wir müssen uns die Frage stellen: Könnte es sein, dass wir unsere Versorgung mehr in unserer Arbeitsstelle, unserem Sozialsystem und Versicherungen aller Art sehen, als darin, dass Gott unser Versorger ist? Trauen wir Ihm zu, dass Er unser Versorger ist?

Was trauen wir Gott zu? Welches Bild haben wir von Ihm? Ist er ein Gott, der uns so gerade eben das Nötigste gibt, oder gibt Er uns aus Seiner Fülle heraus; mehr, als wir brauchen? Beschenkt Er uns? Wir sollen uns nicht fürchten!

„Furcht ist nicht in der Liebe, sondern die vollkommene Liebe treibt die Furcht aus, denn die Furcht hat mit Strafe zu tun; wer sich nun fürchtet, ist nicht vollkommen geworden in der Liebe." 1. Johannes 4,18

Wir sollen immer mit einer Fülle, einer Sättigung der Liebe Gottes, gehen. Wann immer uns Furcht überfällt, auch angesichts der wirtschaftlichen Turbulenzen, gibt es nur einen Weg: nämlich das Eintauchen in den Strom der göttlichen Liebe.

Wir dürfen hingehen im Glauben, mit der Liebe Gottes im Herzen, dass Gott uns liebt, und in der Gnade Gottes, dass Er gut ist und uns beschenken will. Er ist ein liebender Vater!

Ein weiterer Punkt ist, dass wir hingehen und die Kraft des Heiligen Geistes und die Autorität Jesu erleben.

Ich möchte die folgende Bibelstelle einmal mit einer anderen Betonung lesen:

*„Mir ist alle Gewalt im Himmel und auf Erden verliehen. **Darum** gehet hin und macht alle Völker zu meinen Jüngern ... Und wisset wohl: Ich bin bei euch alle Tage bis ans Ende der Weltzeit!" Matthäus 28,16-20*

Jesus spricht davon, dass Ihm alle Gewalt im Himmel und auf Erden gegeben ist und erst dann sagt er zu den Jüngern: *„Geht hin!".* Nun könnten manche vielleicht sagen: „Ja, aber in der Bibel steht doch, dass der Teufel der Fürst dieser Welt ist." Jesus nennt ihn selbst so. Ja, aber nur für die, die nicht an Jesus glauben, die zu dem System dieser Welt gehören. Für die, die an Jesus glauben, ist der Teufel nicht der Fürst, sondern das ist allein Jesus.

Wir sollen also darum hingehen, weil Jesus alle Gewalt innehat. Gerade wenn wir hingehen, erleben wir in besonderer Weise die Kraft Gottes.

Im Missionsbefehl im Markusevangelium heißt es: *„Und er sprach zu ihnen: Geht hin in alle Welt und verkündigt das Evangelium der ganzen Schöpfung! Wer glaubt und getauft wird, der wird gerettet werden; wer aber nicht glaubt, der wird verdammt werden. Diese Zeichen aber werden die begleiten, die gläubig geworden sind: In meinem Namen werden sie Dämonen austreiben, sie werden in neuen Sprachen reden, Schlangen werden sie aufheben, und wenn sie etwas Tödliches trinken, wird es ihnen nichts schaden; Kranken werden sie die Hände auflegen, und sie werden sich wohl befinden." Markus 16,15-18*

Alles, was wir so sehr ersehnen und von dem die Bibel sagt, dass es unser Erbe ist, erleben wir in ganz besonderer Weise, wenn wir hingehen.

„Der Herr nun wurde, nachdem er mit ihnen geredet hatte, aufgenommen in den Himmel und setzte sich zur Rechten Gottes. Sie aber gingen hinaus und verkündigten überall; und der Herr wirkte mit ihnen und bekräftigte das Wort durch die begleitenden Zeichen. Amen." Markus 16,19-20

Eine weitere Bibelstelle bekräftigt dies.

*„Durch die Hände der Apostel aber geschahen viele Zeichen und Wunder **unter dem Volk**; und sie waren alle einmütig beisammen in der Halle Salomos. Von den Übrigen aber wagte keiner sich ihnen anzuschließen; doch das Volk schätzte sie hoch; und immer mehr wurden hinzugetan, die an den Herrn glaubten, eine Menge von Männern und Frauen, sodass man die Kranken auf die Gassen hinaustrug und sie auf Betten und Bahren legte, damit, wenn Petrus käme, auch nur sein Schatten auf einen von ihnen fiele. Es kamen aber auch viele aus den umliegenden Städten in Jerusalem zusammen und brachten Kranke und von unreinen Geistern Geplagte, die alle geheilt wurden." Apostelgeschichte 5,12-16*

Wo geschahen diese Zeichen und Wunder? Sie geschahen unter dem Volk und nicht in der Gemeinde! Die Kranken wurden auf den Gassen in die pralle Sonne gelegt und Petrus´ Schatten fiel auf die Menschen

– da, wo die Menschen waren; in der Hitze des Tages. Die Dienste, die Zeichen, Wunder und Heilungen waren in erster Linie für die Menschen „draußen."

Wenn ich mich mit Erweckungsbewegungen beschäftige, dann sehe ich zwei Charakteristika, die bezeichnend sind für Erweckungen, die Gott irgendwo auf der Welt schenkt:

Es ist erstens das Gebet der Gemeinde, der Gott eine Last auf das Herz gibt für die Menschen, die ohne Ihn in die Irre laufen.

Zweitens bedeutet es, den Missionsauftrag auszuführen. Jesus hat nicht nur gesagt: „Betet für alle Menschen!" Das hat er auch gesagt, aber auch: „Geht hin zu den Menschen!"

In Erweckungszeiten sehen wir immer Menschen, die diesen Auftrag Jesu ernst nehmen und wirklich „hingehen." Sie haben eine Last Gottes auf dem Herzen und gehen zu den Menschen hin.

Damit wünsche ich mir und uns, dass wir viel Input haben, dass wir Gott erleben in unserem Leben, dass wir wunderbare Dienste haben in unserer Gemeinde, aber besonders, dass der Output verstärkt wird.

BESIEGE DEINE BERGE

- BEFREIT, UM ZU SIEGEN -

Kennen wir nicht alle die Hügel, die sich bei längerem Betrachten zu großen, dunklen, angsteinflößenden Bergen erheben, die uns geistlich – und manchmal auch körperlich – lähmen wollen? Sie stellen sich ungebeten in unseren Lebensweg und scheinen oft unüberwindbar zu sein.

Wie können wir diese Berge, die so bedrohlich erscheinen, besiegen?

Indem wir zu ihnen sprechen. So sagte Jesus zu seinen Jüngern:

„Habt den Glauben Gottes. Ich versichere euch: Wenn ihr zu diesem Berg sagt: Hebe dich in die Höhe und wirf dich ins Meer, wird es geschehen. Entscheidend ist, dass ihr glaubt und in euren Herzen nicht daran zweifelt." Markus 11,22-23

Was meinte Jesus hier mit dem Begriff „Berg"? Er übernimmt prophetische Worte aus dem Alten Testament, wo es in *Sacharja 4,6-7* heißt:

„Da antwortete er und sprach zu mir: Das ist das Wort des Herrn an Serubbabel: Nicht durch Macht und nicht durch Kraft, sondern durch meinen Geist! spricht der Herr der Heerscharen. Wer bist du, großer Berg? Vor Serubbabel sollst du zur Ebene werden! Und er wird den Schlussstein hervorbringen unter lautem Zuruf: Gnade, Gnade mit ihm!"

Vor Serubbabel, der als babylonischer Jude aus der Verbannung nach Jerusalem zurückkehrte, stand ein großer „Berg". Der zerstörte Tempel sollte wieder aufgebaut werden, was eine große Herausforderung darstellte. Der Feind will nicht, dass der Tempel wieder aufgebaut wird; damals nicht und heute nicht.

Den Tempel zu bauen, bedeutet für uns heute:

- ein heiliges, für Gott abgesondertes, Leben führen
- ein Lebensstil von Lobpreis und Anbetung
- offen sein für die Wirkungen des Heiligen Geistes
- eine gesalbte Lehre aus dem Wort Gottes
- göttliche Fülle
- das Zeugnis weitergeben
- Offenbarung Seiner Herrlichkeit

Um das zu verhindern, stellt der Feind Schwierigkeiten (Berge) auf. Auch heute! Auch in deinem Leben.

Der Tempel soll in deinem Leben wieder gebaut werden und der Heilige Geist möchte in deinem Leben neu wirken. Aber der Feind will dies nicht zulassen. Er stellt „Berge" auf gerade dann, wenn wir uns neu und bewusst entscheiden, den Tempel in unserem Leben (Land) wiederaufzubauen.

Vor fünf Monaten hatte die Gruppe um Serubbabel begonnen, den Tempel wieder aufzubauen. Aber nun stagnierten die Arbeiten. Riesige Schwierigkeiten verhinderten den Weiterbau: finanzielle Probleme, Motivationsprobleme, Angst vor dem Drohen der Feinde, Entmutigung und so weiter. Druck von allen Seiten machte ihnen das Weiterbauen unmöglich.

Es wird Druck vom Feind kommen, wenn wir wieder anfangen zu bauen.

Viele hatten Zweifel und fragten sich, wie lange sie noch in der Lage sein würden, das Bauprogramm fortzusetzen. Aber der Prophet Sacharja kam mit einer ermutigenden Botschaft für Serubbabel und das Volk. Er hatte den Auftrag vom Herrn, zu dem Berg zu sprechen und fragte ihn: *„Wer bist du, großer Berg? Vor Serubbabel werde zur Ebene!"*

Das war der erste Schlag für diesen Berg der Schwierigkeiten. Weiter sagte er: *„Nicht durch Heer oder Kraft soll es geschehen, sondern durch den Geist des Herrn."* Sacharja 4,6

Zweiter Schlag - k.o.! Der Berg der Schwierigkeiten soll zur Ebene werden.

Berge haben „Ohren".

Die Bibel sagt tatsächlich, dass wir zum Berg sprechen sollen. Warum? Weil dahinter oftmals destruktive Mächte und Gewalten stehen. Wenn wir zu den Bergen sprechen sollen, warum tun wir es dann nicht? Ein großer Teil unserer Aktivitäten besteht oftmals darin, die Umstände zu kommentieren.

Aber Gott sagt: „Sprich zu ihnen! Warum lässt du dich einschüchtern von dem großen Berg, der düster, drohend und unbeweglich vor dir steht? Tue doch, was Jesus sagt: Sprich zu ihm!"

Worte werden in der unsichtbaren Welt gehört und ernst genommen. Alle Gaben des Geistes in 1. Korinther 12 stehen in Verbindung mit unseren Worten. Wir müssen sie aussprechen, wenn sie wirksam werden sollen. Zur Bewältigung unserer Probleme sollen wir Gottes Wort benutzen. Nach Epheser 6,17 ist Gottes Wort ein Schwert. Ein Schwert ist eine mächtige Waffe gegen unseren Feind.

Der Jakobusbrief zeigt in dem ersten Kapitel auf, dass alle Probleme in der Welt auf das Wort zurückzuführen sind. Das gilt auch in umgekehrter Weise. Die Lösung aller Probleme liegt im Wort, welches Gott reden möchte. Deshalb sagt Jesus, dass wir den Berg ansprechen sollen, damit er weiche!

„Und er kam in die ganze Umgegend des Jordan und verkündigte eine Taufe der Buße zur Vergebung der Sünden, wie geschrieben steht im Buch der Worte des Propheten Jesaja, der spricht: »Die Stimme eines Rufenden ertönt in der Wüste: Bereitet den Weg des Herrn, macht seine Pfade eben! Jedes Tal soll ausgefüllt und jeder Berg und Hügel erniedrigt werden, und das Krumme soll gerade und die holprigen Wege eben werden; und alles Fleisch wird das Heil Gottes sehen.«" Lukas 3,3-6

Das Kennzeichen des Reiches Gottes ist, dass jeder Berg und Hügel erniedrigt wird! Welche Berge wollen versuchen unser Leben zu erdrücken und unseren Glauben zu hindern? Ich möchte hierzu im Folgenden vier Punkte nennen.

1. Furcht

Angst ist niemals von Gott, sondern von der Gegenseite und es scheint, dass diese uns mächtig im Griff hat.

„Denn ein Heidenvolk wird sich gegen das andere erheben und ein Königreich gegen das andere; und es werden hier und dort Hungersnöte, Seuchen und Erdbeben geschehen.
Und dieses Evangelium vom Reich wird in der ganzen Welt verkündigt werden, zum Zeugnis für alle Heidenvölker, und dann wird das Ende kommen." Matthäus 24,7.14

Gott möchte, dass wir in dieser Zeit, wo Er so Großes tun will, frei sind von Furcht. Das ist so wichtig, um das große Wirken Gottes nicht zu verpassen!

Furcht ist ein Berg, der Ohren hat und gehorchen muss.

Furcht ist ein Geist aus dem Reich der Finsternis.

Der Teufel hat große Furcht, wie Jakobus es in seinem Brief in Kapitel 2,19 beschreibt:

„Du glaubst, dass nur Einer Gott ist? Du tust recht; auch die Dämonen glauben und zittern."

Wir sollen der größte Albtraum des Teufels sein, doch stattdessen haben wir oft Angst vor ihm und seinen Werken! Die Furcht muss gehen. Jesus kämpfte gegen die Furcht und hat sie überwunden. Er gab uns den Heiligen Geist und dieser ist ein Geist der Furchtlosigkeit.

Auch David hatte viele Ängste. Aber er erlebte und schrieb in *Psalm 34,5*, wie der Herr ihn daraus errettete:

„Aus allen meinen Ängsten rettete er mich."

Furcht ist eine Anfechtung, die unsere Seele empfindet und sie krank macht.

„In Erwartung der schrecklichen Dinge, die noch über die bewohnte Erde kommen, werden die Menschen vor Angst vergehen, denn sogar die Kräfte des Himmels werden aus dem Gleichgewicht geraten." Lukas 21,26

Furcht ist eine Folge des Fluches.

„Wenn ihr aber nicht auf den Herrn, euren Gott, hört und nicht all seine Gebote und Ordnungen befolgt, die ich euch heute gebe, dann wird sein Fluch euch treffen: In diesen Ländern werdet ihr nicht zur Ruhe kommen und kein neues Zuhause finden. Der Herr wird euch in Angst, Dunkelheit und Verzweiflung stürzen. Ständig wird euer Leben am seidenen Faden hängen. Nie fühlt ihr euch sicher, sondern Tag und Nacht habt ihr Todesangst." 5.Mos.28,15.65-67

Doch Jesus hat uns von dem Fluch erlöst, so dass wir zuversichtlich sagen können, wie es im *Hebräerbrief 13,6* steht:

„Der Herr hilft mir, ich brauche mich vor nichts und niemandem zu fürchten. Was kann ein Mensch mir schon antun?"

Der Teufel möchte die Völker dieser Welt (auch uns Christen) durch Furcht lenken.

Furcht ist nicht von Gott. Furcht ist ein Brückenkopf des Feindes in deinem Leben. Sprich diesen Berg an und glaube und bekenne das, was Gottes Wort sagt. Gott hat uns keinen Geist der Furcht gegeben.

Furcht haben bedeutet, auf das Sichtbare zu schauen anstatt auf das Unsichtbare.

Echte Gläubige sollen voll Mut und Kühnheit auf der Erde leben, weil sie wissen, dass sie dem König der Könige dienen, der über allem steht und dem jede Autorität, Kraft und Macht unterstellt ist. Wenn wir Angst um unser Leben haben angesichts der gegenwärtigen Situation und gar nicht wissen, wie wir da hindurch kommen sollen, zeigt das deutlich, dass wir unser Leben nach unserem eigenen Willen leben, aber es nicht dem Gehorsam Christi unterstellt haben.

Es gibt einige praktische Tipps zur Überwindung der Furcht:

- Lass dich einfach nicht von Furcht bestimmen oder beherrschen! Gib dem Feind nicht den Triumph, dich zu lenken!
- Gib Worte des Lebens weiter, um andere zu ermutigen, es ebenso zu machen! Jemanden zu ermutigen bedeutet, in jemanden Mut einzupflanzen. Pflanze überall, wo du kannst, den Menschen Mut ein, besonders in deiner Familie und deinen Kindern!
- Entscheide dich, ein Leben aus Glauben und nicht in Furcht zu leben. Entscheide dich, dein Leben im Frieden Gottes zu führen, und nicht in der Furcht, die der Teufel versucht, auszustreuen!

2. Sorge

Sorge ist ebenso ein Berg, der Ohren hat und gehorchen muss, wenn wir ihn ansprechen.

Sorgen sind Dornen, die den guten Samen ersticken.

In *Matthäus 13,22* spricht Jesus von Sorgen und vergleicht sie mit Dornen, die den guten Samen ersticken.

„Unter die Dornen gesät aber ist es bei dem, der das Wort hört, aber die Sorge dieser Weltzeit und der Betrug des Reichtums ersticken das Wort, und es wird unfruchtbar."

Der gute Same ist das Wort Gottes. Aber wenn wir Sorgen in unserem Leben zulassen, dann wenden sich diese gegen das Wort Gottes in unserem Leben. Gottes Wort und Sorge in unserem Leben sind einander entgegengesetzt. Entweder... oder. Wir müssen uns entscheiden, ob wir dem Wort glauben oder uns sorgen wollen.

Sorgen sind Dornen, die uns geistlich blutig schlagen und ersticken.

Wir schauen dann nur noch auf die Umstände, auf die Berge, und die Sorgen werden noch größer. Sorgen sind Dornen. Dornen sind eine Folge des Fluches; sie haben ein Leben, welches zerstört – ein Anti-Leben.

Ein solches Leben muss angesprochen werden, damit es weicht.

Sorgen sind das Ergebnis von Zweifeln an Gottes Schutz und Fürsorge.

„Alle eure Sorge werft auf ihn; denn er sorgt für euch." 1.Petrus 5,7

In dem Buch Hiob sehen wir, welche Folgen es hat, ein falsches Gottesbild zu haben und sich zu sorgen und zu fürchten. Wer sich sorgt, verlässt seinen geistlichen Schutz.

„Meine schlimmsten Befürchtungen sind eingetroffen, und **wovor mir immer graute – das ist jetzt da***! Ohne Ruhe und Frieden lebe ich dahin, getrieben von endloser Qual!"* Hiob 3,25-26

Stattdessen dürfen wir sagen:

„Der Herr ist mein Hirte, nichts wird mir fehlen." Psalm 23,1

Ein sicherer Schutz ist auch das Geben. Es ist ein geistliches Prinzip.

Wer gibt, der glaubt. Geben ist ein Werk des Glaubens. Wer gibt, macht sich von der Fürsorge Gottes abhängig und empfängt seinen Segen.

„Gebt, so wird euch gegeben werden; ein gutes, vollgedrücktes und gerütteltes und überfließendes Maß wird man in euren Schoß schütten. Denn mit demselben Maß, mit dem ihr anderen zumesst, wird euch wieder zugemessen werden." Lukas 6,38

„Da ist einer, der ausstreut, und er bekommt immer mehr, und einer, der mehr spart, als recht ist, und es gereicht ihm nur zum Mangel. Wer gern wohltut, wird reichlich gesättigt, und wer andere tränkt, wird auch selbst getränkt. Wer Getreide zurückhält, den verwünschen die Leute; aber Segen kommt auf das Haupt dessen, der Getreide verkauft." Sprüche 11,24-26

„Jeder gebe, wie er sich in seinem Herzen vorgenommen hat: nicht mit Verdruss oder aus Zwang, denn einen fröhlichen Geber liebt Gott." 2.Korinther 9,7

Sorge ist eine Anfechtung, die mit unserem Körper in Zusammenhang steht. Sorge macht krank.

3. Schwachheit

Hinter Schwachheit steht ein Geist der Entmutigung und Zweifel.

Der Feind möchte klarmachen, dass wir Gott nicht dienen können. So kommt er mit einem Geist der Schwäche.

„Er lehrte aber am Sabbat in einer der Synagogen. Und siehe, da war

eine Frau, die achtzehn Jahre einen **Geist der Schwäche** *hatte; und sie war zusammengekrümmt und völlig unfähig, sich aufzurichten. Als aber Jesus sie sah, rief er ihr zu und sprach zu ihr: Frau, du bist gelöst von deiner Schwäche! Und er legte ihr die Hände auf, und sofort wurde sie gerade und verherrlichte Gott. Der Synagogenvorsteher aber, unwillig, dass Jesus am Sabbat heilte, begann und sprach zu der Volksmenge: Sechs Tage sind es, an denen man arbeiten soll. An diesen nun kommt und lasst euch heilen und nicht am Tag des Sabbats! Der Herr nun antwortete ihm und sprach: Heuchler! Bindet nicht jeder von euch am Sabbat seinen Ochsen oder Esel von der Krippe los und führt ihn hin und tränkt ihn? Diese aber, die eine Tochter Abrahams ist, die der Satan gebunden hat, siehe, achtzehn Jahre lang, sollte sie nicht von dieser Fessel gelöst werden am Tag des Sabbats?" Lukas 13,10 -16*

Viele kämpfen in eigener Kraft gegen Schwachheit.

Doch der Kampf gegen Schwachheit kostet Kraft und so wird man dadurch noch schwächer.

„...damit erfüllt wurde, was durch den Propheten Jesaja geredet ist, der spricht: »Er selbst **nahm unsere Schwachheiten** *und trug unsere Krankheiten.«" Matthäus 8,17*

Doch Jesus hat die Schwachheit auf sich genommen! Er starb als erster am Kreuz. Wir dürfen aus der Schwachheit heraus- und in die Stärke hineintreten.

„Schmiedet eure Pflugscharen zu Schwertern um und eure Rebmesser zu Spießen! Der Schwache spreche: Ich bin stark!" Joel 4,10b

Die Quelle von Gottes Kraft ist Golgatha.

„Denn das Wort vom Kreuz ist eine Torheit denen, die verlorengehen; uns aber, die wir gerettet werden, ist es eine Gotteskraft." 1.Korinther 1,18

Als Jesus für uns die Schwachheit getragen hat, hat Er im Austausch dafür Seine Stärke bereitgelegt. Im Glauben müssen wir nun die Stärke und Kraft Gottes, die Jesus für uns erworben hat, gegen die vorhandene und gefühlte Schwachheit austauschen. Deshalb können wir zu dem Berg der Schwachheit in uns sprechen. „Hebe dich weg!" Und dann können wir sagen: „Ich bin stark!"

„Und die Vorsteher sollen weiter mit dem Volk reden und sagen: Wer sich fürchtet und ein verzagtes Herz hat, der gehe hin und kehre wieder

in sein Haus zurück, damit er nicht auch das Herz seiner Brüder so ver- zagt mache, wie sein Herz ist!" 5. Mose 20,8

„Und Ahab erzählte der Isebel alles, was Elia getan hatte, und wie er alle Propheten mit dem Schwert umgebracht hatte." 1.Könige 19,1

Mitten in der Schwachheit erlebt der Glaubende eine Stärkung.

Vorher hatte Elia eine Konfrontation mit einer der stärksten dämonischen, auch noch heute wirksamen Mächte: dem Geist Isebels. Schwachheit ist das Ergebnis dämonischer Angriffe. Aber wir sollen dem Feind wider- stehen.

„Sei stark und mutig! Denn du sollst diesem Volk das Land als Erbe aus- teilen, von dem ich ihren Vätern geschworen habe, dass ich es ihnen gebe. Sei du nur stark und sehr mutig, und achte darauf, dass du nach dem ganzen Gesetz handelst, das dir mein Knecht Mose befohlen hat. Weiche nicht davon ab, weder zur Rechten noch zur Linken, damit du weise handelst überall, wo du hingehst! Lass dieses Buch des Gesetzes nicht von deinem Mund weichen, sondern forsche darin Tag und Nacht, damit du darauf achtest, alles zu befolgen, was darin geschrieben steht; denn dann wirst du Gelingen haben auf deinen Wegen, und dann wirst du weise handeln! Habe ich dir nicht geboten, dass du stark und mutig sein sollst? Sei unerschrocken und sei nicht verzagt; denn der Herr, dein Gott, ist mit dir überall, wo du hingehst!" Josua 1,6-9

Sei stark und mutig... sei stark! Denn die Kraft Gottes ist für dich da. Der Schwache soll sagen, dass er stark sei, weil die Stärke in ihm ist. Er fühlt sie nicht, er spürt sie nicht, aber wenn er ein Schwacher ist, dann ist er in Jesus potenziell stark.

„Und er hat zu mir gesagt: Lass dir an meiner Gnade genügen, denn meine Kraft wird in der Schwachheit vollkommen! Darum will ich mich am liebsten vielmehr meiner Schwachheiten rühmen, damit die Kraft des Christus bei mir wohne. Darum habe ich Wohlgefallen an Schwachhei- ten, an Misshandlungen, an Nöten, an Verfolgungen, an Ängsten um den Christus willen; denn wenn ich schwach bin, dann bin ich stark." 2.Korinther 12,9-10

Stärke ist unser Endziel. Schwachheit hat in sich selbst keinen Nutzen und ist keine geistliche Tugend. Schwachheit ist eine Erfahrung des Begrenzt seins. Sprich zu dem Berg der Schwachheit! Alles, worin wir schwach sind, soll sich in Stärke verwandeln. Der Schwache spreche so wie Paulus es sagt: „Wenn ich schwach bin, dann bin ich stark..."

4. Schuld

Die Hauptwaffe Satans gegen die Menschheit ist „Schuld".

„Und ich hörte eine laute Stimme im Himmel sagen: Nun ist gekommen das Heil und die Macht und das Reich unseres Gottes und die Herrschaft seines Christus! Denn hinabgestürzt wurde der Verkläger unserer Brüder, der sie vor unserem Gott verklagte Tag und Nacht." Offenbarung 12,10

Aus diesem Grund wird er auch als Verkläger der Brüder bezeichnet. Permanent erinnert er Gott daran, dass wir alle schuldig sind, weil wir Gottes Gesetz übertreten haben. Deshalb behauptet er, wir hätten keinerlei Anspruch auf die Gnade Gottes, sondern stünden zu Recht unter seinem Gericht.

Doch durch seinen stellvertretenden Sühnetod hat Jesus „den Schuldschein rechtlicher Anforderungen gegen uns gelöscht". Er hat die satanischen Gewalten und Mächte völlig entwaffnet, indem er sie ihrer wichtigsten Waffe gegen uns beraubte, nämlich der Schuld.

Dies hat zur Folge, dass wir nun gerechtfertigt sind „und Frieden mit Gott haben".

Gerechtfertigt sein

Gerechtfertigt sein bedeutet, mit Christi Gerechtigkeit gerecht gemacht worden zu sein, wodurch unser Sündenregister gelöscht worden und nichts von unserer Schuld übriggeblieben ist.

„Da wir nun aus Glauben gerechtfertigt sind, so haben wir Frieden mit Gott durch unseren Herrn Jesus Christus." Römer 5,1

Aus diesem Grunde haben wir auch das Recht, Autorität über Dämonen in Jesu Namen auszuüben. Das können wir jedoch nur, wenn wir uns nicht gegenseitig beschuldigen. Deshalb ist Buße ungemein wichtig. Gott verlangt von uns, dass wir Buße tun.

Derek Prince, ein englischer Prediger und Bibellehrer (1915-2003), sagte: *„Zwei Haupthindernisse auf dem Weg zur Befreiung sind einerseits die fehlende Bereitschaft, Buße zu tun und andererseits die fehlende Bereitschaft, anderen zu vergeben und sie nicht mehr anzuklagen."* (Quelle: „Sühne – Ihre persönliche Begegnung mit Gott")

Gedanken der Verdammnis

Wenn wir diese beiden Anforderungen erfüllt haben, dann versucht der Teufel immer noch, uns durch Schuld (-gefühle) und Gedanken der Verdammnis festzuhalten.

Dann sprich zu dem Berg der Schuld!

Die Berge (Schwierigkeiten) in unserem Leben müssen weichen. Was auch immer die Berge in deinem Leben sind, sie müssen weichen.

DURCH GOTTES GNADE EIN LEBEN IN FÜLLE UND GROSSZÜGIGKEIT TEIL 1

- BEFREIT, UM ZU GEBEN -

Hast du es schon einmal oder öfter erlebt, dass du mit deinen Ressourcen am Ende warst und du nicht mehr weiterwusstest? Mit deinen Finanzen, deiner Kraft, deiner Weisheit, deinem Können, deiner Gesundheit, deinem Frieden, deiner Freude ... Wir Christen sagen dann oft – hoffentlich sagen wir das: „Jetzt hilft nur noch beten." Besser wäre es allerdings, wenn wir nicht erst beten, wenn wir am Ende sind, sondern wenn wir alles von vornherein mit Gebet und durch das Gebet tun; wenn wir von Anfang an auf Gottes Gnade bauen.

Was ist denn Gnade?

Gnade ist immer umsonst.

Der bekannte Bibellehrer Derek Prince sagt über die Gnade: *„Gnade ist das, was Gott umsonst gibt, und im Glauben angenommen wird, ohne dass man etwas dafür geleistet, oder es verdient hätte."* (Quelle: Derek Prince „Allein durch Gnade")

Wir können nichts leisten, um sie zu bekommen und wir haben sie nicht verdient. Alles, wofür wir arbeiten können oder verdient haben, ist nicht Gnade.

Nehmen wir als Beispiel einen Angestellten, der am Monatsende seinen Lohn bekommt. Geht er dann zu seinem Chef und sagt: „Danke, dass ich das Gehalt bekommen habe. Das ist so nett von Ihnen. Ich weiß das sehr zu schätzen." Nein, natürlich nicht, denn er hat einen Vertrag mit seinem Chef geschlossen. In diesem Vertrag haben beide vereinbart, dass der Angestellte seine ordentliche Arbeit leistet und der Chef ihn für diesen Einsatz bezahlt.

Wenn man nun weiter schaut und ein Verständnis von unserem Gott hat, dann weiß man, dass hier eben doch Gnade im Spiel ist; insofern, dass Gott dem Angestellten die Fähigkeit, die Kraft und den Verstand gegeben hat, seinen Beruf auszuüben. Aber von dem Chef ist es keine Gnade, er muss das tun. Das ist Teil der Vereinbarung.

Gnade empfängt man durch den Glauben.

„Denn aus Gnade seid ihr errettet durch den Glauben, und das nicht aus euch — Gottes Gabe ist es; nicht aus Werken, damit niemand sich rühme." Epheser 2,8-9

In diesem Vers steht eigentlich dreimal das Gleiche, damit es wirklich klar ist.

Glauben bedeutet zum Beispiel: Nehmen. Du nimmst etwas an, das ein anderer dir gibt. Das Einzige, was du tun kannst, besteht darin, zu nehmen! Aber dies ist ja kein Verdienst deinerseits. Gnade bedeutet, dass Gott uns etwas schenkt, aber er zwingt es uns nicht auf.

Gnade ist nichts, womit man angeben kann.

Die Gnade umsonst anzunehmen, zählt tatsächlich für manche Christen zu den schwierigsten Dingen überhaupt, weil manche – vielleicht unbewusst – zu der Auffassung neigen, sie müssten noch ein klein wenig dazu beitragen, und wenigstens etwas dafür leisten, um sie zu verdienen. Das ist Religiosität. Religiosität bedeutet, dass es von uns ausgeht. Weil wir so gut sind, weil wir so etwas Gutes getan haben, ... dann muss Gott doch!

Gnade heißt in der griechischen Sprache „Charis" und ist gleichbedeutend mit dem Wort „Geschenk". „Charis-ma"; „ma" bezeichnet die Wirkung von etwas. Charisma sagt: Es ist die Wirkung einer Gnade. Jeder, der Geistesgaben bekommen hat, kann sich derer nicht rühmen, denn sie sind ein Geschenk von Gott an uns.

„Wer gibt dir denn das Recht, dir etwas einzubilden? Kommt nicht alles, was du hast, von Gott? Wie kannst du dann damit angeben, als hättest du es von dir selbst?" 1. Korinther 4,7

Gnade heißt „umsonst". Das lateinische Wort, welches ähnlich klingt, heißt „gratis". Ein Geschenk bekommt man gratis, also umsonst. Viele Worte der romanischen Sprachen (Lateinisch, Französisch, Italienisch, Spanisch, Portugiesisch) benutzen für das Wort „Danke" ein Wort, das mit Gnade zusammenhängt. Wenn ein Italiener „Danke" sagt, dann sagt er: „Gracie." Auf Spanisch heißt es „Gracias." Man bedankt sich für die Gnade, für das Geschenk eines anderen. Luther sprach von „Sola Gratia" – „allein aus Gnade". Er hatte die Gnade verstanden und ging damit gegen ein Bollwerk der Leistung und der religiösen Gedanken an. Er hatte verstanden, dass allein Gott es getan hatte.

Dieses Verständnis, und damit die Gnade, führt somit auch zur Dankbarkeit.

Gnade ist immer kontra Gesetz.

„Denn das Gesetz wurde durch Mose gegeben; die Gnade und die Wahrheit aber ist durch Jesus Christus geworden." Johannes 1,17

Mir ist aufgefallen, dass dieses Wort „aber", welches in einigen Übersetzungen nicht enthalten ist, tatsächlich im griechischen Grundtext steht.

Da steht ein „aber".

Durch Mose wurde das Gesetz gegeben und das Gesetz ist gut, sagt Paulus. *„Ich bin das Problem, denn ich bin fleischlich"* *(Römer 7)*, bekennt er. Das Gesetz beinhaltet die Maßstäbe Gottes. Es sagt, was gut ist und was nicht. Paulus sagt: „Das Gesetz ist gut, doch wir können es nicht halten. Versuche es erst gar nicht." Jesus hat es gehalten und erfüllt. Aber durch die Gnade und den Glauben an Jesus, der das Gesetz erfüllt und unsere Sünden getragen hat, müssen wir das Gesetz nicht halten.

Dass das Gesetz gegeben wurde, impliziert den Gedanken! „Jetzt tu, was da geschrieben steht! Jetzt streng dich mal an!" Doch jetzt kommt das „aber": Die Gnade und die Wahrheit sind durch Jesus geworden. Ich muss die Gnade nur noch nehmen. Ich muss glauben, dass es geworden ist.

Das Gesetz ist außerhalb von mir. Die Gnade ist in mich hineingekommen durch Jesus Christus.

Also schlussfolgere ich, dass Gnade immer kontra Gesetz ist. Beides zusammen geht nicht.

Ich behaupte einmal, dass viele Christen – wenn auch gut gemeint – in zwei Bündnissen leben und diese vermischen: „Die Gnade ist gut, aber ein paar eigene Werke auch!"

Gott möchte, dass wir unser ganzes Leben in Seiner Gnade leben, aus den Geschenken, die Er gibt; als Beschenkte; als Charismatiker, die dann diese Geschenke auch weitergeben. Er möchte durch dich wirken und durch dich Gnade weitergeben.

Was passiert, wenn wir nicht in der Gnade Gottes leben, sondern aus eigener Kraft?

„Und achtet darauf, dass nicht jemand die Gnade Gottes versäumt, dass nicht etwa eine bittere Wurzel aufwächst und Unheil anrichtet und viele durch diese befleckt werden." Hebräer 12,15

Diese Verse richten sich an Christen. Die Gnade ist geworden, aber man kann sie tatsächlich versäumen.

Einen Termin, oder einen Bus zu versäumen, kann schlimm sein. Aber die Gnade Gottes zu versäumen, ist viel schlimmer. Wenn wir die Gnade versäumen und stattdessen selbst arbeiten und in eigener Kraft wirken, fangen bittere Wurzeln an durch Vergleichen zu wachsen. Ich muss mich dann selbst um meinen Ruf, meine Reputation, meine Begabungen – die keine Begabungen mehr sind, weil ich sie selbst gemacht habe – kümmern. Diese bitteren Wurzeln richten, zum Beispiel in Gemeinden, Ehen und Familien, viel Unheil an. Viele werden befleckt. Wie viele bittere Wurzeln gibt es in den Gemeinden? Man sieht sie nicht sofort, sie sind zuerst verborgen. Aber man sieht die Auswirkungen.

Natürlich spricht die Bibel im positiven Sinne auch vom Eifern, vom Haben wollen. Aber dafür musst du nicht kämpfen. Gott gibt es dir umsonst. Wenn du jedoch darum kämpfst, besteht die Gefahr, dass eine bittere Wurzel aufwächst.

Wenn du bisher in deinem Leben oft die Gnade Gottes versäumt hast, dann fange jetzt an, die Gnade Gottes, Seine Geschenke, anzunehmen und dich daran zu erfreuen.

Gottes Gnade reicht immer aus.

Sie genügt. Sie ist immer reichlich und im Überfluss vorhanden! Sie kommt aus der überfließenden Fülle Gottes.

Der Apostel Paulus hat viel über die Gnade geschrieben.

Jeden seiner Briefe schließt er (nicht unbedingt im letzten Satz) mit den Worten: *„Die Gnade unseres Herrn Jesus Christus sei mit euch allen!"* Auch viele seiner Briefe haben irgendwo am Anfang einen Hinweis auf die Gnade Gottes.

„Diesen Brief schreibe ich an alle in Rom, die von Gott geliebt und dazu berufen sind, ganz zu ihm zu gehören. Ich wünsche euch Gnade und Frieden von Gott, unserem Vater, und von Jesus Christus, unserem Herrn." Römer 1,7

„Ich wünsche euch Gnade und Frieden von Gott, unserem Vater, und von Jesus Christus, unserem Herrn." 1. Korinther 1,3

Paulus betont die Gnade. Er kennt sie. Kennst du sie auch? Hast du sie schon im Wort Gottes entdeckt? Hast du sie bereits erlebt?

Paulus stand oft unter einem enormen Druck in seinem Dienst. Er hatte es nicht leicht. Fünf seiner Briefe schrieb er im Gefängnis, in denen er wegen seines Glaubens war. Das bedeutet, dass die Gnade Gottes nicht immer dafür sorgt, dass uns Schwierigkeiten erspart bleiben. Aber Paulus kommt zu dem Schluss: „Gottes Gnade genügt". Gott hält nicht immer alle Schwierigkeiten von uns fern, aber Er gibt uns darin die Kraft, sie zu bestehen.

Im 2. Korintherbrief spricht Paulus von den gewaltigen Offenbarungen, die er von Gott empfangen hat. Er spricht aber auch von einem Engel Satans, von einer speziellen Kraft des Bösen, die ihm immer widerstand in seinem Dienst.

„Und damit ich mich wegen der außerordentlichen Offenbarungen nicht überhebe, wurde mir ein Pfahl fürs Fleisch gegeben, ein Engel Satans, dass er mich mit Fäusten schlage, damit ich mich nicht überhebe. Seinetwegen habe ich dreimal den Herrn gebeten, dass er von mir ablassen soll. Und er hat zu mir gesagt: „Lass dir an meiner Gnade genügen, denn meine Kraft wird in der Schwachheit vollkommen!" Darum will ich mich am liebsten vielmehr meiner Schwachheiten rühmen, damit die Kraft des Christus bei mir wohne. Darum habe ich Wohlgefallen an Schwachheiten, an Misshandlungen, an Nöten, an Verfolgungen, an Ängsten um des Christus willen; denn wenn ich schwach bin, dann bin ich stark." 2. Korinther 12,7-10

Was bedeuten diese Verse heute für uns?

Wenn du die Gnade Gottes in einem überfließenden Maß haben möchtest, dann gehe dahin, wo es schwierig ist. Fliehe nicht vor jeder eventuellen Schwierigkeit, die kommen kann, sondern rechne mit der Kraft Gottes!

Gottes Gnade ist da groß und wirksam, wo unsere Ressourcen zu Ende gehen, wo du nicht mehr weiterkannst. Paulus wusste oft nicht weiter. Ein Satansengel stellte sich ihm in den Weg und machte ihm das Leben schwer.

Bist du gerade in einer solchen oder ähnlichen Situation? Dann darfst du jetzt die Gnade Gottes besonders erleben. Solch eine Einstellung hatte der Apostel Paulus. Er ging den Schwierigkeiten nicht aus dem Weg, sondern er erlebte in den Schwierigkeiten die Gnade Gottes.

Das ist auch ein Vorbild für dein Leben. Gottes Gnade genügt auch in deiner Situation. Je schwieriger und unmöglicher unsere Lebensumstände werden, desto größer wird das uns zur Verfügung stehende Maß der Gnade Gottes. So ist es auch bei dir!

Es gibt zwei Berichte von übernatürlichen Speisungen großer Menschenmengen, die diese These unterstreichen.

Einmal speiste Jesus fünftausend Männer mit fünf Broten und zwei Fischen. Als sich alle satt gegessen hatten, sammelten die Jünger zwölf Körbe voller Reste ein. Es blieb mehr übrig, als sie vorher hatten – ein großes Wunder. *(Matthäus 14,13-21)*

Ein anderes Mal speiste Jesus viertausend Männer mit sieben Broten und „einigen" Fischen und es blieben sieben Körbe übrig. *(Matthäus 15,32-37)*

Es ist interessant, dass bei der zweiten Speisung weniger Reste eingesammelt wurden, obwohl hier die Herausforderung kleiner war. Es waren weniger Menschen (tausend Männer weniger) und die Ressourcen waren größer (sieben Brote und einige Fische), aber es blieb weniger übrig. Mathematisch gesehen ergibt das keinen Sinn.

Beim ersten Mal war die Situation unmöglicher, aber sie sammelten anschließend mehr Reste ein. Das bedeutet: Je unmöglicher etwas ist, desto größer ist die Gnade Gottes.

Durch die Gnade Gottes können wir über unsere eigenen natürlichen Fähigkeiten hinausgehen. Gottes Gnade wirkt in uns. Gottes Gnade wirkt an uns. Egal, wie deine derzeitige Situation aussieht, egal, wie deine Umstände aussehen – Gott hat in dieser Situation Seine Gnade für dich!

Der letzte Vers in der Bibel lautet: *„Die Gnade unseres Herrn Jesus Christus sei mit euch allen! Amen."* Offenbarung 22,21

Lass uns diese Gnade erleben!

DURCH GOTTES GNADE EIN LEBEN IN FÜLLE UND GROSSZÜGIGKEIT TEIL 2

- BEFREIT, UM ZU GEBEN -

Großzügigkeit ist eine der größten Manifestationen von Gnade.

Wenn du Gnade richtig verstanden und sie erlebt hast, und wenn du weißt, dass Gott dich einfach so beschenkt, obwohl du es nicht verdient hast, bewirkt dies Großzügigkeit in deinem Leben. Du erkennst, dass ein großzügiger, reicher und gebender Gott dich mehr als reichlich, und zwar immer wieder, beschenkt. Jesus war und ist überaus großzügig. Jesus ist ein Geber. Er hat alles gegeben. Er hat Sein Leben für dich gegeben.

Wenn du Jesus in dein Leben aufnimmst, dann kommt diese Gnade mit Ihm in dein Leben. Dann wirst du so, wie Er.

Du darfst heute bewusst in Seiner Gnade leben. Du darfst dich für ein Leben in der Gnade Gottes entscheiden.

„Die ihn aber aufnahmen und an ihn glaubten, denen gab er das Recht, Kinder Gottes zu werden." Johannes 1,12

Wir können nicht in eigener Kraft so wie Jesus leben, sondern Er gibt uns die Autorität dazu. Das bedeutet, in Gnade zu leben. Die Gnade der Großzügigkeit findet in Jesus ihren perfekten Ausdruck.

In den folgenden Versen schreibt Paulus über ein Geldopfer für die notleidenden Gläubigen in Jerusalem, das damals in verschiedenen Gemeinden eingesammelt wurde. Er erklärt in seinen Ausführungen das geistliche Prinzip hinter diesem Opfer und überhaupt das Prinzip des Gebens.

„Wir möchten euch nun, liebe Geschwister, von der besonderen Gnade berichten, die Gott den Gemeinden in Mazedonien geschenkt hat. Die Nöte, die sie durchmachten, bedeuteten eine große Bewährungsprobe für sie, und trotzdem waren die Gläubigen von einer unbeschreiblichen Freude erfüllt. Ihre Freude war so groß, dass daraus trotz bitterster Armut eine überaus reiche Freigebigkeit entstand. Die mazedonischen Geschwister gingen – das kann ich bezeugen – bis an die Grenze dessen, was ihnen möglich war, ja sogar noch darüber hinaus, und sie taten es freiwillig und aus eigenem Antrieb." 2. Korinther 8,1-3

Paulus spricht hier von der Gnade, die Gott den Gemeinden in Mazedonien geschenkt hat. Die Gnade war so groß, dass daraus eine reiche Freigiebigkeit entstand. Sie gaben freiwillig, was auch ein Wesen von Gnade ist.

Trotz bitterster Armut und schwerster Nöte baten und drängten sie die Apostel, sich an dieser Opfergabe beteiligen zu können.

„Sie haben uns eindringlich darum gebeten und es als ein Vorrecht angesehen, sich an der Hilfe für die Christen in Jerusalem beteiligen zu dürfen." 2. Korinther 8,4

Paulus erklärt in seinen Ausführungen das geistliche Prinzip des Gebens. In 2. Korinther 8,9 sagt er:

„Denn ihr kennt ja die Gnade unseres Herrn Jesus Christus, dass er, obwohl er reich war, um euretwillen arm wurde, damit ihr durch seine Armut reich würdet."

Aufgrund der Gnade, die in Jesus ist, entsagte dieser Seinem unendlichen Reichtum und wurde um unseretwillen arm. Sein Beweggrund war, dass wir durch Seine Armut reich würden. Es ist in dieser Zeit, wo wir alle in unserem Land finanziell herausgefordert sind, besonders wichtig, dass wir die Gnade des Gebens verstehen. Das geistliche Prinzip der Bergpredigt aus dem Matthäusevangelium besteht darin, im entgegengesetzten Geist zu handeln. Es ist ein geistliches Prinzip, die negative Kraft des Bösen durch die entgegengesetzte Kraft des Guten zu brechen.

Gott macht aus uns Menschen, die geben, weil Gottes Gnade in uns lebt.

Das Prinzip, das Paulus uns hier lehrt, besagt: Im Leben von Christen, die nicht gern geben, wirkt die Gnade Gottes nur sehr wenig. Im zweiten Korintherbrief erläutert Paulus, dass die Gnade Gottes „fröhliche Geber" aus uns macht.

„So soll jeder für sich selbst entscheiden, wie viel er geben will, und zwar freiwillig und nicht aus Pflichtgefühl. Denn Gott liebt den, der fröhlich gibt." 2. Korinther 9,7

Paulus lehrt, dass die Großzügigkeit der mazedonischen Gläubigen, die er uns hier als Vorbild hinstellt, ein Ausdruck der Gnade Gottes war. Er schreibt von der *„Gnade Gottes, die Gott den Gemeinden in Mazedonien geschenkt hat."*

Diese Gnade drückte sich in der Art und Weise aus, wie sie gaben. Wir sehen, dass die Gemeinden nicht aus ihrem Überfluss gaben – wie es bei uns oft ist.

Paulus stellt fest, dass sie selbst schwere Herausforderungen zu meistern hatten und selbst sogar in Armut lebten. Doch in ihrer Armut strömte die Gnade Gottes aus ihnen in Form von Großzügigkeit heraus.

Gnade ist nie auf das begrenzt, was wir für möglich halten, sonst wäre es keine Gnade. Die Gnade Gottes geht immer über das hinaus, was wir zu schaffen glauben.

Paulus schreibt über die Gemeinden in Mazedonien, sie hätten *„bis an die Grenze dessen, was ihnen möglich war"* gegeben – das waren ihre eigenen Möglichkeiten und Fähigkeiten, fügt aber dann hinzu: *„... ja, sogar noch darüber hinaus..."*. An diesem Punkt beginnt die Gnade.

Gnade beginnt immer dort, wo wir an die Grenzen unserer eigenen Fähigkeiten kommen und auch darüber hinausgehen; da, wo es menschlich gesehen gar nicht mehr möglich ist.

Davon spricht auch die Erwähnung eines Mannes mit Namen Jabez. Inmitten der Aufzählung von Namen und Geschlechtsregistern wird herausragend das Gebet des Jabez aufgeschrieben.

„Und Jabez war angesehener als seine Brüder; und seine Mutter gab ihm den Namen Jabez, denn sie sprach: Mit Schmerzen habe ich ihn geboren. Und Jabez rief zu dem Gott Israels und sprach: O, dass du mich reichlich segnen und meine Grenze erweitern wolltest und deine Hand mit mir wäre und du mich vor dem Übel bewahrtest, damit mich kein Schmerz trifft! Und Gott ließ kommen, was er gebeten hatte." 1. Chronik 4,9-10

Jabez heißt „Schmerz" und dieses Wort wurde zu seiner Identität. Aber er bat Gott um die Erweiterung seiner Grenzen, weil er Glauben hatte. Das bedeutet, dass wir im Glauben unsere Grenzen überschreiten können.

Gott sprach zu Josua: *„Jeden Ort, auf den eure Fußsohlen treten, habe ich euch gegeben, wie ich es Mose verheißen habe."* Josua 1,3

Josua musste in das Land gehen, um es in Besitz zu nehmen. Er musste Gott vertrauen und Seinem Wort glauben. Er musste Grenzen überschreiten. Glaube und Gnade wirken immer zusammen. Wir müssen immer wieder wagen, auf dem Wasser zu gehen. Das ist der Maßstab von geistlichem Wachstum.

Es ist das Wesen des Reiches Gottes, das Wesen der Gnade Gottes und das Wesen von geistlichem Wachstum. Stillstand bedeutet Rückschritt.

Mit Kaleb sehen wir ein wunderbares Beispiel von Glauben und Gnade. Kaleb war vierzig Jahre alt, als Mose ihn und elf weitere Männer losschickte, um das verheißene Land zu erkunden. Nur er und Josua kamen mit einem positiven Bericht zurück; voller Vertrauen, dass Gott ihnen den Sieg über die Bewohner des Landes schenken würde. Fünf-undvierzig Jahre später – er ist nun fünfundachtzig Jahre alt – nach der langen Wüstenwanderung Israels wird das Land auf die Stämme verteilt. Viele haben vielleicht sinngemäß zu ihm gesagt: „Kaleb, du hast so viel gearbeitet und geleistet. Setz dich zur Ruhe." Doch Kaleb forderte für sich das Gebirge, ein Gebiet, in dem die Riesen wohnten. Er war voller Glauben und erlebte Gottes Treue und Gnade.

„Ich bin immer noch so stark wie damals, als Mose mich auf Kundschaft schickte, und ich bin heute noch rüstig und genauso gut im Kampf wie damals. Deshalb bitte ich dich, mir das Bergland zu geben, das der Herr mir an diesem Tag versprochen hat. Du wirst dich erinnern: damals kund-schafteten wir aus, dass dort die Anakiter in großen, befestigten Städten leben. Doch wenn der Herr mit mir ist, werde ich sie aus dem Land ver-treiben, wie der Herr gesagt hat.«" Josua 14,11-12

Wir können alt werden, aber wir dürfen, egal wie alt wir sind, jung im Geist bleiben und risikobereit.

„Gott aber ist mächtig, euch jede Gnade im Überfluss zu spenden, so-dass ihr in allem allezeit alle Genüge habt und überreich seid zu jedem guten Werk, wie geschrieben steht: Er hat ausgestreut, er hat den Armen gegeben; seine Gerechtigkeit besteht in Ewigkeit." 2. Korinther 9,8-9

Die Gnade Gottes versorgt uns in jeder Hinsicht. Deshalb haben wir durch die Gnade nicht nur genug für uns selbst, sondern wir sind *„überreich zu jedem guten Werk."*

„Gebt, und ihr werdet bekommen. Was ihr verschenkt, wird anständig, ja großzügig bemessen, mit beträchtlicher Zugabe zu euch zurückfließen. Nach dem Maß, mit dem ihr gebt, werdet ihr zurückbekommen." Lukas 6,38

Geben ist der Schlüssel, um zu Empfangen. Das Maß, mit dem wir ge-ben, ist das Maß, mit dem uns gegeben werden wird. Wenn wir voller Gnade geben, werden wir mehr empfangen, als wir gegeben haben.Ich habe schon mehrmals die zwei Seen in Israel erwähnt, die das Prin-zip des Gebens sehr gut verdeutlichen. Der See Genezareth wird vom Jordan gespeist und hat damit einen Zulauf und einen Ablauf. Er ist vol-ler Leben und hat einen hohen Fischbestand. Das Tote Meer hingegen, welches ebenso vom Jordan gespeist wird, hat keinen Ablauf. Weil das Wasser nicht abfließen kann, entstehen in dem heißen Wüstenklima Sal-ze, die alles zerstören und ein Leben im Wasser unmöglich machen.

So ist es im Natürlichen. Und so ist es auch bei uns. Wenn wir nehmen, sollen wir auch geben. Ich spreche hier von dem „Kreislauf der Gnade".

Dieses Prinzip wird in der Bibel so zusammengefasst:

„Wer großzügig gibt, wird dabei immer reicher; wer aber sparsamer ist, als er sein sollte, wird immer ärmer dabei. Dem Großzügigen geht es gut und er ist zufrieden; wer anderen hilft, dem wird selbst geholfen werden." Sprüche 11,24-25

Das ist eine göttliche Wahrheit!

Entscheide dich für Großzügigkeit! Halte nichts zurück in der Befürchtung, nichts mehr zu haben! Das Maß, mit dem du gibst, wird das Maß sein, mit dem du empfangen wirst.

Je mehr wir von Gottes Gnade nehmen, desto mehr bleibt übrig. Sie wird nicht weniger, denn sie ist unerschöpflich.

DAS GLEICHNIS VOM FISCHNETZ

- BEFREIT, UM ZU ERNTEN -

Die Lehre über das Himmelreich ist so elementar wichtig und komplex, dass Jesus viele Gleichnisse gebraucht, um uns die verschiedenen Aspekte darüber zu zeigen und es zu illustrieren.

Aus verschiedenen Blickwinkeln wird uns etwas Wunderbares vorgestellt. Wir nennen sie die sieben Himmelreich-Gleichnisse, welche im Matthäusevangelium zu finden sind: Das Gleichnis vom Sämann, vom Unkraut unter dem Weizen, vom Senfkorn, vom Sauerteig, vom Schatz im Acker, von der kostbaren Perle und vom Fischnetz. Hier möchte ich über das Gleichnis vom Fischnetz sprechen.

„Wiederum gleicht das Reich der Himmel einem Netz, das ins Meer geworfen wurde und alle Arten von Fischen zusammenbrachte. Als es voll war, zogen sie es ans Ufer, setzten sich und sammelten die guten in Gefäße, die faulen aber warfen sie weg. So wird es am Ende der Weltzeit sein: Die Engel werden ausgehen und die Bösen aus der Mitte der Gerechten aussondern und sie in den Feuerofen werfen. Dort wird das Heulen und Zähneknirschen sein. Jesus sprach zu ihnen: Habt ihr das alles verstanden? Sie sprachen zu ihm: Ja, Herr!" Matthäus 13,47-51

1. Das Reich Gottes ist eine Königsherrschaft.

Das griechische Wort „basilea" für „Reich" bedeutet: „ein Status uneingeschränkter Macht".

Das Reich Gottes bedeutet: Jesus regiert. Es gibt ein altes Kirchenlied im *lutherischen Gesangbuch von Philipp Friedrich Hiller (1755)*, in dem es heißt: *„Jesus Christus herrscht als König, alles sei ihm untertänig."*

Immer wieder wurde Jesus von den Menschen gefragt, wann das Reich Gottes denn kommen würde. Dies ist das beherrschende Thema der ganzen Bibel.

Ich möchte außerdem die Frage stellen: „Was ist das Reich Gottes?" Das Reich Gottes wird im Matthäusevangelium auch als das Reich der Himmel bezeichnet, was ein Synonym ist und das gleiche meint.

Die einfachste Erklärung ist: Das Reich Gottes ist eine Deklaration und Darstellung der Macht Gottes in Aktion. Das Reich Gottes bedeutet: Jesus regiert. Es besteht nicht nur in der Theorie, sondern in Aktion. Darum ist es auch richtig und gut, immer wieder die Sehnsucht zu haben, das Reich Gottes sehen zu wollen; ganz praktisch. Wir wollen nicht nur davon hören, sondern wir wollen es sehen und erleben.

Gott beginnt als König Seine geistliche Herrschaft auf der Erde in den

Herzen und im Handeln Seines Volkes. Er hat beschlossen, Seine Absichten durch Sein Volk hier auf Erden zu verwirklichen. Er möchte durch uns wirken.

Der anglikanische Theologe N. T. Wright beschreibt es folgendermaßen: *„Beim Himmelreich geht es nicht darum, dass Menschen in den Himmel kommen. Es geht um die Herrschaft des Himmels, die auf die Erde kommt. Wenn Matthäus berichtet, dass Jesus vom Himmelreich redet, dann meint er damit, dass der Himmel – mit anderen Worten: der Gott des Himmels – seine souveräne Herrschaft nicht nur im Himmel aufrichtet, sondern auch auf Erden." (Quelle: N.T. Wright: „Reich Gottes, Kreuz, Kirch")*

Wenn wir beten: *„Dein Reich komme"*, beten wir nicht um die Wiederkunft Jesu – Jesus wird eines Tages wiederkommen und dann wird das Reich Gottes vollendet. Dafür brauchen wir nicht beten, denn Jesus sagt, dass der Vater es selbst in Seiner Vollkommenheit festgelegt hat. Er kommt, wenn Er kommt. Wir können uns darauf vorbereiten. Wir können uns aber auch darauf vorbereiten, wenn Seine Wiederkunft noch einige Zeit dauert, hier auf Erden Seinen Willen zu tun.

Als ich zum Glauben an Jesus Christus kam, begann das Reich Gottes in meinem Herzen, in meinem Leben. Jesus wurde mein König und ich unterstehe diesem König.

Wo Jesus regiert, da ist das Reich Gottes. Das Reich Gottes expandiert. Es will sich ausbreiten und sichtbar werden, für alle Menschen. „Dein Reich komme!" Das Reich Gottes ist nicht etwas Statisches, sondern etwas sehr Dynamisches.

„Wenn ich aber die Dämonen durch den Geist Gottes austreibe, so ist ja das Reich Gottes zu euch gekommen!" Matthäus 12,28

Das Reich Gottes wird dort sichtbar, wo der Teufel entmachtet ist. Da die Welt ihre eigenen Wege geht und Satan viel Raum gibt, sie zu beherrschen, versetzt Gottes Ausübung größerer Macht das Reich des Teufels in Aufruhr.

Viele Dinge, die wir heute sehen, sind kein Zeichen, dass Gott die Kontrolle verloren hat. Sie sind ein Zeichen dafür, dass Gott dabei ist, die Kontrolle zurückzugewinnen. Denn wenn Gott wirkt, reagiert die Macht der Finsternis – nicht umgekehrt. Der Souverän ist Gott und nicht der Teufel. Tatsächlich kennzeichnet das Kommen des Reiches Gottes den Beginn der Vernichtung von Satans Herrschaft, denn es befreit Menschen von der Macht und dem Einfluss der Dämonen und von der Sünde. Wenn das Reich Gottes kommt, werden Dämonen ausgetrieben. Dann muss der Teufel weichen. Diese Sicht, und das betont der Heilige Geist sehr stark, sollen wir haben. Gott gebraucht Seine Macht dazu, Wunder zu wirken, die Kranken zu heilen und von Dämonen beeinflusste Menschen zu befreien.

Viele Menschen reden von der Entrückung: „Ach, wenn sie doch endlich kommt. Dann bin ich endlich beim Herrn. Die böse Welt wird sich selbst überlassen und ich habe nichts mehr mit ihr zu tun." Es stellt sich allerdings die Frage, ob es das war, was Gott wollte. Hat Jesus nicht in *Matthäus 5 ab Vers 13 gesagt: „Ihr sollt Salz und Licht der Erde sein"*? Haben wir versagt und lehren eine Theologie der Niederlage?

Ein Pastor sagte einmal zu mir: „Oh, das wird so schlimm! Bereite dich auf das Schlimmste vor. Aber bevor du denkst: *„Jetzt geht es nicht mehr,"* nimmt der Herr uns zu sich."

Doch mir ist klar: Das ist nicht das, was Gott möchte. Das gehört nicht zum Wesen des Evangeliums.

Jesus wollte niemals, dass wir einen Endzeitfatalismus haben; schicksalsergeben und vom Schlimmsten ausgehend. Dem entgegen steht Seine Aussage, dass wir Salz und Licht sein sollen für die Welt. Das ist das Reich Gottes.

Heute gebraucht Gott seine Macht dazu, um einen geistlichen Wandel herbeizuführen. Er möchte Erweckung und Transformation.

Zur Zeit des Alten Testamentes haben die Menschen Jahre, Jahrzehnte, Jahrhunderte auf das Kommen des Reiches Gottes gewartet. Sie wussten, und viele, viele Worte und Verheißungen Gottes bestätigten dies, dass, wenn der Messias kommen wird, Er das Reich Gottes aufrichten wird.

Und das hat Er getan! Durch Jesus ist das Reich Gottes gekommen; allerdings anders, als die Menschen es damals gedacht und erwartet hatten. Sie dachten, dass das Kommen des Reiches Gottes bedeutet, dass alles Böse ausgerottet wird. Aber Jesus lehrt, dass das Reich Gottes kommt und das böse Reich Satans zunächst auch noch weiter existiert.

Das Reich Gottes ist schon da, aber das Reich des Bösen ist auch noch da! Beide Reiche existieren nebeneinander. Manchmal überlappen sie sich. Geistliche Kämpfe sind das Ergebnis davon.

Manchmal scheint es so, als wäre das Reich Satans stärker. Aber Gott hat in uns die Kraft Seines Heiligen Geistes gelegt und den Glauben an Seine Allmacht, dass wir dafür kämpfen sollen, um sichtbar zu machen, dass das Reich Gottes stärker ist.

In den neunziger Jahren gab es in Hamburg und Berlin eine Hausbesetzerszene; ganze Straßenzüge waren davon betroffen. Ich habe den Eindruck, dass der Teufel genauso ein illegaler Hausbesetzer ist. Wo man dem Teufel sein eigenes Lebenshaus überlässt oder wo er seinerseits Rechte sieht, kommt er und treibt sein Unwesen. Aber wir dürfen ihn hinaustreiben, denn es ist nicht sein Haus, sondern unser Haus. Es gehört ihm nicht. Gott hat uns die Herrschaft gegeben und wir sollen heute schon herrschen.

Gottes Reich hat sowohl eine gegenwärtige als auch eine zukünftige Wirklichkeit. Es kommt die Zeit, wenn Jesus wiederkommt, wo das Reich der Finsternis endgültig und sichtbar vernichtet wird und Jesus Christus über alles Böse und allen Widerstand triumphieren wird.

Selbst in diesem einen Gleichnis zeigt uns Jesus mehrere Wahrheiten über das Himmelreich.

„Dein Reich komme." – Gott möchte, dass diese Erde dem Reich ähnelt, in dem Er gegenwärtig ist. Das Reich Gottes ist heute bereits da, aber es ist noch nicht vollendet. Dieses Gleichnis zeigt uns auch Aspekte des Reiches Gottes, die noch nicht gegenwärtig sind, sondern erst noch kommen werden.

2. Das Netz im Meer

Was bedeutet das Netz in diesen Versen? Jesus sagt selbst, dass dieses Netz das Reich Gottes ist, welches ins Meer geworfen wird.

Die Netze, die seinerzeit gebraucht wurden, waren große Schleppnetze. Indem sie über den Meeresgrund gezogen wurden, wurden darin die Fische gefangen. Das Meer symbolisiert das Völkermeer, die Menschen dieser Welt. Die Verkündigung des Evangeliums, die gute Botschaft von Jesus Christus, ist das Netz, welches Gott benutzt, um Menschen in Sein Reich zu bringen. Wir müssen also keine Kenntnis vom Fischen haben so wie die Jünger es hatten, denn Jesus sagt: „Das Reich Gottes ist wie ein Netz." Er erklärt es mit diesem Bild.

Es ist erstaunlich, dass Jesus immer wieder in den Kontext und in die Lebenswirklichkeit der Menschen damals hineingesprochen hat. Er benutzt Beispiele, die ihrer Alltagsrealität entsprechen und somit leicht verständlich sind.

Das Evangelium ist das Herz des christlichen Glaubens. Paulus nennt es in *Römer 1,16: „Die Kraft Gottes, die jedem, der glaubt, Rettung bringt."*

Folgende Bibelstellen sprechen von diesem Evangelium.

„Und Jesus durchzog ganz Galiläa, lehrte in ihren Synagogen und verkündigte das Evangelium von dem Reich und heilte alle Krankheiten und alle Gebrechen im Volk." Matthäus 4,23

„Jesus sprach: Die Zeit ist erfüllt, und das Reich Gottes ist nahe. Tut Buße und glaubt an das Evangelium!" Markus 1,15

„… an dem Tag, da Gott das Verborgene der Menschen durch Jesus Christus richten wird nach meinem Evangelium." Römer 2,16

Paulus nennt es hier sein Evangelium, dass er selbst verinnerlicht hatte und sich damit identifizierte. Seine Botschaft und die der Bibel besagt, dass dieses Netz ausgeworfen werden muss.

Was nützt uns das Netz, wenn es im Schiff, in der Gemeinde, bleibt?

Wir lesen in der Bibel immer wieder, dass Jesus Menschen aussandte. Es fängt schon bei Abraham an, dem Gott sagte: „Geh heraus aus deiner Vaterschaft und sei ein Segen für die Nationen."

Das Netz ist das Evangelium. Das Evangelium muss verkündigt werden!

Gott liebt seinen Sohn, und doch sandte er Jesus zu uns und ging eine Beziehung zu uns ein, indem er *„ein Mensch von Fleisch und Blut wurde und unter uns lebte". Johannes 1,14*

Jesus verließ für uns den Himmel.

„Nach diesem aber bestimmte der Herr siebzig andere und sandte sie zu je zwei vor seinem Angesicht her in jede Stadt und jeden Ort, wohin er selbst kommen wollte. Er sprach aber zu ihnen: Die Ernte zwar ist groß, die Arbeiter aber sind wenige. Bittet nun den Herrn der Ernte, dass er Arbeiter aussende in seine Ernte! Geht hin! Siehe, ich sende euch ..." Lukas 10,1-3

Die Zahl sieben ist die Zahl der Vollkommenheit in der biblischen Zahlensymbolik, ebenso wie die Zahl siebzig. Und diese Zahl ist ein prophetisches Bild für die Vollzahl der Jünger. Das bedeutet: Diese siebzig sind, bildlich gesprochen, wir. Gott sendet uns. Er sendet dich.

Immer und immer wieder ist Gott der Initiator und Sein Volk geht! Tatsächlich waren dies auch die letzten Worte Jesu an Seine Jünger: *„Geht nun hin und macht alle Nationen zu Jüngern ...“* Matthäus 28,19

Vom Anfang bis zum Ende der Bibel werden wir daran erinnert, dass es der Auftrag Gottes an uns ist, zu „gehen“ und Menschen zu lieben, wo immer sie leben, arbeiten und ihre Freizeit verbringen. Unser Auftrag besteht darin, dass wir gehen und nicht darin, zu hoffen, dass die Menschen zu uns kommen.

Spüren wir nicht auch tief in unserem Herzen, dass wir im Grunde unsere eigenen vier Wände verlassen müssen? Ist es nicht unrealistisch, darauf zu warten, dass der Rest der Welt zu uns in unser Gemeindegebäude kommen muss? Ganz sicher können wir nicht passiv darauf warten, bis unsere Mitmenschen in unser Gemeindegebäude hereinspaziert kommen.

Also: Das wunderbare, kraftvolle, befreiende und heilende Reich Gottes muss in die Lebensrealität von Menschen in unserem Umfeld kommen. Wir sollen für sie ein Segen sein!

Mit der folgenden Geschichte möchte ich ein anschauliches Beispiel geben, wie wir das Auswerfen der Netze umsetzen könnten:

Shawn ging gern in den Gottesdienst, doch wurde er immer frustrierter, weil seine engsten Freunde kein Interesse daran zeigten. Er lud sie oft ein mitzukommen, doch die Antwort lautete stets: „Nein.“ Shawn wusste allerdings, wenn er seine Freunde zum Wasserski einlud, lautete die Antwort immer „Ja“. Sie schmissen alle ihre Pläne um und taten alles nur Erdenkliche, um Zeit mit ihm auf dem Wasser zu verbringen.

Das brachte Shawn auf eine Idee. Er änderte seine Gewohnheit, sonntags den Gottesdienst zu besuchen, und ging stattdessen mit einigen seiner besten Freunde, für die er regelmäßig betete, gemeinsam frühstücken und anschließend Wasserski fahren.

Am ersten Sonntag, als er den Gottesdienst „schwänzte“, um mit zwei guten Freunden, die keine Christen waren, Wasserski zu fahren, überkamen ihn beim Besteigen des Bootes plötzlich Schuldgefühle. Also sagte er: „Leute, ihr wisst, ich bin Baptist, und ich fühle mich irgendwie schuldig, weil ich heute nicht im Gottesdienst bin. Hättet ihr etwas dagegen, wenn ich zuerst etwas aus der Bibel vorlese?“ Es war Shawns Boot und so zuckten seine Freunde mit den Schultern und gaben ihm ihr Okay. Shawn las den kürzesten Psalm, den er finden konnte. Dann fügte er hinzu: „Wir Baptisten beten auch, wenn es ein Problem gibt. Hat also einer von euch irgendein Gebetsanliegen?“ Für einen Augenblick herrschte peinliche Stille. Schließlich erinnerte der eine sie daran, dass er ja arbeitslos war, und dann fügte der andere hinzu, dass seine Großmutter auf der Intensivstation lag. Shawn betete für den nach Arbeit suchenden Freund und für die Großmutter seines anderen Freundes und bat Gott anschließend, ihren Tag auf dem Boot zu segnen. Dann fuhren sie los, um Wasserski zu fahren.

Shawn war sehr ermutigt, als am darauffolgenden Sonntag seine beiden Freunde wiederum einige ihrer Freunde zum Wasserski mitbrachten. Erneut fühlte sich Shawn nicht wohl, weil er den Gottesdienst verpasste, und so fragte er, bevor es losging, ob er eine Schriftstelle vorlesen könnte. Jeder nickte zustimmend und gab sein Okay. Er las einen Vers vor und machte sich dann bereit, um zu beten. Doch dieses Mal sagte er: „Uns Baptisten interessiert, ob es irgendwelche Gebetserhörungen gibt." Zu Shawns Überraschung sagte der eine Freund: „Wisst ihr, ich habe diese Woche eine neue Arbeitsstelle bekommen. Vielen Dank!" Und der andere Freund erzählte: „Meine Großmutter wurde diese Woche aus dem Krankenhaus entlassen!" Dann fragte Shawn nach, ob es irgendwelche anderen Gebetsanliegen geben würde. Nachdem jeder von den positiven Resultaten gehört hatte, ging eine ganze Reihe von Händen hoch. Shawn betete für jeden der Freunde, bat Gott um einen gesegneten Tag und danach gingen sie Wasserski fahren.

Shawn und seine Freunde führen das inzwischen wöchentlich mit mehr als sechzig Personen durch. Sie kommen in der Nähe des Hafenpiers zusammen, frühstücken, lesen einige Verse aus der Bibel, beten füreinander und fahren dann Wasserski.

Nach einigen Wochen schlug einer von ihnen vor, man könne doch Ersatzteile für Boote sammeln, um anderen zu helfen, deren Boot repariert werden müsste. Also fingen sie an, auch das zu einem Teil ihrer wöchentlichen Zusammenkünfte zu machen.

Zurückblickend sagte Shawn über diese Zeit: „Ich glaube, ich habe so ganz nebenbei eine Gemeinde gegründet." (Quelle: Dave und Jon Ferguson: S.E.G.N.E. 5 Wege, wie wir unseren Nächsten im Alltag lieben und die Welt verändern können.)

Sollte ich als Pastor meine Gemeinde ermutigen, sonntags Wasserski zu fahren, anstatt den Gottesdienst zu besuchen? Diese Geschichte hat mich auf jeden Fall inspiriert. Shawn hat gebetet und Gott hat gewirkt. Lasst uns also offen sein für die Wege und das Wirken Gottes!

Gott hat uns im übertragenen Sinne eine Sichel gegeben, um die Ernte einzubringen. Jesus hat selbst gesagt: *„Hebt eure Augen auf und schaut die Felder an! Denn sie sind schon weiß zur Ernte."* Johannes 4,35

Gott möchte dir Frucht geben und dich erfolgreich machen. Er möchte, dass du gehst und dir bewusst bist, dass du diese Sichel in deiner Hand hälst.

Kommen wir zurück zu dem Netz!

Als Jesus das Gleichnis erzählte, wussten die Jünger, wovon er sprach. Es war eine Wirklichkeit, die den Jüngern immer gegenwärtig war, dass die Netze beständig geflickt und ausgebessert werden mussten. Das ist auch heute noch so.

Einige Kapitel vorher, wo beschrieben wird, wie Jesus Seine Jünger berief, lesen wir, dass sie ihre Netze flickten als Jesus zu ihnen kam.

„Und als er von dort weiterging, sah er in einem Schiff zwei andere Brüder, Jakobus, den Sohn des Zebedäus, und dessen Bruder Johannes, mit ihrem Vater Zebedäus ihre Netze flicken; und er berief sie." Matthäus 4,21

Stell dir einmal vor, du wirfst ein Netz ins Wasser, was undicht ist und zerreißt! Der Fang kann darin nicht gehalten werden.

Unser „Netz" muss genauso immer wieder geflickt werden. Wie kann das geschehen?

Ich bin davon überzeugt, dass der Herr für die kommende Ernte ein großes geistliches „Fischnetz" vorbereitet, das den Fang, der darin eingeholt werden wird, auch halten kann. Wir leben in dieser Vorbereitungszeit.

Menschen haben eine lebensverändernde Begegnung mit Gott, sodass sich die geistliche Atmosphäre in den Kirchen im Land langfristig positiv verändert. Die Schönheit und Relevanz der Gemeinde Jesu wird sichtbar für die Gesellschaft und es ist leicht, zum Glauben zu kommen.

Wir glauben für veränderte Menschen und veränderte Kirchen. Und wenn sich Menschen und Kirche verändern, wird sich auch das Land verändern.

Das Netz wird dadurch entstehen, dass das Volk Gottes sich zusammenschließt. Die Knotenpunkte dieses Netzes werden die Beziehungen und der gegenseitige Austausch des göttlichen Volkes untereinander sein. Je stärker die Beziehungen und der Austausch untereinander ist, desto reißfester wird das Netz sein. Dies geschieht nicht nur auf Gemeindeebene zwischen einzelnen Gemeindemitgliedern, sondern zwischen Diensten, Gemeinden und den verschiedenen Bewegungen innerhalb des Leibes Christi. Dies wird sich über Städte und Staaten erstrecken und internationale Grenzen auf der ganzen Welt überschreiten. Das sehen wir schon heute. Das Netz wird geflickt; der Heilige Geist stellt wunderbare, auch internationale, Beziehungen her.

Im vierten Kapitel des Epheserbriefes, wird dieses Prinzip unterstrichen:

„Wir wollen ... in allem wachsen, bis wir ihn erreicht haben. Er, Christus, ist das Haupt. Durch ihn wird der ganze Leib zusammengefügt und gefestigt in jedem einzelnen Gelenk." Epheser 4,15-16

Ein Gelenk ist kein Körperteil an sich, sondern es ist die Stelle, an dem zwei Teile zusammenkommen. Im geistlichen Bereich findet momentan ein großes Zusammenfügen von Teilen statt und es wird auf allen Ebenen zunehmen. Mit jeder neuen Verbindung wird bei den beteiligten Parteien wesentliches Wachstum und Erbauung geschehen.

Beim Vorbereiten dieser Predigt fiel mir eine Prophetie von Rick Joyner ein, die ich vor langer Zeit gelesen habe. Ich bin fest davon überzeugt, dass sich diese in unseren Tagen beginnt zu erfüllen. Rick Joyner empfing diese Prophetie vor ungefähr dreißig Jahren. Gott hat einen weiteren Blick als wir und dreißig Jahre sind für ihn kein Problem.

„Der Geist drängt im Moment Pastoren, sich mit anderen Pastoren zusammenzuschließen; er drängt Propheten, mit anderen Propheten, und Apostel, mit anderen Aposteln zusammenzutreffen. Sogar ganze Gemeinden fangen an, Gemeinden mit anderen Schwerpunkten als den ihren zu besuchen und Beziehungen zu ihnen aufzubauen. Dies ist ein Werk des Herrn. Manche dieser Treffen mögen vielleicht fruchtlos erscheinen, da die Erwartungen falsch sind, doch am Ende werden sie Frucht tragen; Verbindungen werden geknüpft sein. Schon bald wird die Gegenwart des Herrn bei diesen Treffen alle Überheblichkeit und alle Mauern wegschmelzen, die uns davon abhalten, mit dem Herrn und untereinander eins zu sein. Seine Gegenwart wird einen Lobpreis hervorrufen, der die Einheit bewirken wird, von der im Psalm 133 die Rede ist: Wenn wir das Haupt des Herrn mit unserem Lobpreis salben, wird das Öl bis zum Saum seines Gewandes hinunterfließen, bis es den ganzen Leib bedeckt.

Der Herr beginnt mit diesem radikalen Hinwegnehmen der Schranken bei der Leiterschaft, denn dort sind sie meistens entstanden, und dort sind sie am machtvollsten. Wenn die Mauern bei den Leitern gefallen sind, wird sich langsam der ganze Leib zusammenschließen.

Die Gläubigen werden anfangen, mit anderen Mitgliedern des Leibes Christi Beziehungen aufzubauen. Dies ist ein Wirken des Heiligen Geistes, und es kann nicht aufgehalten werden. Pastoren und Leiter, die diesem Strom der Einheit weiterhin Widerstand leisten, werden abtreten müssen.

Menschen mit einem „Geist des Kontrollierens" werden bis zum Ende hin immer die größten Gegner allen Wirkens Gottes sein. Da die Ausmaße dieses „Fanges" so überwältigend sein werden, wird das Netz oft zerreißen und muss ständig geflickt werden. Die Hauptaufgabe während der Ernte wird sein, dieses große Netz zu reparieren und weiterzuknüpfen. Diese Friedensstifter werden bei der Fertigstellung des Netzes maßgeblich beteiligt sein und einen ungeheuren Einfluss auf die Schlagkraft der gesamten Erweckung haben. (Quelle: Rick Joyner „Die Engel, die Ernte und das Ende der Welt", englisch „The Harvest")

Ein Boot allein, sprich: eine Gemeinde oder Gemeindebewegung, wird das Netz nicht einholen können, das heißt: die Erweckung nicht tragen können.

Jesus redete von einem Fischnetz, das mit Gewichten versehen ins Meer geworfen und über den Meeresgrund gezogen wird, um diesen großen Fang einzuholen. Wir lesen auch von Geschichten in der Bibel, wo es heißt: *„Sie winkten ihren Gefährten, damit sie ihnen helfen, weil der Fang so groß war." Lukas 5,7*

In Johannes 21 wird beschrieben, dass sie 153 Fische gefangen hatten. Unser Fang wird viel größer sein. Und ich habe mich gefragt, warum diese Zahl erwähnt wird. Es waren wirklich 153 Fische und das bedeutet, dass Gott nicht die Masse sieht, sondern jeden einzelnen zählt. Er sieht auch dich heute!

Ich möchte einen Schritt weiter gehen, und obwohl es etwas ganz anderes zu sein scheint, gehört es dazu.

3. Die Scheidung

Es wird am Ende eine Trennung, eine Scheidung, stattfinden und darauf zielt das Gleichnis hin.

„Als es voll war, zogen sie es ans Ufer, setzten sich und sammelten die guten in Gefäße, die faulen aber warfen sie weg. So wird es am Ende der Weltzeit sein: Die Engel werden ausgehen und die Bösen aus der Mitte

der Gerechten aussondern und sie in den Feuerofen werfen. Dort wird das Heulen und Zähneknirschen sein." Matthäus 13,48-50

Dies ist keine gute Botschaft und dennoch hat Jesus sie erzählt, weil sie so wichtig ist.

Es gibt eine Erlösung, die nur im Glauben an Jesus zu finden ist und es gibt eine ewige Trennung von Gott.

Wenn das Netz damals an Land gebracht wurde, musste sein vielfältiger Inhalt sortiert werden. Ebenso umfasst das sichtbare Reich Gottes – die Sphäre der bekennenden Gläubigen – echte und falsche Christen, die beim Gericht aussortiert werden. Aber mitten darin sieht Jesus die wahren Kinder des großen Königs, die am Ende offenbar werden. Diese Trennung wird Gott selbst vollziehen, mit Hilfe der Engel. Darum heißt es in dem folgenden Bibelvers: *„Deshalb hütet euch, voreilige Urteile über den Glauben anderer zu fällen, bevor der Herr wiederkommt. Wenn der Herr kommt, wird er unsere tiefsten Geheimnisse ans Licht bringen und unsere verborgensten Beweggründe offenbar machen. Und dann wird Gott jeden so loben, wie es ihm zusteht."* 1. Korinther 4,5

Das Kriterium für die Trennung, das lehrt die Bibel ganz klar, ist der Glaube an Jesus Christus, an das Kreuz und die Auferstehung. Anders geht es nicht, trotz aller falschen Toleranz.

Der Prophet und Gründer der Heilsarmee William Booth (1829-1912) war ein Kämpfer für den Herrn. Wir verbinden die Heilsarmee vielleicht ausschließlich mit Suppenküche und Kleiderkammer. Doch er nannte seine Hilfsorganisation „Heilsarmee", was folgendes ausdrückte: Er war sich bewusst und hat es auch so gelehrt, dass wir in einem geistlichen Kampf stehen. Es geht um einen geistlichen Kampf und wir sind Soldaten Jesu Christi; nicht Soldaten, die mit weltlichen Waffen unterwegs sind, sondern die das Heil und die Erlösung bringen. Er sagte über die Zeit, in der wir heute leben:

„Die größte Gefahr im 20. Jahrhundert werden folgende Dinge sein: Glaube ohne den Heiligen Geist, Christentum ohne Christus, Vergebung ohne echte Buße, Errettung ohne anschließende Heiligung, Politik ohne Gott, und ein Himmel ohne Hölle." (Quelle: Quelle: Roberts Liardon „Gottes Generäle – Die großen Reformatoren")

Dies kennzeichnet genau die Zeit, in der wir heute leben. Aber Gott ist am Wirken.

Es gibt ein Gericht am Ende der Zeit und auch Paulus hat darüber gepredigt. In der Hochburg der griechischen Philosophie, auf dem Gerichtsberg – dem Areopag – in Athen hat er eine Predigt gehalten; dort wo in der Antike der oberste Rat tagte. Er sprach vor Ungläubigen und sagte folgendes:

„In der Vergangenheit hat Gott gnädig über die Verfehlungen hinweggesehen, die die Menschen in ihrer Unwissenheit begangen haben. Doch jetzt fordert er alle Menschen an allen Orten zur Umkehr auf. Er hat nämlich einen Tag festgesetzt, an dem er durch einen von ihm bestimmten Mann über die ganze Menschheit Gericht halten und über alle ein gerechtes Urteil sprechen wird. Diesen Mann hat er vor aller Welt als den künftigen Richter bestätigt, indem er ihn von den Toten auferweckt hat."
Apostelgeschichte 17,30-31

Die Lehre über das Gericht gehört zum Evangelium dazu. Das Evangelium verschweigt das Gericht nicht, zeigt aber einen Weg aus dem Gericht heraus. Dieser Weg ist Jesus Christus und seine Erlösung. Er sagt von sich selbst: *„Ich bin der Weg, die Wahrheit und das Leben und niemand kommt zum Vater, denn durch mich."* *Johannes 14,6*

Auch Johannes spricht in der Offenbarung von diesem Gericht: *„Und ich sah einen großen weißen Thron und den, der darauf sitzt. Die Erde und der Himmel flohen vor seiner Gegenwart, aber sie fanden keinen Ort, um sich zu verbergen. Ich sah die Toten, die großen und die kleinen, vor Gottes Thron stehen. Und es wurden Bücher aufgeschlagen, darunter auch das Buch des Lebens. Und die Toten wurden nach dem gerichtet, was in den Büchern über sie geschrieben stand, nach dem, was sie getan hatten."* *Offenbarung 20,11-12*

Der Himmel (die unsichtbare, überirdische Welt) und die Erde flohen vor diesem Thron. Vor dem Thron stehen die (geistlich) Toten. Der ewige Tod bedeutet, geistlich verurteilt zu werden und auf ewig von Gott getrennt zu sein. Dieser Tod ist das Endergebnis des Unglaubens und damit der Ablehnung Gottes. Das sind diejenigen, die nicht an Jesus Christus geglaubt haben und deshalb kein geistliches, göttliches Leben in sich haben. Sie sind tot in Sünde und Übertretung und ihre Namen stehen nicht im „Buch des Lebens".

Aber Jesus hat den Tod für uns erlitten. Er ging in den Tod und war wegen unserer Sünden von Gott getrennt, damit wir uns Gott mit Freude nahen können. Durch Seinen Tod hat Jesus die volle Strafe für deine Sünde, deinen Unglauben und deine Ablehnung bezahlt. Er hat den Tod erlitten, damit du das göttliche Leben erhalten kannst und deshalb nicht vor diesem (Gerichts-) Thron stehen musst.

Diejenigen, die an Jesus Christus glauben, und die deshalb ein neues, göttliches Leben empfangen haben – schon heute und hier – werden nicht vor diesem Thron fliehen müssen, sondern sie treten vor den Thron mit Freude und Anbetung und sie empfangen Hilfe von diesem Thron und von dem, der darauf sitzt. Es ist der Thron der Gnade.

Die Erde und der Himmel, die geistlich Toten, fliehen vor dem Thron, aber wir dürfen als Gläubige freimütig zu diesem Thron kommen.

„So lasst uns nun mit Freimütigkeit hinzutreten zum Thron der Gnade, damit wir Barmherzigkeit erlangen und Gnade finden zu rechtzeitiger Hilfe!" Hebräer 4,16

Es gibt also eine Trennung am Ende der Zeit. Dann wird alles offenbar werden, was heute bereits existent ist. Heute gibt es Menschen, die haben das göttliche Leben und es gibt Menschen, die es nicht haben.

Wenn du dir nicht sicher bist, ob du dieses göttliche Leben empfangen hast, dann ist jetzt die Gelegenheit dafür, dir Sicherheit zu verschaffen und Gott dein Leben anzuvertrauen. Am Ende dieses Buches findest du ein Gebet, das du sprechen darfst und so ein Kind Gottes wirst.

Zum Ende dieser Gleichnisse fragt Jesus noch einmal nach: „Habt ihr das verstanden?" Ich wüsste nicht, dass Jesus diese Frage bereits vorher gestellt hatte. Diese Wahrheiten vom Reich der Himmel sind sehr wichtig und Jesus möchte, dass alle es verstehen.

„Jesus sprach zu ihnen: Habt ihr das alles verstanden? Sie sprachen zu ihm: Ja, Herr!" Matthäus 13,51

Der Heilige Geist fragt auch heute nach. Das Verständnis über das Reich Gottes entscheidet darüber, ob und in welcher Autorität wir in dieser Zeit leben.

DIE KRAFTVOLLE WIRKUNG DES ABENDMAHLS

- BEFREIT ZUR GEMEINSCHAFT -

Warum feiern wir das Abendmahl?

Wir tun es nicht aus Tradition, sondern weil Jesus es gesagt und so gewollt hat! Er hat das Abendmahl eingesetzt und möchte, dass wir es zu Seinem Gedächtnis tun. Damals in der ersten Gemeinde in Jerusalem feierten sie täglich das Abendmahl in den Häusern. Das Abendmahl ist ein Gedächtnismahl und wir denken daran, demonstrieren und machen sichtbar, was Jesus für uns getan hat. Das ist Gott sehr wichtig.

Auch in der Taufe machen wir etwas sichtbar, was im Geistlichen geschehen ist. Wir müssen manche Dinge sichtbar machen und sie uns vergegenwärtigen, weil sie den Mittelpunkt des Evangeliums symbolisieren.

*„Dann nahm er ein Brot, und nachdem er Gott dafür gedankt hatte, brach er es in Stücke und reichte es den Jüngern mit den Worten: »Dies ist mein Leib, der für euch gegeben wird. Tut das **zur Erinnerung** an mich.« Nach dem Essen nahm er einen weiteren Becher mit Wein und sagte: »Dieser Wein ist das Zeichen des neuen Bundes – ein Bund, der mit dem Blut besiegelt wird, das ich für euch vergießen werde." Lukas 22,19-20*

Es ist ein Gedächtnismahl, in dem wir an das Leiden, das Opfer Jesu und die Erlösung durch Sein Sterben denken. Es ist das Zeichen des Neuen Bundes, in dem alle anderen Opfer hinfällig sind. Im Alten Bund waren Opfer nötig, wenn die Menschen gesündigt hatten. In der Bibel heißt es: *„Der Lohn der Sünde ist der Tod"* oder *„Die Sünde wird mit dem Tod bezahlt".* Römer 6,23

Aber damit die Menschen nicht sterben mussten, gab es Tieropfer. Damit wurde die Sünde für eine Weile bedeckt, bis das wahre Opfer kam.

Im Hebräerbrief heißt es: *„Denn das Blut von Stieren und Böcken kann keine Sünden fortnehmen."* Hebräer 10,4

Nur Jesus kann Sünde hinweg nehmen. Er hat uns gewaschen durch Sein Blut und so sind wir ohne Sünde. Das verkündigen wir, wenn wir das Mahl nehmen. Es ist das Zeichen des neuen Bundes. Die alttestamentlichen Opfer drückten aus: „Ich bin schuldig." Das Abendmahl sagt uns: „Ich bin erlöst durch das Blut Jesu. Ich bin nicht länger schuldig."

1. Annehmen der Vergebung

Das Abendmahl bedeutet das Annehmen Seiner Vergebung. Wir dürfen die Vergebung annehmen, die uns schon gewährt ist.

*„Seid aber untereinander freundlich und herzlich und vergebt einer dem anderen, wie auch **Gott euch vergeben hat** in Christus."* Epheser 4,3

Gott hat uns vergeben! Glaubst du das? Hast du das erfahren? Hast du die Vergebung angenommen? Glaubst du, dass es nötig war, dass Jesus für dich starb?

Wenn du das glaubst, darfst du das Abendmahl nehmen.

Eine kleine Anekdote am Rande: *Herr Weber, der ungefähr fünfzig Jahre alt ist, stirbt und kommt in ein Vorzimmer des Himmels. Dort sitzt, vom Aussehen her, ein typisch deutscher Beamter. „Kommen Sie herein Herr Weber, wir haben schon auf Sie gewartet." Dieser denkt, dass er im Himmel ist und schaut sich etwas enttäuscht in diesem Raum um, der wie eine typische Amtsstube wirkt. Auf dem Schreibtisch liegen viele Ordner. „Ich habe schon alles für Sie vorbereitet, Herr Weber. Wir haben Ihr Leben gecheckt und hier ist alles registriert. Ich darf jetzt beurteilen, ob Sie in den Himmel dürfen oder nicht." „Ach", sagt Herr Weber, „das wird schon klappen. Ich habe immer nach dem Motto gelebt: Tue Recht und scheue niemanden." „Um in den Himmel zu kommen, brauchen Sie sechstausend Punkte", sagt der Mann hinter dem Schreibtisch, „und Sie haben nur zwölf Punkte erreicht." „Was, nur zwölf Punkte? Aber ich war doch immer ein ordentlicher Mensch und habe alles richtig gemacht." „Herr Weber, überlegen Sie noch einmal. Haben Sie noch etwas anderes vorzuweisen?" „Ja, ich war wenigstens zweimal im Jahr im Gottesdienst, zu Weihnachten und zu Ostern. Ich habe auch einmal für „Brot für die Welt" gespendet und einer alten Frau über die Straße geholfen." Herr Weber zählt all diese Dinge auf und sein Gegenüber sagt: „Sie haben allerdings Ihre Frau betrogen und noch dies und jenes gemacht. Da müssen wir Ihnen leider Punkte abziehen." Herr Weber kommt also nicht über diese zwölf Punkte und ist darüber sehr ärgerlich. Da geht die Tür auf und ein jüngerer Mann, ein leicht abgerissener Typ, kommt herein. Der Beamte springt auf: „Hallo Herr Müller, wir haben schon auf Sie gewartet." Herr Müller zieht eine Karte aus seiner Brusttasche und gibt sie dem Beamten, welcher dann für ihn die Pforte des Himmels öffnet. Aus dem Himmel kommt herrliche Musik und goldene Strahlen. Der Mann geht hinein und die Tür geht sofort wieder zu. Herr Weber staunt: „Der darf hinein und ich nicht? Der war bestimmt nicht besser als ich." „Nein, das war er auch nicht", antwortet der Mann hinter dem Schreibtisch, „aber er hatte eine Freikarte." „Warum habe ich nicht so eine Freikarte? Mir ist nie so etwas angeboten worden", sagt Herr Weber. „Doch, Ihnen ist diese Karte mehrere Male angeboten worden, nur Sie haben diese Karte nicht angenommen." Und dann erzählt der Beamte ihm von dem Blut Jesu und was Jesus für ihn getan hat. Das ist die Freikarte in den Himmel. (Quelle: DVD „6000 Punkte für den Himmel: Bereit für die Ewigkeit")*

Das Abendmahl drückt aus, dass wir eine Freikarte in den Himmel haben. Das ist doch zu schön, um wahr zu sein! Aber es ist wahr! Es ist eine Tatsache!

Wenn es im Abendmahl um das Annehmen der Vergebung geht, möchte ich betonen, dass es auch ein Gemeinschaftsmahl ist. Es geht nicht nur darum, die Vergebung von Gott anzunehmen, sondern auch von Menschen.

„Vergebt euch untereinander, wie der Herr euch vergeben hat, so vergebt auch ihr." Kolosser 3,13

Wir sollen es tun, wie Jesus es tat: einander vergeben.

„Vergib uns unsere Schuld, so wie wir auch unseren Schuldnern vergeben." Matthäus 6,12

Dieses ist die einzige Bitte im Vaterunser, die eine Art Zusatz hat. Alle anderen Bitten, Proklamationen oder Aussagen sind wie sie sind. Aber hier heißt es: „Vergib uns, so wie wir vergeben." Das Abendmahl bedeutet also nicht nur, dass wir die Vergebung empfangen, sondern dass wir sie auch weitergeben. Darum nehmen wir das Abendmahl in Gemeinschaft. Ich nenne es gern „den Kreislauf der Gnade". Wir brauchen diesen gesunden Kreislauf in der Gemeinde.

Das griechische Wort für Vergebung heißt „charizomai" und wird übersetzt mit „freisetzen" oder „beschenken". Dort steckt auch das Wort „Charis" drin, woher das Wort „charismatisch" kommt. Wenn ich jemandem vergebe, beschenke ich ihn; vielleicht damit der andere auch vergeben kann.

Manchmal muss ich auch Menschen vergeben, wenn mir jemand etwas Negatives gesagt hat. Ich muss die Person einfach freisetzen (vergeben). Ich kann es mir nicht leisten, etwas gegen jemanden zu haben. Sonst könnte ich meinen Dienst nicht segensreich ausüben.

Jemanden zu beschenken (charizomai) ist allerdings kein Deal. Vor vielen Jahren wurde ich in einer Gemeinde bei einem sehr heftigen Streit zwischen zwei Frauen hinzugezogen. Eine Frau hatte der anderen so richtig die Meinung gesagt und wurde dann von ihren Gemeindegeschwistern aufgefordert, sich bei dieser Frau zu entschuldigen. „Okay", sagte sie, „dann mache ich das, wenn ihr es wollt. Aber ich werde mich nur entschuldigen, wenn sie sich auch bei mir entschuldigt." Ich dachte: „Vergebung ist doch kein Deal, kein Geschäft, keine Diplomatie. Vergebung ist einseitig und ich vergebe. Ob sich die andere Person entschuldigt oder nicht, ist nicht meine Sache und Verantwortung."

Es geht hier nicht um Versöhnung. Das ist etwas anderes. Zum Vergeben reicht Einer, zur Versöhnung benötigt man zwei, oder mehrere Personen.

Aus der Vergebung resultiert auch etwas und es ist nicht nur ein Beschenken des anderen. Die Vergebung bewirkt Heilung.

„Und das Gebet des Glaubens wird den Kranken retten, und der Herr wird ihn aufrichten; und wenn er Sünden getan hat, wird ihm vergeben werden. Bekennt einander die Übertretungen und betet füreinander, damit ihr geheilt werdet ..." Jakobus 5,15

Die Heilung ist in der Erlösung mit inbegriffen. In dieser Bibelstelle sehen wir den Zusammenhang zwischen Vergebung und Heilung. Durch das Bekennen und den Zuspruch geschieht Heilung. Gott stellt uns in ein Gemeinschaftsgeflecht.

Ein weiterer Punkt ist: Wer nachtragend ist, hat selbst schuld. Denn, wer leidet am meisten? Der, der dem anderen etwas nachträgt. Der andere merkt von der Last des Nachtragenden vielleicht gar nichts und ist sich dessen noch nicht einmal bewusst, dass er ihn verletzt hat. Lege deine Last ab! Davon spricht das Abendmahl auch. Du musst die eigene Last deiner Sünde nicht mehr tragen. Warum trägst du die Last der Sünde von anderen?

2. Verpflichtung zur Gemeinschaft

„Wenn wir im Licht wandeln, wie er im Licht ist, dann haben wir Gemeinschaft untereinander... Wenn wir aber unsere Sünden bekennen, so ist er treu und gerecht, dass er uns die Sünden vergibt und uns reinigt von aller Ungerechtigkeit." 1. Johannes 1,7.9

Hier sehen wir wieder den Zusammenhang, die Kausalität. Wenn wir die Sünde bekennen, dann ...Wir dürfen Vergebung nehmen und Vergebung weitergeben.

Das Licht ist Jesus. Wir bringen auch alles ans Licht (zu Jesus). Die größte Waffe im geistlichen Kampf ist das Licht. Der Teufel möchte „Geheimnisse" mit uns haben, verborgene, okkulte Sünden. „Okkult" heißt verborgen.

Im Abendmahl bekennen wir, dass wir Vergebung brauchen. Wir bekennen, dass Jesus für uns gestorben ist, dass Jesus Sein Blut für uns, für mich, gegeben hat.

Im ersten Petrusbrief lesen wir, dass das Abendmahl auch mit dem Dienst zu tun hat.

„Dient einander, ein jeder mit der Gabe, die er empfangen hat." 1. Petrus 4,10

Dienst ist ein Grundelement in der Gemeinde! Ich darf und soll dienen, auch wenn ich beispielsweise in einem Punkt eine andere Meinung habe. Es kann vorkommen, dass Menschen sagen: „Wenn es so oder so gemacht wird, komme ich nicht mehr." Wir Charismatiker können noch einen draufsetzen und sagen vielleicht: „Gott hat mir etwas anderes gezeigt."

Ich finde das nicht okay. Selbst wenn Gott etwas anderes gesagt hat, selbst wenn ein Fehler vorliegt, dürfen wir nicht dahin kommen, dass wir sagen: „Dann komme ich nicht mehr."

Ich möchte dazu eine Geschichte von mir persönlich erzählen. Wir bekamen als Gemeindeleitung – Georg, ein Kollege und ich - einen Anruf von einer anderen Gemeinde. Dort hatte ein Pastor aus Südkorea über das Thema „Gebet" gelehrt und gepredigt. Sie fragten an, ob er auch bei uns sprechen dürfte. Es war sehr spontan, aber dennoch kamen einige zu diesem Treffen und es war ein wunderbarer Abend. Wir bedankten uns und dieser Bruder bot an, im nächsten Jahr bei uns ein längeres Seminar zu halten. So tauschten wir uns als Leitung darüber aus und waren .... uneins. Georg war dafür und der Kollege und ich waren dagegen, den Pastor aus Südkorea noch einmal einzuladen. So etwas kann passieren. So fiel die Entscheidung durch Mehrheitsbeschluss, ihn kein zweites Mal einzuladen. Da Georg Schriftführer war, fiel ihm die Aufgabe zu, dem Prediger abzusagen. Einen Tag später, als ich in unser Büro kam, hatte Georg gerade diesen Brief geschrieben. Er hatte folgendes zu Papier gebracht, und das möchte ich als Vorbild für einen geistlichen Menschen hier anmerken: „Lieber Bruder, **wir** haben uns entschieden...." „Das ist dir doch sicherlich sehr schwergefallen, Georg?" fragte ich ihn. „Ja, ich denke, er hätte uns gut dienen können." Ich möchte damit aufzeigen, dass Georg sich unter eine Entscheidung gestellt hatte. Er war gegen die Entscheidung von dem Kollegen und mir, musste das sogar weitergeben und schrieb trotzdem in der Wir-Form. Das ist eine starke geistliche Haltung und ein Dienst im Geist.

Da gilt es nicht den „Beleidigten zu spielen" und hinter dem Rücken der anderen zu intervenieren.

Das Abendmahl hat also sehr praktische Auswirkungen auf unser persönliches Leben und auf unser Leben in der Gemeinschaft.

Wahrer Dienst zeigt sich in der Liebe!

„Die Liebe Gottes ist ausgegossen in unsere Herzen durch den Heiligen Geist, der uns gegeben worden ist." Römer 5,5

3. Lebenshingabe

„Darum spricht er bei seinem Eintritt in die Welt: »*Opfer und Gaben hast du nicht gewollt;* **einen Leib** *aber hast du mir bereitet." Hebräer 10,5 (Psalm 50,7)*

Hier schiebt uns die Bibel einen Vorhang zur Seite und zeigt uns, was passierte unmittelbar, bevor Jesus als Mensch geboren wurde. „Du hast mir einen Leib bereitet."

Jesus gab Seinen Leib als ein Gott angenehmes Opfer! Jesus hat sich hingegeben. Und von uns heißt es:

„Ich habe euch vor Augen geführt, Geschwister, wie groß Gottes Erbarmen ist. Die einzige angemessene Antwort darauf ist die, dass ihr euch mit eurem ganzen Leben Gott zur Verfügung stellt und euch **ihm als ein lebendiges und heiliges Opfer** *darbringt, an dem er Freude hat. Das ist der wahre Gottesdienst, und dazu fordere ich euch auf." Römer 12,1*

Da ist immer dieser Zusammenhang: Jesus hat sich hingegeben. Und weil Jesus das getan hat, tun wir es auch. Das ist Jüngerschaft. So wie der Meister es tat, leben wir auch.

„Und er ist deshalb für alle gestorben, damit die, die leben, nicht länger für sich selbst leben, sondern für den, der für sie gestorben und zu neuem Leben erweckt worden ist." 2. Korinther 5,15

Wenn wir glauben, dass Jesus für uns gestorben ist, dass er Seinen Körper und Sein Blut für uns als Opfer gab, bedeutet das gleichzeitig, dass wir nun für Ihn leben. Ich lebe also nicht mehr für mich. Es ist die Bedeutung dessen, was die Bibel „Glauben" nennt. Glauben heißt nehmen und das dann auch zu tun. Glauben hat immer einen Handlungsanteil. Wahrer biblischer Glaube führt immer zur Tat. Wir nehmen beim Abendmahl

Wein oder Traubensaft und Brot, das schon in kleine Stücke geschnitten ist. Aber beim damaligen Abendmahl gab es **ein** Brot und Jesus brach es. So sind wir, die Vielen, ein Leib.

*„Denn es ist ein Brot, so sind wir, die Vielen, **ein Leib**; denn wir alle haben Teil an dem einen Brot." 1. Korinther 10,17*

Durch das Essen des Brotes bekenne ich mich zur Gemeinde als dem Leib Christi und zu meiner verbindlichen Zugehörigkeit. Ich gehöre zu dem **einen Leib.** Das Abendmahl ist somit auch eine Absage an den, in der westlichen Welt so stark propagierten, Individualismus.

Wir sind Viele und sehr unterschiedlich, essen aber gemeinsam von dem einen Brot. Damit verzichte ich bewusst auf meine Rechte und das Durchsetzen meiner Sichtweise.

Jesus hat es auch so gemacht. Er hat sich hingegeben für uns. Das ist das, was wir beim Abendmahl ganz bewusst feiern.

Die richtige Haltung zum Leib der Gemeinde ist die Gesinnung des Dienstes der Erbauung in der Liebe.

Siebenhundert Jahre vor der Geburt Jesu schrieb der Prophet Jesaja über ihn:

*„Doch er wurde um unserer Übertretungen willen durchbohrt, wegen unserer Missetaten zerschlagen; die Strafe lag auf ihm, damit wir Frieden hätten, und **durch seine Wunden sind wir geheilt worden.**" Jesaja 53,5*

Wenn wir das Abendmahl gemeinsam nehmen, dann verkündigen wir, dass wir daran glauben, dass Jesus auch für unsere Krankheit am Kreuz gestorben ist. Durch Jesus Christus erfahren wir ganzheitliche Heilung. Durch das Essen des Brotes bekenne ich, dass ich an die Heilung des Leibes glaube.

Wenn wir aus dem Kelch trinken, ist es nicht von Bedeutung, ob er mit Wein oder Traubensaft gefüllt ist, denn Jesus spricht von dem Gewächs des Weinstocks.

*„Der Kelch des Segens, den wir segnen, ist er nicht die **Gemeinschaft des Blutes** des Christus?" 1. Korinther 10,16*

Es bedeutet die Gemeinschaft mit dem Blut, aber auch die Gemeinschaft, die das Blut bewirkt: eine ewig gültige Erlösung, Reinigung unseres Gewissens von toten Werken und der Dienst für den lebendigen Gott.

„Ein einziges Mal brachte er Blut in jenes Allerheiligste, aber nicht das Blut von Böcken und Kälbern, sondern sein eigenes Blut, durch das er uns die Rettung brachte, die für alle Zeiten gilt." Hebräer 9,12-14

Das Blut reinigt uns von aller Sünde. *„Wenn wir wie Christus im Licht Gottes leben, dann haben wir Gemeinschaft miteinander, und das Blut von Jesus, seinem Sohn, reinigt uns von jeder Schuld."* 1. Johannes 1,7

Er hat uns erlöst von unseren Sünden durch sein Blut. *„... und von Jesus Christus, dem treuen Zeugen dieser Dinge, der als Erster von den Toten auferstand und Herr über alle Herrscher der Erde ist! Lob sei ihm, der uns liebt und uns von unseren Sünden befreit hat, indem er sein Blut für uns vergoss."* Offenbarung 1,5

Um die Bedeutung des Blutes zu beleuchten, möchte ich eine abschließende Bibelstelle anfügen.

*„Ich wünsche euch, dass der Gott des Friedens, der unseren Herrn Jesus, den großen Hirten der Schafe, **durch das Blut des ewigen Bundes von den Toten zurückgebracht hat**, euch mit allem versorgt, was ihr braucht, um seinen Willen zu tun. Ich wünsche mir, dass er durch die Kraft von Jesus Christus all das in uns wachsen lässt, was ihm Freude macht. Ihm gehört die Ehre für immer und ewig! Amen."* Hebräer 13,20-21

Wieso wurde Jesus durch sein Blut, das Blut eines ewigen Bundes, von den Toten zurückgebracht? Dieses Blut spricht, auch in Bezug auf Jesus, von völliger Sündlosigkeit. Wenn Jesus all das gepredigt hätte, was er gepredigt hat und gestorben wäre am Kreuz, wie er gestorben ist und nicht von den Toten auferweckt worden wäre, dann, so sagt es der Apostel Paulus, wäre unser Glaube vergeblich. Dann wären wir noch in unseren Sünden.

Wenn Jesus nicht auferstanden wäre, hätte Er selbst gesündigt. Dann hätte der Teufel ein verbrieftes Recht, ein vertragliches Recht, gehabt, Ihn im Totenreich zu behalten, denn der Lohn der Sünde ist der Tod. Da Jesus aber vollkommen ohne Sünde war, konnte der Teufel Ihn nicht im Totenreich halten. Deshalb konnte Er unsere Sünde tragen. Der Teufel hatte Ihn widerrechtlich im Totenreich und Jesus sagte zu ihm: „Gib mir den Schlüssel zum Reich des Todes." Er hat durch den Tod den entmachtet, der die Macht über den Tod hat.

Jesus hat Sein Blut für uns vergossen und wir dürfen ein neues Leben haben.

Jesus sagt im Matthäusevangelium, und damit spricht Er dich und mich an:

„Kommt her zu mir alle, die ihr mühselig und beladen seid, so will ich euch erquicken! Nehmt auf euch mein Joch und lernt von mir, denn ich bin sanftmütig und von Herzen demütig; so werdet ihr Ruhe finden für eure Seelen! Denn mein Joch ist sanft und meine Last ist leicht." Matthäus 11,28-30

„Alle aber, die der Vater mir gegeben hat, werden zu mir kommen, und ich werde sie nicht zurückweisen oder hinausstoßen." Johannes 6,37

Komm zu Ihm! Er möchte deine Last tragen.

GOTTES PLAN FÜR DEIN LEBEN – GLAUBE UND DIENST

- BEFREIT, UM IN DEINER BERUFUNG ZU LEBEN -

Ich möchte über dieses Thema sprechen anhand der Berufungsgeschichte des Propheten Jeremia. Man kann diese Geschichte nachlesen
in Jeremia 1,1-19.

*„Das sind die Worte Jeremias. Er war der Sohn Hilkijas und gehörte
zur Priesterschaft von Anatot, das im Gebiet des Stammes Benjamin
liegt. Zum ersten Mal sprach der Herr zu Jeremia im 13. Jahr der Herrschaft des Königs Josia von Juda. Auch später, während der Regie-
rungszeit Jojakims und bis zum elften Jahr der Regierung des judäischen
Königs Zedekia, des Sohnes Josias, empfing Jeremia Botschaften vom
Herrn. Im fünften Monat des elften Regierungsjahres Zedekias wurden
die Bewohner Jerusalems in die Gefangenschaft verschleppt. Der Herr
sprach zu mir:»Ich kannte dich schon, bevor ich dich im Leib deiner Mutter geformt habe. Schon vor deiner Geburt habe ich dich dazu bestimmt,
dass du den Völkern meine Botschaften überbringst.« »Ach, allmächti-
ger Herr«, wehrte ich ab, »ich kann nicht gut reden, ich bin noch viel zu
jung!« »Sag doch nicht, dass du zu jung bist«, antwortete der Herr. »Du
sollst hingehen, wohin ich dich sende, und sagen, was auch immer ich
dir auftragen werde. Vor den Menschen brauchst du keine Angst zu haben, denn ich werde immer bei dir sein und dich retten. Das verspreche
ich, der Herr.« Dann berührte der Herr meinen Mund und sagte:»Hiermit
habe ich meine Worte in deinen Mund gelegt! Ich gebe dir die Vollmacht,
vor Völkern und Königreichen zu reden. Manche von ihnen sollst du ent-
wurzeln und einreißen, zerstören und vernichten; andere sollst du pflanzen und aufbauen.« Dann fragte mich der Herr:»Jeremia, was siehst
du?« Ich antwortete:»Ich sehe einen Mandelbaumzweig.« »Ja, das ist
richtig«, sprach der Herr. »Er steht als Zeichen dafür, dass ich wache. Alles wird so geschehen, wie ich es ankündigen werde.« Wiederum fragte
mich der Herr:»Was siehst du?« Ich antwortete:»Ich sehe einen Topf
mit kochendem Wasser, der von Norden her umkippt.« Der Herr sprach:
»Von Norden her wird Unheil kommen und über die Bewohner dieses
Landes hereinbrechen. Hör, was ich sage! Ich rufe die Heere der Reiche des Nordens nach Jerusalem. Sie werden ihre Throne ganz nahe
an den Stadttoren aufstellen und die Stadtmauern stürmen. Auch gegen
alle anderen Städte Judas werden sie vorrücken. Dann werde ich endlich all das Böse richten, das mein Volk getan hat: Sie haben sich von
mir abgewandt und anderen Göttern Opfergaben gebracht. Ja, sie beten
Götter an, die sie selbst hergestellt haben. Steh auf und zieh dich an.
Dann geh hinaus und sag ihnen, was immer ich dir zu sagen befehle.
Fürchte dich nicht vor ihnen – sonst sorge ich dafür, dass du tatsächlich
Grund hast, vor ihnen Angst zu haben! Du sollst wissen: Ich selbst mache dich stark wie eine uneinnehmbare Festung, wie eine eiserne Säule
oder eine Mauer aus Bronzeplatten. Kein einziger von den Königen, Mi-*

nistern, Priestern oder übrigen Einwohnern Judas wird sich gegen dich behaupten können. Sie werden wohl gegen dich kämpfen, trotzdem werden sie dich nicht bezwingen. Denn ich bin mit dir, und ich werde dich beschützen.« So hat der Herr gesprochen." Jeremia 1,1-19

Was verstehen wir unter einem Dienst? Vor einiger Zeit starb Queen Elisabeth von England und damals konnte man in den Zeitungen lesen: „Sie hat ihrem Land siebzig Jahre lang gedient." Und Charles, ihr Sohn und Nachfolger, hat dem Volk versprochen: „Ich werde mein Leben lang meinem Land dienen." Was für eine Aussage!

Dienst ist ein Leben für andere, auch ein Leben für Gott. Es bedeutet, dass ich mich selbst zurücknehme und nicht sage: „Es geht darum, dass es mir gut geht und ich an erster Stelle stehe." Nein, es geht um ein übergeordnetes Ziel, was einen größeren Sinn hat als mein eigenes Leben, als mein Wohlergehen.

Als ich in jungen Jahren noch nicht gläubig war, traf ich in meiner Heimatstadt einen Mann, der vielleicht zwei oder drei Jahre älter war als ich. Er ging in den CVJM – Christlicher Verein Junger Menschen – und kam dort zum Glauben an Jesus Christus. Er erzählte mir, dass er Jesus versprochen hatte, Ihm zu dienen. Damals konnte ich nicht viel damit anfangen und war zum Teil belustigt darüber. Aber auf der anderen Seite war ich davon fasziniert und dachte mir: „Wie stark ist es, Gott zu dienen."

Stell dir vor, oder besser gesagt: Glaube es, dass dein Leben einen ewigen Sinn und Zweck hat, und dass du von Gott selbst berufen bist. Gott hat einen Plan für dein Leben, den du entdecken darfst. Gott möchte nicht, dass du ein langweiliges, ödes und fades Leben hast, sondern ein lebendiges, sinnvolles und abenteuerliches Leben mit einem ewigen Sinn und Zweck.

Gehe fest davon aus, dass Gott einen herrlichen Plan für dein Leben hat! Glaube das!

Im elften Kapitel des Hebräerbriefes kommt immer ein bestimmter Terminus vor, der lautet: „durch Glauben". Durch Glauben zog Abraham aus seinem Land in ein Land, das er nicht kannte. Durch Glauben fielen die Mauern Jerichos. Durch Glauben wurde Mose versteckt vor dem Pharao. Durch Glauben geschahen wunderbare Dinge. Durch Glauben kannst du Gott dienen.

1. Gott hat dich erwählt und berufen.

Die Berufungsgeschichte Jeremias liegt 2600 Jahre zurück. Was hat sie mit uns zu tun? Ich möchte dir sagen: Das Wort Gottes ist ewig und bleibt gleich. Gott hat sich auch nicht verändert. Die Bündnisse haben sich verändert, denn wir leben heute in einem neuen Bund. Aber Gott und sein Wort sind unveränderlich.

Im Buch Jeremia lesen wir, dass das Wort des Herrn an Jeremia erging. In anderen Übersetzungen wird es noch pointierter ausgedrückt: „Das Wort geschah." Wenn Gott zu uns persönlich redet, wenn wir unser Herz für Ihn öffnen, dann geschieht etwas.

„Und das Wort des Herrn erging an mich folgendermaßen: Ehe ich dich im Mutterleib bildete, habe ich dich erkannt, und bevor du aus dem Mutterschoß hervorkamst, habe ich dich geheiligt; zum Propheten für die Völker habe ich dich bestimmt!" Jeremia 1,4-5

Was für eine herrliche Berufungsgeschichte! Gott kannte Jeremia schon bevor er ihn bildete. Nun kannst du sagen: „Das war ja auch ein großer Prophet."

Aber ich bin davon überzeugt, dass diese Worte, die der Herr an den jungen Jeremia richtete, genau die Worte sind, die er heute an dich richten will. Ich meine damit nicht, dass Gott dich unbedingt zum Propheten beruft. Es gibt noch so viele andere Berufungen.

Er hat dich erkannt und geheiligt (erwählt). Damit beginnt auch die Berufung Jeremias.

Das Wort „erkannt" ist ein wunderbares Wort. Im Hebräischen, in der alttestamentlichen Sprache, steht dort „yada" und es spricht für ein tiefes, intimes Erkennen. Es hat mit einer Erfahrung zu tun und ist kein distanziertes Erkennen, sondern du erlebst Gott. Damit fängt jeder Dienst an.

Der Dienst beginnt nicht damit, dass Gott zu uns sagt: „Jetzt musst du dieses und jenes für mich tun." Sondern er beginnt damit, dass Gott sagt: „Ich habe dich erkannt."

Im Markusevangelium heißt es als Jesus seine Jünger berief: *„Er berief die Jünger, damit sie bei ihm seien." Markus 3,14*

Er berief sie nicht, damit sie etwas tun. Sie sollten erst einmal bei ihm sein. Und aus dieser Beziehung heraus geschieht das Wirken.

Wenn Gott sagt, dass er uns erkannt hat, dann meint er eine tiefe Gemeinschaft, zu der er uns berufen hat. Zu dieser Gemeinschaft beruft Gott uns zuerst! Wenn Gott uns erkannt hat, dann bedeutet das, dass er uns erwählt hat, dass er seine Hand auf unser Leben gelegt hat. Das fängt dann an, wenn du an ihn glaubst.

Wenn du „Ja" zu Jesus sagst, dann nimmt dein Leben eine andere Richtung. Dann bekommt dein Leben Sinn und Zweck. Sage heute „Ja!" zu Jesus, denn Jesus hat schon lange „Ja!" zu dir gesagt.

Nun kommen wir zu dem zweiten Wort: „geheiligt". Heiligung bedeutet „abgesondert", „für etwas ganz besonderes erwählt sein". Das hat Gott auch für dein Leben.

Vielleicht bist du etwas skeptisch und denkst: „Für mich doch nicht." Aber ich sage dir: „Doch, genau für dich!"

Im Neuen Testament steht in *Epheser 1,4: „... wie er **uns in ihm auserwählt** hat vor Grundlegung der Welt, damit wir heilig und tadellos vor ihm seien in Liebe."*

Gott hat uns vor Grundlegung der Welt erwählt. Wann Gott den Grund der Welt gelegt hat, wissen wir nicht. Die Bibel (*1. Mose 1,1*) sagt einfach: *„Im Anfang schuf Gott Himmel und Erde."* Wir wissen nicht, wann es war, aber ich weiß, dass es war.

Auch hier steht mit dem Wort „erwählt", im griechischen „eklegomai", die Beziehung im Vordergrund. Wenn Gott uns erwählt, dann sind wir nicht nur „Arbeiter", oder „Werkzeuge", sondern vor allem anderen sind wir seine geliebten Kinder, die Er für sich auserwählt hat zum ewigen Leben und auch zu einem ganz besonderen, speziellen Dienst.

Am Theologischen Seminar hatte ich damals das Fach Ekklesiologie (die Lehre über die Gemeinde) belegt und unser Dozent sprach über dieses Wort. Er erklärte es sehr sachlich und fast etwas distanziert. Doch während er darüber sprach, hatte ich eine innere Schau, eine Offenbarung in meinem Geist. Ich sah und hörte, wie Gott, bevor er die Erde schuf, meinen Namen rief: „Michael". Es gibt viele Menschen, die diesen Namen tragen, aber Gott meinte mich. Er rief meinen Namen in das Universum hinein. Ich hatte einen Namen und war von Gott erwählt.

Stell dir das einmal bildlich vor, dass der allmächtige Gott, vor der Schöpfung (Grundlegung) der Welt, deinen Namen ins Universum hineinruft! In dem Wort „eklegomai" ist auch das Wort „rufen" enthalten. Er hat dich erwählt. Du hast einen Namen in der geistlichen Welt. Er hat dich ausgesondert für sich.

Unsere Namen sind bei Gott bekannt.

Im ersten Buch Mose steht die Geschichte vom Turmbau zu Babel. Die

Menschen wollten sich selbst „einen Namen machen."

„Und sie sprachen: Wohlan, lasst uns eine Stadt bauen und einen Turm, dessen Spitze bis an den Himmel reicht, dass wir uns einen Namen machen, damit wir ja nicht über die ganze Erde zerstreut werden!" 1. Mose 11,4

Nur, wer keinen Namen hat, muss sich einen Namen machen. Wir müssen uns keinen Namen machen, denn Gott hat uns gerufen. Er hat uns zu Folgendem berufen:

„Und er sprach zu ihnen: Geht hin in die ganze Welt und predigt das Evangelium der ganzen Schöpfung! Wer gläubig geworden und getauft worden ist, wird gerettet werden; wer aber ungläubig ist, wird verdammt werden. Diese Zeichen aber werden denen folgen, die glauben: In meinem Namen werden sie Dämonen austreiben; sie werden in neuen Sprachen reden; werden Schlangen aufheben, und wenn sie etwas Tödliches trinken, wird es ihnen nicht schaden; Schwachen werden sie die Hände auflegen, und sie werden sich wohl befinden. Der Herr wurde nun, nachdem er mit ihnen geredet hatte, in den Himmel aufgenommen und setzte sich zur Rechten Gottes. Jene aber zogen aus und predigten überall, während der Herr mitwirkte und das Wort durch die darauffolgenden Zeichen bestätigte. Markus 16,15-20

Damit das geschieht, musst du nicht auf der Bibelschule studieren. Jesus spricht hier von denen, die gläubig wurden. Er gab uns die Autorität, dass uns diese Zeichen folgen. Er hat uns erwählt, um zu herrschen.

„Und Gott sprach: Lasst uns Menschen machen nach unserem Bild, uns ähnlich; die sollen herrschen über die Fische im Meer und über die Vögel des Himmels und über das Vieh und über die ganze Erde, auch über alles Gewürm, das auf der Erde kriecht! Und Gott schuf den Menschen in seinem Bild, im Bild Gottes schuf er ihn; als Mann und Frau schuf er sie. Und Gott segnete sie; und Gott sprach zu ihnen: Seid fruchtbar und mehrt euch und füllt die Erde und macht sie euch untertan; und herrscht über die Fische im Meer und über die Vögel des Himmels und über alles Lebendige, das sich regt auf der Erde!" 1. Mose 1,26-28

Auch das ist unsere Berufung. Wir sollen herrschen; allerdings nicht übereinander. Nicht dass einer über den anderen herrscht und Befehle erteilt, sondern über die Sünde, über die Umstände, über Satan. Wir sollen im Sinne Gottes herrschen.

Wenn du nicht genau weißt, zu welchem speziellen Dienst Gott dich berufen hat, sind hier schon zwei sehr wichtige Dienste, zu denen wir alle berufen sind:

- Wir dürfen Zeugen Jesu sein mit Zeichen und Wundern. Das gilt auch heute noch!
- Wir sind berufen, in seinem Namen zu herrschen; und zwar für immer. *„Dort wird es keine Nacht geben, und man braucht weder Lampen noch das Licht der Sonne. Denn Gott, der Herr, wird ihr Licht sein, und **sie werden immer und ewig mit ihm herrschen.***" Offenbarung 22,5

Die wenigsten Christen heute leben bewusst in diesen zwei großen Berufungen, die wir alle haben.

2. Gott hat dich zu einem großen Dienst berufen.

„Da sprach ich: Ach, Herr, Herr, siehe, ich kann nicht reden, denn ich bin noch zu jung! Aber der Herr sprach zu mir: Sage nicht: »Ich bin zu jung«; *sondern du sollst zu allen hingehen, zu denen ich dich sende, und du sollst alles reden, was ich dir gebiete! Fürchte dich nicht vor ihnen! Denn ich bin mit dir, um dich zu erretten, spricht der Herr. Und der Herr streckte seine Hand aus und rührte meinen Mund an; und der Herr sprach zu mir: Siehe, ich lege meine Worte in deinen Mund! Siehe, ich setze dich am heutigen Tag über die Völker und über die Königreiche ein, um auszurotten und niederzureißen, und um zu zerstören und abzubrechen, um zu bauen und zu pflanzen."* Jeremia 1,6-10

Dieses Wort „Ach" am Anfang steht tatsächlich im hebräischen Grundtext. Gott vertraut Jeremia einen großen Dienst an und dieser antwortet mit: „Ach, ich kann nicht, ich bin zu jung…" Vielleicht sagst du: „Ich bin zu alt. Der Zug ist abgefahren." Oder: „Ich bin nur eine Frau." „Ich habe nicht studiert." „Ich habe dieses zu wenig und jenes zu wenig. Herr, ich kann nicht!"

Doch Gott sagt zu Jeremia und auch zu dir: „Sage nicht, …" Denn Gottes Wort geschah zu uns. Wenn es zu einer Offenbarung in deinem Leben wird, bewirkt das Wort Gottes genau das, was es aussagt. Das Wort Gottes ist nicht nur ein Gebot: „Du sollst dies und jenes tun", sondern es hat auch Kraft und bewirkt etwas in uns.

Der Dienst für den Herrn, zu dem Er uns berufen hat, egal wie dieser in deinem Leben speziell aussieht, ist immer ein großer Dienst, eine Bestimmung für dein Leben.

Du dienst mit ewigen Auswirkungen.

Der Dienst für Gott ist auch geistlicher Kampf. Wenn du dem Herrn dienst, dann baust du das Reich Gottes auf und in der unsichtbaren Welt werden sich Situationen verändern, die dann auch Auswirkungen auf die sichtbare Welt haben. Das bedeutet auch zu herrschen.

Es ist sehr wichtig, sich dessen bewusst zu machen, dass Gott in die Berufung Jeremias sein „Fürchte dich nicht!" spricht.

Der Dienst für Jesus ist immer ein großer Dienst. Jesus dienen bedeutet, Seine große Vision kennenzulernen und daran mitzuarbeiten. Ich arbeite mit an Gottes Vision.

Gottes Vision lautet: „Das Reich Gottes kommt, der Himmel kommt auf die Erde."

Das war auch die Vision der Apostel. Das hat sie bewegt. Das ist ein großer Dienst. Das hat die Nationen erschüttert.

„Dein Reich komme! Dein Wille geschehe wie im Himmel, so auch auf Erden!" Matthäus 6,10

Denk nicht, dass du Gott nur dienen kannst, wenn du im vollzeitlichen Dienst bist, zum Beispiel als Pastor oder auf der Bibelschule. Ich befürworte es durchaus, wenn Menschen sich im geistlichen Bereich ausbilden lassen, und fördere das auch gern. Aber die wenigsten von uns können das. Heißt es dann, dass sie Gott nicht dienen, oder nicht richtig dienen können? Man hört vielleicht auch die Aussage: „Irgendjemand muss doch das Geld reinbringen." Und es hat den Anschein, dass einige arbeiten müssen, damit andere studieren können. Doch das ist nicht die Wahrheit, die der Heilige Geist betonen möchte. Sondern wir lesen in der Schöpfungsgeschichte folgendes:

„Da bildete Gott der Herr den Menschen, Staub von der Erde, und blies den Odem des Lebens in seine Nase, und so wurde der Mensch eine lebendige Seele. Und Gott der Herr pflanzte einen Garten in Eden, im Osten, und setzte den Menschen dorthin, den er gemacht hatte." 1. Mose 2,7-8

Die Schöpfungsgeschichte zeigt uns, wie Gott ist. Hier wird ein Bild gemalt, dass wir uns diese vorstellen können. Gott bildete den Menschen, heißt es. Er schuf ihn nicht durch sein Wort, wie so viele andere Dinge. Stell dir Gott einmal als Bildhauer oder Künstler vor! Er formte den Menschen und hauchte ihm dann den Atem des Lebens ein, dass er eine lebendige Seele wurde. Danach pflanzte er einen Garten. Er sagte also nicht: „Es werde ein Garten." Er gestaltete ihn und setzte den Menschen dort hinein.

*„Und Gott der Herr nahm den Menschen und setzte ihn in den Garten Eden, **damit er ihn bebaue und bewahre**." 1. Mose 2,15*

Das Paradies war demzufolge kein Schlaraffenland, sondern Gott wollte, dass der Mensch dort schöpferisch tätig ist. Er sollte sich nicht abrackern. Das ist die Folge des Fluches: *„Mit Mühe sollst du dich davon nähren dein Leben lang;" 1. Mose 3,17*

In der Arbeit, wie Gott sie vorgesehen hat, findet der Mensch seine Erfüllung. Das bedeutet, dass unsere göttliche Berufung auch, oder gerade, in unserem Beruf stattfindet.

Jesus nachzufolgen, erschöpft sich nicht darin, zu beten, in den Gottesdienst zu gehen und in der Gemeinde mitzuarbeiten. Natürlich sollen wir dieses alles tun, aber wie viele Stunden sind wir denn wöchentlich in der Gemeinde tätig? Und was tun wir in der anderen Zeit? Unsere Berufung geschieht auch von Montag bis Freitag, während wir bei unserer täglichen Arbeit sind. Arbeit und Beruf sind auch unsere Berufung. Jede ehrliche Arbeit ist Gottes Berufung.

Martin Luther war der Meinung, dass die Magd, die den Stall auskehrt, Gott nicht weniger dient als der Priester, der die Messe liest. Die Arbeit in der Welt ist ebenso Gottesdienst wie das, was in der Kirche geschieht.

Gottes Berufung betrifft unser ganzes Leben. Gottesdienst findet für Christen nicht nur sonntags, sondern genauso auch montags am Arbeitsplatz oder in der Familie statt. Die Kirche Jesu ist gerufen, Salz und Licht für alle Bereiche der Gesellschaft zu sein.

Bekennende Christen sind in der Öffentlichkeit – von großartigen Ausnahmen abgesehen – leider rar geworden. Wir brauchen uns nicht wundern, wenn dann die biblischen Werte überall auf dem Rückzug sind. Reich Gottes wird nicht nur in kirchlichen Räumen und frommen Veranstaltungen gebaut.

Es sagte einmal jemand: „Höchste Zeit, dass die Kirche Jesu ihre Einigelungstaktik aufgibt und gerade auch junge Christen ermutigt, ihre Berufung darin zu sehen, als Christen ganz bewusst in die prägenden Bereiche unserer Gesellschaft hineinzugehen und sie in Gottes Sinn mitzugestalten."

Ich möchte hier einmal auf die prägenden Bereiche unserer Gesellschaft eingehen; auf die sogenannten „Sieben Berge".

1. Die Wirtschaft: Das ist der Bereich, von dem alle anderen Bereiche abhängen, wo Menschen entweder für die Herrlichkeit Gottes oder für die Herrlichkeit des Menschen arbeiten.

Alle Bereiche, die ich jetzt nenne, sind mehr oder weniger von Satan korrumpiert. „Oh", sagen manche Menschen, „dann halten wir uns besser fern. Wir wollen doch damit nichts zu tun haben, wo der Satan wirkt." Falsch, denn weißt du, was die Antwort Jesu darauf war, der wusste, dass die ganze Welt von Satan korrumpiert ist. Er ist bewusst in diese Welt gekommen, in der Satan herrscht.

2. Die Politik: Das ist die Ebene, auf der die Geschicke eines Landes zum Guten oder zum Bösen geführt werden.

In jungen Jahren hatte ich tatsächlich den Gedanken, in die Politik zu gehen. Das habe ich dann in unserer Gemeinde geäußert und bekam als Antwort: „Wir sind Christen. Du kannst als Christ doch nicht in die Politik gehen. Politik ist ein schmutziges Geschäft." Damals konnte ich dem zustimmen. Später aber, als ich noch einmal darüber nachdachte, fiel mir die Begebenheit ein, wo Jesus seinen Jüngern beim letzten Abendmahl die Füße wusch. Füße zu waschen war damals Sklavenarbeit.

Als Jesus zu Simon Petrus kam, sagte dieser: *„Nein, du sollst mir niemals die Füße waschen!« Jesus erwiderte: »Wenn ich dich nicht wasche, gehörst du nicht zu mir.« Da rief Simon Petrus: »Dann wasche mir auch die Hände und den Kopf, Herr, und nicht nur die Füße!« Jesus erwiderte: »Wer gebadet hat, braucht sich – ausgenommen die Füße – nicht zu waschen, um völlig rein zu sein. Ihr seid rein, …" Johannes 13,8-10*

Damit wollte Jesus nicht sagen, dass die Füße, die im Staub der Straßen liefen, sauber gewaschen werden mussten. Es geht hier um eine prophetische Deutung: Wir sind alle rein, um des Wortes willen, aber mit den Füßen – es ist ein Bild für unseren Wandel – gehen wir in dem Dreck dieser Welt. Jesus möchte, dass wir in diesem Dreck gehen und immer wieder gereinigt werden. Wir sind seine Botschafter.

3. Die Medien: In diesem Bereich werden gute oder schlechte Nachrichten, Wahrheit oder Lüge verbreitet.

Ich empfinde, dass wir heutzutage sehr einseitig informiert werden und wir brauchen Menschen, die die Wahrheit sagen.

4. Die Unterhaltung/Kunst: In diesem Bereich werden Werte und Tugenden entweder gefeiert oder verdreht.

5. Die Bildung und Erziehung: Hier wird der Mensch hin zu oder weg von Gott geführt.

6. Die Familie: In diesem Bereich wird Segen oder Fluch an unsere Kinder weitergegeben.

7. Religion: Das ist der Bereich, wo Menschen Gott in „Geist und Wahrheit" anbeten oder sich mit religiösen Ritualen begnügen.

In unserer Gesellschaft ist es so, dass wir einen griechischen Dualismus leben. Dieses Denken kommt von einem griechischen Philosophen, der lange vor Christi Geburt lebte. Aber seine Gedanken geistern immer noch stark in unseren Köpfen herum. Platon teilte die Welt ein in eine Welt der erhabenen Gedanken und in eine niedrige Welt. Das Erhabene sind die Gedanken, Ideen und Philosophien. Das ist das Gute und Geistliche. Das Niedrige ist zum Beispiel Arbeit oder Sexualität. Und so lehrte er einen Dualismus. So haben die, die mit vermeidlich geistlicher Arbeit beschäftigt waren, herabgeschaut auf die, die nur „normaler Arbeit" nachgegangen sind.

Die Juden, die Hebräer, haben das vollkommen anders gesehen. Sie haben das Leben zusammenhängend gesehen. Alles, was du tust, ist ein Dienst für Gott. Die gelehrten Rabbis im Judentum hatten meistens auch einen handwerklichen Beruf; denken wir an Paulus. Der wahrscheinlich größte Theologe aller Zeiten war Zeltmacher.

Wir alle sind in verschiedenen Bereichen von Arbeit irgendwo unterwegs und es ist wichtig, dass wir dort unsere Dienste ganz bewusst als Christen ausüben.

Stelle dir einmal ganz bewusst vor, dass, wenn du Montag zur Arbeit gehst, oder zur Schule, oder den Haushalt machst, du einen geistlichen Dienst versiehst!

3. Gott ist mit dir, denn Jesus lebt in uns.

„Du aber, gürte deine Lenden, mache dich auf und rede zu ihnen alles, was ich dir gebieten werde! Sei nicht verzagt vor ihnen, damit ich dich nicht vor ihnen verzagt mache! Siehe, ich mache dich heute zu einer festen Stadt und zu einer eisernen Säule und zu einer ehernen Mauer gegen das ganze Land, gegen die Könige von Juda, gegen ihre Fürsten, gegen ihre Priester und gegen das Volk des Landes; sie werden zwar gegen dich kämpfen, aber sie werden dich nicht überwältigen; denn ich bin mit dir, spricht der Herr, um dich zu erretten!" Jeremia 1,17-19

Gott hat einen Plan für dein Leben!

So eine starke Berufung, wie Gott dem Propheten Jeremia gegeben hat, hast auch du von ihm erhalten. Gott will dich gebrauchen, sicher auf einer anderen Ebene als seinerzeit Jeremia, aber ich möchte dich heute ermutigen, diese Berufung zu entdecken, und dann auch ganz bewusst im Glauben auszuüben. Du darfst dir Jeremia als ein wunderbares und wegweisendes Vorbild nehmen!

Lebe deine Berufung!

DAS ENDE DES VERKLÄGERS – TEIL 1

- BEFREIT, UM ZU SEGNEN -

Wir alle stehen in einem geistlichen Kampf. Und manche Menschen denken, dass sich dieser geistliche Kampf darin erschöpft, indem wir laut und gebieterisch beten; vielleicht sogar den Teufel anschreien. Doch wenn ich in die Bibel schaue, dann fällt mir auf, dass unser geistlicher Kampf in erster Linie durch unsere innere Haltung geführt wird; so wie wir uns positionieren.

Aber, keine Angst, denn dieser Kampf ist bereits gewonnen durch den Tod und die Auferstehung Jesu. Er hat den Teufel endgültig besiegt und hat uns damit den Eintritt in das Reich Gottes ermöglicht. In diesem Reich sind wir unangreifbar für den Teufel. Von diesem Sieg aus führen wir heute diesen Kampf. Wenn du an Jesus glaubst, wirst du ein Feind des Teufels, wusstest du das? Nun sagst du vielleicht: „Dann will ich besser nicht an Jesus glauben." Doch ich sage dir: „Wenn du nicht an Jesus glaubst, bist du ein Opfer des Teufels."

Diese objektive Tatsache des Sieges über den Teufel soll auch subjektiv in deinem Leben sichtbar werden.

1. Was ist nun der Herrschaftsbereich der Finsternis?

Wir betrachten hier einen sehr wichtigen Aspekt des Sieges über Satan.

„Dann hörte ich eine laute Stimme durch den Himmel rufen: »Jetzt ist es geschehen: Die Rettung und die Kraft und das Reich unseres Gottes und die Macht seines Christus sind da! Denn der Ankläger unserer Brüder, der sie Tag und Nacht vor unserem Gott verklagte, wurde auf die Erde hinabgeworfen. Sie haben ihn durch das Blut des Lammes besiegt und dadurch, dass sie an der Botschaft Gottes festhielten und bereit waren zu sterben. Freut euch, ihr Himmel! Und ihr, die ihr in den Himmeln wohnt, jubelt! Doch über die Erde und das Meer wird Schrecken kommen. Denn der Teufel ist voller Zorn zu euch hinabgekommen, und er weiß, dass ihm nur wenig Zeit bleibt!" Offenbarung 12,10-14

Dies ist eine Begebenheit, bei der wir uns fragen müssen: Wann ist dieses geschehen? Wovon spricht die Bibel hier? Von welcher Zeit berichtet uns diese Bibelstelle?

Offenbarung heißt Apokalypse, was übersetzt wird mit „Enthüllung". Uns wird etwas enthüllt, das uns vorher verborgen war.

Es gab eine Zeit, da hatte der Satan Zugang zum Himmel. Zweimal lesen wir im Buch Hiob, dass eine Konferenz im Himmel stattfand und die Engel vor Gottes Thron erschienen. Der Satan war auch dabei.

„Es begab sich aber eines Tages, da die Gottessöhne kamen und vor den Herrn traten, kam auch der Satan unter ihnen. Der Herr aber sprach zu dem Satan: Wo kommst du her? Der Satan antwortete dem Herrn und sprach: Ich habe die Erde hin und her durchzogen" Hiob 1,6-7

Aber er ist vom Himmel gestürzt worden. Ich bin fest davon überzeugt, dass dies geschah, als Jesus die Erlösung vollbracht hat. Von diesem Augenblick an hat sich alles verändert.

Jesus spricht von demselben Ereignis zu seinen Jüngern: *„Ich sah den Satan wie einen Blitz vom Himmel fallen. Siehe, ich gebe euch die Vollmacht, auf Schlangen und Skorpione zu treten, und über alle Gewalt des Feindes; und nichts wird euch in irgendeiner Weise schaden."* Lukas 10,18-19

Weil der Teufel auf die Erde geworfen wurde, hat Jesus uns diese Vollmacht, auf Schlangen zu treten und Gewalt über den Feind zu haben, gegeben. Also müssen wir keine Angst mehr haben. Das, was zuerst bedrohlich aussieht, ist, wenn wir es von dieser Wirklichkeit her betrachten, keine Bedrohung mehr, sondern eine Möglichkeit, den Feind zu entmachten; den Sieg Jesu auf dieser Erde durchzusetzen. Dies ist unser Auftrag, um das Reich Gottes auf Erden sichtbar zu machen.

Satan hat heute keinen Zugang mehr zum Himmel. Wer hat stattdessen Zugang bekommen im Neuen Bund? Wir!

Es heißt: *„Er hat uns mitauferweckt und **mitversetzt in die himmlischen Regionen** in Christus Jesus."* Epheser 2,6

Wir sitzen dort im Himmel; also geistlich gesehen, nicht körperlich. Wir haben Zugang, doch der Teufel versucht durch uns Einfluss zu nehmen. Das ist sein perfides Spiel, das er treibt.

Als Jesus gestorben ist, lesen wir, zerriss der Vorhang im Tempel, der das Allerheiligste – ein Bild für Gottes Welt – vor den Menschen verbarg, von oben nach unten. *(Matthäus 27,51)*

Jetzt ist der Zugang für uns frei und der Teufel ist entmachtet worden.

Wer wurde also vom Himmel hinabgestürzt? Satan, der Verkläger, wurde hinabgestürzt. Satan heißt eigentlich Feind, Ankläger, Gegner. Er ist gegen dich. Paulus betont im Epheserbrief, dass unser Feind nicht die Menschen sind, sondern dass sich unser Kampf gegen die finsteren Mächte richtet. *(Epheser 6,12)*

In der Offenbarung heißt es, dass ein Kampf im Himmel stattfand. Der

Erzengel Michael kämpfte gegen den Drachen und dieser verlor den Kampf. Er wurde auf die Erde geworfen und riss mit seinem Schwanz ein Drittel der Sterne des Himmels – das sind die Engelsmächte, die an seiner Seite standen – mit sich. Es war eine Rebellion und der Teufel wurde aus dem Himmel geworfen. Jetzt ist er hier auf der Erde, wo er wirkt.

„Und es entstand ein Kampf im Himmel: Michael und seine Engel kämpften gegen den Drachen; und der Drache und seine Engel kämpften; aber sie siegten nicht, und ihre Stätte wurde nicht mehr im Himmel gefunden."
Offenbarung 12,7-8

Das finstere Werk des Verklägers ist also folgendes: Da er selbst nicht mehr im Himmel erscheinen kann, versucht er sein Werk durch uns, die Erlösten, weiterzuführen. Er versucht, Menschen zu benutzen.

Als ich zwanzig Jahre alt war, absolvierte ich meinen Zivildienst im Ruhrgebiet und hatte eine Kollegin mittleren Alters, mit der ich mich sehr gut verstand. Sie ging jeden Sonntag in die Kirche und berichtete mir dann in der kommenden Woche, worüber ihr Pastor gepredigt hatte. Im Gegenzug erzählte ich aus meiner Gemeinde und wir hatten eine schöne Gemeinschaft. Eines Tages hatte sie einen Konflikt mit einer anderen Pflegerin und kam wutentbrannt auf mich zugestürmt; mit hochrotem Kopf und Haaren, die ihr buchstäblich zu Berge standen. Sie sagte: „Michael, jetzt weiß ich, dass der Teufel gar nicht in der Hölle ist. Er ist hier auf der Erde." Ich antwortete ihr: „Ja, so ist es."

Der Teufel wirkt hier auf Erden in dem Bereich, den die Bibel die „unsichtbare Welt", beziehungsweise die „Himmelswelt" (griechisch epouranus = die Dinge zwischen Himmel und Erde) nennt. Dieser Bereich „die Himmelswelt", der das Bewusstsein der Menschen ständig umgibt, ist der geistliche Herrschaftsbereich, von wo aus der Teufel die Weltherrschaft anstrebt. Von dort aus startet der Teufel seinen Feldzug gegen die Gemeinde; durch Verklagen und Verleumden.

Wenn nun der Teufel nicht im höchsten Himmel ist, wie kann er dann die Heiligen vor dem Thron Gottes anklagen? Auch wenn dem Teufel kein direkter Zugang zu Gott gewährt wird, kann er doch in unsere Gedanken und Worte eindringen.

Wenn wir notorisch die Fehler anderer hervorheben, wenn wir für übles Geschwätz und negative Kritik immer eine gute Ausrede haben, dann stellen wir eigentlich Satan unsere Zunge zur Verfügung, mit der er die Brüder anklagt! Beachte diesen Zusammenhang!

„Denn es wird geoffenbart Gottes Zorn vom Himmel her über alle Gott-

losigkeit und Ungerechtigkeit der Menschen, welche die Wahrheit durch Ungerechtigkeit aufhalten, ..." „Und gleichwie sie Gott nicht der Anerkennung würdigten, hat Gott auch sie dahingegeben in unwürdige Gesinnung, zu verüben, was sich nicht geziemt, als solche, die voll sind von aller Ungerechtigkeit, Unzucht, Schlechtigkeit, Habsucht, Bosheit; voll Neid, Mordlust, Streit, Betrug und Tücke, solche, die Gerüchte verbreiten und Verleumder sind ... „Römer 1,18.28-29

Der Apostel Paulus schreibt hier von den Menschen seiner Zeit und das trifft auch auf die Menschen unserer Zeit zu. Er stellt die Menschen, die Gerüchte verbreiten und andere verleumden, gleich mit Mördern, Dieben und Betrügern. Dieses alles kommt von Satan, und wenn wir das bereitwillig aufnehmen und weitergeben, stellen wir unsere Zunge und unsere Gedanken dem Feind zur Verfügung.

2. Wie sieht nun das Werk des Verklägers aus? Wie tut er das?

Das Heil, die Erlösung, die Kraft, und das Reich Gottes, sowie die Macht Christi auf Erden sind geschehen und sollen mehr und mehr durch uns offenbar werden.

Heute kann jeder Teil des Volkes Gottes, der sich aufmacht, um frei von Kritiksucht und Nörgelei zu leben und seinen Blick auf die Reinheit, die Liebe und das Gebet füreinander richtet, den Geist empfangen, der hinter dieser ewigen Realität steht.

Im Grunde gibt es zwei Dienste vor dem Thron Gottes: den des Anklägers und den des Fürbitters.

Natürlich gibt es in der Gemeinde auch Missstände, die korrigiert werden müssen. Aber wir dürfen im Geiste Jesu korrigieren. Und wie das geschehen kann, ist von Gott festgeschrieben:

„Brüder, wenn auch ein Mensch von einer Übertretung übereilt würde, so helft ihr, die ihr geistlich seid, einem solchen im Geist der Sanftmut wieder zurecht; und gib dabei acht auf dich selbst, dass du nicht auch versucht wirst!" Galater 6,1

Das Motiv sollte sein, einen Menschen oder eine Situation wieder „zurechtzubringen".

Eine Anklage gegen einen Ältesten sollte nicht angenommen werden, *„außer bei zwei oder drei Zeugen" 1.Timotheus 5,19.* Die „Zeugen", von denen hier die Rede ist, sind Augenzeugen, nicht „Zeugen", deren Aussage sich nicht auf greifbare Tatsachen, sondern vielmehr auf einen

„Eindruck" stützt.

Allzu oft sind diese sogenannten „Zeugen" Gesandte der Hölle, die die Atmosphäre in einer Gemeinde durch Gerüchte und Geschwätz vergiften sollen. Sie wurden extra dafür gesandt.

Wenn man den in der Schrift vorgezeichneten Weg, um eine Situation wieder in Ordnung zu bringen, nicht befolgt, kann das sehr leicht dazu führen, dass man die Fehler der anderen mit der Lupe sucht, negative Kritik übt und richtet – und das eventuell sogar „Offenbarung", oder „ein Wort der Erkenntnis" nennt. Dies ist ein Zeichen dafür, dass der „Verkläger der Brüder" die Gemeinde angreift. Wo diesen Sünden Raum gegeben wird, zieht sich der Heilige Geist zurück. Nur noch wenige bekehren sich, viele sind kraftlos und die geistliche Autorität bröckelt. So eine Gemeinde ist aufs äußerste gefährdet.

Jemand, der einer Gemeinde Christi Korrektur bringt, muss dafür mit dem Sinn Christi gesalbt sein. Christus ist es, „der auch für uns eintritt". Römer 8,34

Und in Hebräer 7,25 heißt es, dass Er dieses immer und immer und immer wieder tut.

Gott ruft uns auf, einander nicht zu richten, sondern füreinander zu beten. Wenn wir im Leib Christi einen Mangel sehen, müssen wir beten und nicht einfach nur Kritik üben. Wir dürfen wie Christus aufbauen und wiederherstellen und nicht dem Verkläger der Brüder auch noch nach dem Mund reden und kein gutes Haar am anderen lassen.

Wie sollte unsere Reaktion sein, wenn Dinge schieflaufen? Wir werden immer in Gemeinden sein, in denen Dinge schiefgehen.

Ich möchte hier eine Geschichte erzählen von einem mir unbekannten Mann, die ich einmal gelesen habe:

„Vor vielen Jahren war ich Mitglied in einer landesweiten christlichen Organisation, die wirklich eine Vision von Gott hatte, aber eben auch einige schwerwiegende Probleme. Zu dieser Zeit war ich Leiter einer kleinen Gemeinde und hatte das Gefühl, dass wir diese Gruppe wegen der Dinge, die im Argen lagen, verlassen sollten. Wir begannen gemeinsam vierzig Tage lang, den Herrn intensiv zu suchen und zwischendurch immer wieder zu fasten. Gegen Ende dieser Zeit schrieb ich eine Liste aller Probleme und zeigte sie Gott. Ich betete: „Herr, schau dir die Fehler dieser Menschen an und zeige uns, was wir tun sollen." Der Herr antwortete prompt: „Hast du all diese Dinge selbst gesehen?" „Ja, Herr", sagte ich, „ich habe ihre Sünden selbst gesehen." Darauf sprach er: „Ich auch, aber ich bin für sie gestorben. Gehe hin und tue das gleiche!" Von dem Tag an fand ich die Gnade vor Gott, immer danach zu streben, in meinem Dienst aufzubauen und zu beten. "

Wie wir auf Sünde und Schwierigkeiten reagieren, zeigt inwieweit wir Christus ähnlich geworden sind.

- Wenn wir Schwächen im Leib Christi sehen, sollen wir stärken.
- Wenn wir Sünde sehen, sollen wir ein untadeliges Vorbild sein.
- Wenn wir Angst sehen, sollen wir ermutigen.
- Wo wir eine fleischliche Gesinnung sehen, sollen wir mit Heiligkeit antworten.

Wir sollen Fürbitter werden und genau bei diesen neuralgischen Punkten verharren, bis der Leib Christi in diesem Bereich aufgebaut ist.

Hütet eure Zunge!

Wenn wir annehmen, Gott habe unsere Worte, die wir im Verborgenen flüsterten, nicht gehört, dann irren wir uns, denn er sagt vielmehr: „... kein Geschöpf ist vor ihm unsichtbar, sondern **alles ist enthüllt und aufgedeckt** vor den Augen dessen, mit dem wir Rechenschaft zu geben haben." Hebräer 4,13.

Es heißt doch auch: „...deswegen wird alles, was ihr in der Finsternis gesprochen haben werdet, im Licht (das heißt: bei Gott) gehört werden..." Lukas 12,3

Gott, der das Licht ist, hört die Stimme des Verklägers, auch wenn dieser sich in der Sicherheit wiegt, nur in Gegenwart eines Vertrauten gesprochen zu haben.

Mir wurde bewusst, dass auch dein und mein ganzes Leben, wenn wir an Jesus glauben, ein Gebet ist. Unsere Worte haben Autorität, auch wenn wir sie nicht direkt als Gebet zu Gott sprechen. Deswegen sollen wir einander segnen, Gutes übereinander aussprechen, natürlich auch ermahnen. Wir haben ja gelesen, wie wir das tun sollen.

Vieles von dem, was der Vater verheißen hat, wird dem Leib Christi durch unser Bekenntnis zuteil. Es geht hier nicht nur um ein bewusst ausgesprochenes Gebet des Bekenntnisses; es geht um alles, was aus unserem Mund kommt.

Jesus selbst sagte: „..., dass die Menschen von jedem unnützen Wort, das sie reden, Rechenschaft geben müssen am Tag des Gerichts" Mat-

thäus 12,36.

Das griechische Wort für „unnütz" ist „argos" und bedeutet auch „stolz, oder faul". Manche Bibelausgaben übersetzen es auch als „giftiges Wort". Es zerstört und klagt an.

Wovon das Herz voll ist, fließt der Mund über. Christus, der *„Hohepriester unseres Bekenntnisses" Hebräer 3,1,* nimmt unsere Worte an, gleichgültig ob sie im Glauben oder im Unglauben ausgesprochen wurden.

Über eine zügellose Zunge heißt es, dass sie *„...den Lauf des Daseins entzündet und von der Hölle entzündet wird" Jakobus 3,6*

Das ist das einzige Mal, dass in den Briefen des Neuen Testamentes das Wort „Hölle" gebraucht wird. Es wird nicht in Verbindung mit Mord oder Unzucht gebraucht.

Wenn wir einander unterstützen, lieben und beschützen, werden wir selbst schnell wachsen und beschützt werden. Wenn wir jedoch am anderen kein gutes Haar lassen, ihn kritisieren und verklagen, reden wir dem Ankläger nach dem Mund. Und wir werden über jedes unnütze und böse Wort Rechenschaft ablegen müssen.

Gott hört, was wir sagen und dementsprechend werden auch unsere Lebensumstände aussehen.

Folglich müssen wir verstehen, dass jeder Gedanke oder jede noch so vertrauliche Unterhaltung mit einem Menschen, ein Gebet zum Vater ist, der alles sieht; auch das, was im Verborgenen geschieht.

Diese Gebete, die wir nicht direkt an Gott richten, gehören genauso zu unserem Bekenntnis wie unser „Herr, bitte..." und sind auch genauso einflussreich, weil Gott uns respektiert, ernst nimmt und uns viel Autorität gegeben hat. Wir können nicht sagen: „Jetzt haben wir Autorität und jetzt nicht", je nachdem, ob wir Gutes oder Schlechtes sprechen. Sondern Gott sieht unser Leben und jedes Wort gleich an.

Was wir übereinander und einander sagen, sollte genauso respektvoll sein, wie das, was wir zu Gott sagen. Denn er hört wirklich!

Ich möchte hier noch auf die Sprachenrede, die Feuerzungen, eingehen.

Wir lesen im Buch Jesaja, dass der Prophet Jesaja eine Gotteserscheinung, eine sogenannte Theophanie, hatte und beschreibt, ähnlich wie die anderen Propheten Hesekiel oder Johannes, was er sieht. Er sieht die Heiligkeit und wie die Pfosten des himmlischen Tempels erbeben, als der Lobpreis beginnt. Und dann auf einmal erkennt er: *„Wehe mir, denn ich bin verloren. Denn ein Mann mit unreinen Lippen bin ich, und mitten in einem Volk mit unreinen Lippen wohne ich." Jesaja 6,5.*

Das hat ihm keiner gesagt, auch Gott nicht, aber er merkt es selbst. Er sieht die Heiligkeit Gottes und erkennt, dass er ein Mann mit unreinen Lippen ist. Dann kommt ein Engel mit glühenden Kohlen vom Altar und berührt damit seine Lippen. Da wurde er rein. Das erinnert mich an Pfingsten.

Als der Heilige Geist über Jesus kam bei Seiner Taufe durch Johannes, manifestierte Er sich in Form einer Taube. An Pfingsten zeigte Er sich jedoch in Form von Feuerzungen. Hier geht es nicht nur um das Reden in anderen Zungen, sondern um „Feuerzungen". Es geht um Zungen, die durch das Feuer auf Gottes Altar von negativer Kritik und dem Anschwärzen anderer gereinigt sind.

Wenn ich in Sprachen rede, rede ich mit einer Sprache, in der ich noch nie gesündigt habe.

Anstatt über die Sünden und Fehler anderer zu sprechen, müssen wir Gott um Gnade bitten, dass unserer gemeinsamen Not geholfen wird. In der Fürbitte müssen wir mit einem brennenden Herzen für die Menschen eintreten, für die Jesus starb. In Offenbarung 12 sehen wir, wie der Verkläger der Brüder überwunden wird.

Jeder muss für sich den Verkläger der Brüder, den Jesus besiegt hat, hinabstürzen. Deshalb hat Jesus uns Autorität gegeben, die wir sehr dringend brauchen und auch anwenden müssen.

Es sind mehr Gemeinden durch den Verkläger der Brüder und seine Krittelei zerstört worden als durch Unmoral oder den Missbrauch von Gemeindegeldern. In unserer Gesellschaft ist die Krittelei in vielen Kreisen förmlich zu einem Dienst erhoben worden.

Doch der Herr hat verheißen, dass in Seinem Haus die gegenseitige Anklage durch Gebet ersetzt werden wird und die Kritiksucht durch Liebe, die eine Menge Sünden zudeckt.

Der Dienst des Verklägers der Brüder besteht darin, auf allen Ebenen Beziehungen anzugreifen. Wenn man sich seinen Angriffen nicht entgegenstellt, bringt er immer den Fortschritt der betreffenden Gemeinde zum Stillstand.

So wollen wir dem Verkläger der Brüder kein Gehör schenken, sondern vielmehr unsere Brüder segnen, ermutigen und lieben. Das ist Gottes Wille für unser Leben.

DAS ENDE DES VERKLÄGERS – TEIL 2

- BEFREIT, UM ZU SEGNEN -

„Und ich hörte eine laute Stimme im Himmel sagen: Nun ist gekommen das Heil und die Macht und das Reich unseres Gottes und die Herrschaft seines Christus! Denn hinabgestürzt wurde der Verkläger unserer Brüder, der sie vor unserem Gott verklagte Tag und Nacht. Und sie haben ihn überwunden um des Blutes des Lammes und um des Wortes ihres Zeugnisses willen und haben ihr Leben nicht geliebt bis in den Tod! Darum seid fröhlich, ihr Himmel, und die ihr darin wohnt! Wehe denen, die auf der Erde wohnen und auf dem Meer! Denn der Teufel ist zu euch herabgekommen und hat einen großen Zorn, da er weiß, dass er nur wenig Zeit hat.“ Offenbarung 12, 10-12

Der Teufel ist auf die Erde geworfen und versucht nun sein finsteres und perfides Werk durch uns Menschen weiterzuführen.

„Tod und Leben liegen in der Gewalt der Zunge“, so heißt es in *Sprüche 18,21.* Unsere Worte haben Macht. Das weiß auch Satan. Darum möchte er unsere Worte übernehmen, die wir dann in einem Geist der Anklage gegeneinander richten. Dieser Geist ist nicht gut, denn er ist der Geist des Bösen.

Ist dir schon einmal aufgefallen, wenn du die Bibel liest, dass im Neuen Testament viel mehr über den Teufel geredet wird als im Alten Testament? Im Neuen Testament wird deutlich, dass wir Autorität über den Feind bekommen haben. *„Und sie haben ihn überwunden...“ (Offenbarung 12,11)* heißt es. Das haben wir!

Gott möchte, dass in Seinem Haus die gegenseitige Anklage durch Gebet ersetzt wird, und die Kritiksucht durch Liebe. Von der Liebe heißt es, dass sie eine Menge von Sünden zudeckt.

Der Dienst des Verklägers besteht darin, auf allen Ebenen Beziehungen anzugreifen und Schuld zuzuweisen.

„Einer muss schuld sein!“ Selbst wenn ein Fehler wieder gutgemacht ist, sucht mancher noch nach einem Schuldigen. Aber so soll es in der Gemeinde nicht sein. Das hat Gott nicht vorgesehen für uns.

Satan ist hinabgeworfen. Das ist eine geistliche Beurteilung. Damit sagt Gott: „Er hat in meinem Reich und in meiner Gemeinde nichts zu suchen.“

Wenn man sich diesen Angriffen nicht entgegenstellt, bringen sie ausnahmslos den Fortschritt der betreffenden Gemeinde zum Stillstand.

Im Judasbrief (Vers 16) wird von Personen geschrieben, die sich heimlich in die Gemeinde eingeschlichen haben. Von ihnen heißt es, dass es Leute sind, die ständig nörgeln und sich beschweren.

Doch dann kann man lesen: Sie, die Gläubigen, haben ihn, den Satan, überwunden. Wie haben sie das getan? Durch das Blut des Lammes; durch das Blut Jesu.

Damals als das Volk Israel im Begriff war, aus Ägypten und der Sklaverei auszuziehen, als die letzte Plage über Ägypten kommen sollte, da sprach Gott zu Seinem Volk, dass sie ein Lamm schlachten und mit diesem Blut die Pfosten ihrer Haustüren bestreichen sollten. Wenn dann der Verderber kommt und das Blut sieht, wird er an ihnen vorüberziehen. An dem traditionellen Passafest, welches die Juden heute noch feiern, wird sich daran erinnert. Passa heißt „Vorübergehen".

Ich stelle mir vor, wie der Verderber an ihren Häusern vorüberging und keinen Einlass fand, weil sie geschützt waren durch das Blut des Lammes. Das ist heute noch so.

Jetzt geht es weiter in der Bibel. Im *Hebräerbrief Kapitel 10,4* steht geschrieben, dass *„das Blut von Tieren unsere Sünde nicht wegnehmen kann."* Das Tieropfer, welches Gott selbst geboten hat, kann die Sünde nur für eine gewisse Zeit bedecken, bis das wahre Opfer kommt. Das Lamm Gottes, Jesus, hat die Sünde ein für alle Mal gesühnt und weggenommen.

Deshalb sagt Johannes, als er Jesus sieht: *„Seht, das ist das Lamm Gottes, das die Sünde der Welt wegnimmt." Johannes 1,29*

Auf dieser Erde leben circa acht Milliarden Menschen. Wenn nun alle gerecht wären und immer alles richtig gemacht hätten und ich müsste dann sagen: „Ich habe nicht alles richtig gemacht", dann wäre Jesus nur für mich gestorben. Das kann jeder für sich in Anspruch nehmen, denn die Strafe liegt auf Ihm zu meinem und zu deinem Frieden.

Geistlich gesehen fließt ein und dasselbe Blut durch uns und macht uns buchstäblich zu einem Leib, für den es nur eine Quelle der Reinigung und des Lebens gibt. Ein und dasselbe Blut macht uns zu einer Familie: durch Blut erlöst und blutsverwandt. Das Blut ist der Preis für unsere Erlösung und entwaffnet den angreifenden Verkläger. Durch das Blut können wir demütig statt selbstgerecht werden, denn das vergossene Blut spricht davon, dass wir alle Jesus brauchen.

Der Satan klagt nicht nur uns gegenseitig an, sondern er klagt in dir auch Gott an. Ich kenne Menschen, die sehr wütend auf Gott und bitter Ihm gegenüber sind.

Er klagt auch dich selbst an. In *Offenbarung 12,9* lesen wir, dass er den ganzen Erdkreis verführt. *„Der große Drache ist niemand anders als der Teufel oder Satan, die listige Schlange, die schon immer die ganze Welt verführt hat."*

Er ist so böse und finster, dass er dich und mich zur Sünde verführt. Und wenn du dann in Sünde gefallen bist, sagt er dir: „Wie kannst du nur? Für das, was du getan hast, gibt es jetzt keine Erlösung mehr. Schon zum hundertsten Mal hast du Gott versprochen: „Ich tue es nie wieder."

Ein Tipp am Rande: Sage niemals: „Ich tue das nie wieder", denn in dem Moment zapfst du deine eigenen Kräfte an. Stattdessen solltest du sagen: „Ich möchte es nicht mehr tun. Herr, bitte gib mir dafür die Kraft." Wenn du es wieder tust, ist Seine Vergebung da.

Die Strategie des Teufels besteht darin, uns mit Schuldgefühlen zu lähmen und uns das Gefühl zu geben, völlig unwürdig und unzulänglich zu sein. Aus diesem Grund *„verklagt er uns Tag und Nacht vor unserem Gott"* (Offenbarung 12,10).

Ich habe schon oft erlebt, dass Menschen sehr zerknirscht wegen ihrer eigenen Sünde sind. Sie weinen, jammern und denken, dass sie dann besonders geistlich sind, wenn sie sich selbst anklagen. Doch die Selbstanklage kommt nicht von Gott, sie ist nicht biblisch, sondern die Strafe liegt auf Ihm. Wenn wir diese Wahrheit verstehen, macht sie uns frei.

Nun könnte mancher vielleicht denken: „Wenn man das so sieht, geht man vielleicht leichtfertig mit der Sünde um." Das Gegenteil ist der Fall. Wenn ich wirklich verstehe, was das Blut des Lammes bedeutet und was es Jesus gekostet hat, gehe ich nicht mehr leichtfertig mit der Sünde um.

Der Heilige Geist deckt auch Sünde auf. Aber Er zeigt immer einen Ausweg – das Kreuz. Das tut der Teufel nicht, sondern er verführt dich und danach verklagt er dich.

Wir könnten die Frage stellen: „Wenn das so ist, warum bringt Gott Satan dann nicht zum Schweigen?" Die Antwort lautet: „Gott wird nicht das für uns tun, was wir selbst tun sollen, weil Er uns die Mittel dazu gegeben hat." Denn es heißt: *„Sie, die Gläubigen, haben ihn überwunden."* (Offenbarung 12,11) Er hat uns geistliche Waffen gegeben, mit denen wir jede Anklage, die Satan gegen uns vorbringen mag, wirkungslos machen können. Auf jede Anklage Satans können wir erwidern, dass das Blut, das Jesus für uns vergossen hat, uns völlige und vollkommene Versöhnung gegeben hat. Aus diesem Grunde sind wir nicht schuldig.

„Doch keine Waffe, die gegen dich geschmiedet wird, wird erfolgreich sein. Und wer dich vor Gericht verklagt, den wirst du widerlegen. Alle diese Dinge werden den Dienern des Herrn zugutekommen; von mir wird ihre Rechtfertigung ausgehen. Ich, der Herr, gebe darauf mein Wort!"
Jesaja 54,17

Einige Verse zuvor beschreibt Jesaja, wie er einen Blick in die geistliche Welt werfen darf und sieht, dass der Teufel Waffen gegen uns schmiedet. Doch keine davon wird gegen die Gläubigen erfolgreich sein.

Wir haben uns bisher in der Offenbarung angesehen, dass die Gläubigen durch das Blut des Lammes überwunden haben. Ein zweiter Punkt lautet, dass sie durch das Wort ihres Zeugnisses überwunden haben.

„Denn das Zeugnis Jesu ist der Geist der prophetischen Rede." *Offenbarung 19,10*

Es gehört noch mehr dazu, als anderen zu erzählen, was Gott für dich getan hat.

Um den Feind wirklich unterwerfen zu können, müssen wir prophetisch leben und denken lernen. Das heißt, wir müssen einander so sehen, wie Gott uns sieht, und den Anfang und das Ende kennen; wir müssen mit einer Vision leben und bekennen, dass wir Glauben füreinander haben. Wenn wir das lebendige Wort Gottes kennen und aussprechen, werden wir die Täuschungen des Feindes zerschlagen können.

„Timotheus, mein Sohn, dies ist mein Gebot für dich, wie es dem entspricht, was die Propheten schon früher über dich vorausgesagt haben. Ihre Voraussagen sollen dich stärken, den guten Kampf zu kämpfen."
1.Timotheus 1,18

Paulus ermutigt Timotheus hier, auf die prophetische Rede zu achten, die als Wahrheit über sein Leben vorausgesagt wurde. Diese Wahrheit bekennend, sind wir gestärkt für den Kampf.

Der dritte Punkt lautet: *„Sie haben ihr Leben nicht geliebt bis zum Tod."* *Offenbarung 12,11*

Wir sehen in diesen drei Punkten, dass sich unser Kampf nicht darin erschöpft, dass wir laut und gebieterisch beten. Sondern der Hauptaspekt besteht darin, wie wir unser Leben positionieren; in der Haltung, die wir einnehmen; wenn wir darauf verzichten, andere anzuklagen.

Wir können Satan nicht überwinden, wenn wir zur selben Zeit noch mit dem in uns liebäugeln und Mitleid haben, was gekreuzigt werden muss. Unser Sieg wird durch unsere Bereitschaft, lieber zu sterben, als die Überzeugung unseres Glaubens aufzugeben, vollendet.

„Aber ich achte mein Leben nicht der Rede wert, damit ich meinen Lauf vollende..." Apostelgeschichte 20,24

Paulus sagt hier, dass sein Leben nicht am wichtigsten ist, dass es nicht wichtig ist, wie er bei den Menschen ankommt. Sondern das, was Gott ihm aufgetragen hat, steht an erster Stelle.

Einer der Punkte, die Erweckung verhindern, ist der Stolz der Leiter. Viele starke Erweckungsbewegungen sind dadurch zum Erliegen gekommen, dass sich die Leiter gegeneinandergestellt haben. „Wer ist der Beste, der Größte, derjenige welcher?"

Wer am Reich Gottes bauen will, lässt sich von seinen eigenen Umständen nicht erweichen. Er wird wohl Schmerz empfinden, sich aber nicht zurückziehen. Er lebt aus Glauben.

Der Verkläger muss zuerst in unseren Gedanken überwunden werden! Wir dürfen nicht einfach milde darüber hinwegsehen, wenn wir die Fehler anderer immer wieder betonen und sie anklagen. Wir müssen einander mit der Gesinnung Jesu begegnen.

Man wird das Reich Gottes und die Autorität Christi in einem Volk erkennen können, das sich aus der Liebe heraus ganz dem Gebet verschrieben hat. Wenn es eine Not sieht, beginnt es nicht zu kritisieren, sondern überwältigt den Verkläger der Brüder und betet!

LEBEN UND DIENEN IN DER KRAFT DES HEILIGEN GEISTES

- BEFREIT, UM ZU DIENEN -

Mit diesem Leben ist unser tägliches Leben gemeint. Du lebst von morgens bis abends, und nachts auch.

Und mit dem Dienen meine ich ganz besonders den Dienst für den Herrn. Aber dieses beides geht ineinander über, weil ja sowieso unser ganzes Leben ein Dienst für unseren Herrn sein sollte.

Ich erlebe da, wo ich mich bewege, dass sich mehr und mehr Gemeinden, Leiter und Christen nach der Kraft des Heiligen Geistes ausstrecken.

Natürlich gibt es auch negative Tendenzen innerhalb der Kirche, aber ich möchte über das Positive sprechen, wie Leiter, Pastoren, Christen merken: „Ohne die Kraft des Heiligen Geistes kommen wir nicht weiter, bleiben wir irgendwie stehen."

Ich bin fest davon überzeugt, dass Gott ein großes Werk in unseren Tagen wirken möchte. Und weil Gott immer durch seine Kinder wirkt, brauchen wir die Kraft des Heiligen Geistes.

Gott könnte auch sagen: „Ihr seid alle lieb und nett. Ich liebe euch, aber geht mal zur Seite! Ich traue euch das nicht zu und mache es doch lieber selbst."

Das hat mein Vater früher oft gesagt, wenn ich ihm als Jugendlicher helfen wollte bei verschiedenen praktischen Arbeiten. Er war ein super Handwerker, ein guter Vater und hat mich wirklich geliebt. Aber er sagte dann: „Lass mal mein Junge, ich mach das lieber selbst," unausgesprochen: „dann wird das wenigstens was."

Doch der Heilige Geist möchte das große Werk mit uns tun; durch uns wirken.

Ich möchte hier verschiedene Punkte ansprechen, die mir in diesem Bezug sehr auf dem Herzen liegen.

1. Die Geistestaufe – die Erfüllung mit der Kraft zum Dienst

Unmittelbar, bevor Jesus in den Himmel fuhr, waren seine letzten Worte an seine Jünger:

„Aber ihr werdet Kraft (Dynamis) empfangen, wenn der Heilige Geist auf euch gekommen ist; und ihr werdet meine Zeugen sein, sowohl in Jerusalem als auch in ganz Judäa und Samaria und bis an das Ende der Erde." Apostelgeschichte 1,8

Und hier kommen wir ins Spiel. Wir werden Seine Zeugen sein. Wo ist denn das Ende der Erde? Gibt es ein Ende? Nein, es geht immer weiter.

Hier steht etwas Interessantes: „Ihr werdet Power empfangen, wenn der Heilige Geist auf euch gekommen ist."

Wenn wir versuchen, die Bibel ein bisschen chronologisch zu lesen, dann lesen wir einige Zeit vorher im Johannes Evangelium, wie der Herr Jesus unmittelbar nach seiner Auferstehung plötzlich den Jüngern erschien.

„Am Abend dieses ersten Tages der Woche trafen die Jünger sich hinter verschlossenen Türen, weil sie Angst vor den Juden hatten. Plötzlich stand Jesus mitten unter ihnen!" Johannes 20,19

Wir wissen nicht, wie Er das gemacht hat. Ob Er durch die Wand kam? Aber auf einmal war Er da und das Erste, was Er zu ihnen in Seiner aramäischen Muttersprache sagte, war: *„Shalom!"* Was für ein wunderbares Wort! *„Friede sei mit euch!"* Es war das erste Wort, welches Er zu Seinen Jüngern nach Seiner Auferstehung sprach.

Wir wissen, dass in diesem Wort die gesamte Erlösung enthalten ist. Friede, Wohlergehen und alles, was Jesus für uns erwirkt hat, ist in diesem Wort enthalten.

*„Dann **hauchte er sie an** und sprach: »Empfangt den Heiligen Geist."* Johannes 20,22

Die Frage ist, ob der Heilige Geist in sie hineinkam als Er sie anhauchte. Natürlich, denn sonst hätte Jesus es nicht getan und gesagt. Dies hängt alles zusammen und geschah einige Tage vorher.

Doch hier in *Apostelgeschichte 1,8* sagt Jesus vor Seiner Himmelfahrt, dass die Jünger Kraft empfangen, wenn der Heilige Geist auf sie kommt.

Es ist ein Unterschied, ob der Heilige Geist in uns ist, oder ob er auf uns ist.

Wenn wir Jesus unser Leben geben, wenn wir dieses göttliche Shalom empfangen, wenn wir diesen Frieden und die Erlösung empfangen, wenn wir neues Leben aus Gott empfangen, dann kommt der Heilige Geist in uns hinein. Dann lebt Er in uns.

Was macht Er in uns? Dazu sagt uns die Bibel folgendes: Er macht uns gewiss, dass wir Gottes Kinder sind, dass wir zu Gott gehören. Das sagt Er mir nicht unbedingt mit Worten, aber mit allem, was Er hat: „Mein geliebtes Kind, du gehörst dem Vater im Himmel. Wenn du mal sterben solltest, wann auch immer das sein wird, dann bist du da, wo Gott ist." Er bezeugt mir, dass Gott mein Vater ist.

Es sagte einmal jemand, der schon öfter bei uns gepredigt hat: „Wir sind der Tempel des Heiligen Geistes *(1. Korinther 3,16)*, aber leider sind viele Gläubige mehr ein Gefängnis des Heiligen Geistes."

Das geschieht, wenn der Heilige Geist nur in uns ist. Wir genießen es und reden davon, wie schön es ist, Ihn zu haben. Doch das ist nicht genug, denn Jesus möchte, dass der Heilige Geist auf uns ist, dass Er sichtbar ist. Ich glaube, das ist auch das Gleiche, was die Bibel „die Geistestaufe" nennt, wovon viermal in den Evangelien geschrieben wird: das Hineintauchen in den Heiligen Geist.

Was geschieht, wenn du in Wasser hineingetaucht wirst bei der Taufe? Dann wirst du nass; dann sieht man, wie nass du bist. Der Heilige Geist wird sichtbar für andere.

In *Johannes 7,38* sagt Jesus selbst: *„Wer an mich glaubt, aus dessen Innerem werden Ströme lebendigen Wassers fließen, wie es in der Schrift heißt."*

Zu jener Zeit war der Heilige Geist noch nicht da; aber heute ist Er da. Der Heilige Geist ist in uns und so werden Ströme von lebendigem Wasser aus uns zu den anderen Menschen fließen.

In *Apostelgeschichte 3,6* steht die Geschichte, wie Petrus und Johannes zur Gebetszeit in den Tempel gingen. Dort saß ein Bettler an der sogenannten „schönen Pforte" des Tempels und Petrus sagte diese berühmten Worte zu ihm: *„Silber und Gold habe ich nicht; was ich aber habe, das gebe ich dir: Im Namen Jesu Christi, des Nazareners, steh auf und geh umher!"*

Petrus hatte etwas. Da war die Kraft des Heiligen Geistes und sie ging aus ihm heraus. Das möchte Gott in uns wirken und das ist die Botschaft von Pfingsten.

2. Die Erfüllung: Pfingsten

Zehn Tage später erfüllte es sich dann: *„Und als der Tag der Pfingsten sich erfüllte, waren sie alle einmütig beisammen. Und es entstand plötzlich vom Himmel her ein Brausen wie von einem daher fahrenden gewaltigen Wind und erfüllte das ganze Haus, in dem sie saßen. Und es erschienen ihnen Zungen wie von Feuer, die sich zerteilten und sich auf* *jeden von ihnen setzten. Und sie wurden alle vom Heiligen Geist erfüllt und fingen an, in anderen Sprachen zu reden, wie der Geist es ihnen auszusprechen gab." Apostelgeschichte 2,1-4*

Ich finde, dass dies ein Muster ist, das man immer wieder anwenden kann. Immer wenn etwas zum ersten Mal in der Bibel erwähnt wird, ist es wie ein Muster, an dem man sich orientiert und Maß nimmt. So haben es die Jünger gehandhabt: Sie haben daran immer wieder Maß genommen. Es gab Situationen, die für sie als fromme Juden – in der Lehre des Judentums unterrichtet - schwierig waren, einzuschätzen. Sie mussten erst lernen, damit umzugehen und mit der Dynamik des Heiligen Geistes mitzuhalten.

Also nahmen die Apostel immer wieder Maß und sagten: „Aha, so war es auch bei uns am Anfang! Also ist es von Gott."

So sollten auch wir daran Maß nehmen. Wir sollten keine eigene Theologie aufbauen, sondern erkennen, wie Gott es möchte. So möchte ich es auch erleben.

Der Heilige Geist kam, so heißt es hier, und sie fingen an, in anderen Sprachen zu reden. Auch dies sollten wir und jeder einzelne wieder neu beleben, weil es so segensreich ist. So sagt Paulus in dem ersten Brief an die Korinther in den Kapiteln 12, 13 und 14 das, wenn wir in anderen Sprachen reden, niemand es verstehen kann. „Ja", sagen manche „warum soll ich es dann tun?" Aber es geht ja weiter. Er sagt: „Ich rede Geheimnisse mit Gott." Wie herrlich!

Wir können durch unser Reden unser Leben beeinflussen. Gott hat es so gemacht, dass durch unsere Sprache Dinge geschehen. Wenn wir Geheimnisse mit Gott reden, geschieht etwas in der geistlichen Welt, in unserem Umfeld und auch in der sichtbaren Welt.

„Der in Sprachen redet, erbaut sich selbst", heißt es im *1. Korintherbrief 14,4.* Ich brauche hin und wieder Erbauung; du auch? Dann rede in Sprachen!

„Oikodomeo" heißt das Wort für „Erbauen". „Oikos" ist das Haus. Das heißt: Er baut das Haus seines Lebens; er erbaut sich. Der Apostel Paulus sagt in *1. Korinther 14,5: „Ich will, dass ihr alle in Sprachen redet",* so der Grundtext; nicht: „Ich wünschte, ich möchte…" Dies ist eine apostolische Anweisung und dann sagt er: *„Ich rede mehr in Sprachen als ihr alle."* Ich möchte dir damit Hunger machen und die Notwendigkeit der Sprachenrede aufzeigen.

Das Pfingsterlebnis seinerzeit vor zweitausend Jahren war einmalig. Die Pfingsterfahrung hingegen ist wiederholbar und wir dürfen sie immer wieder neu erleben.

Ich möchte hier einmal durch die Bibel gehen und fünf verschiedene Personengruppen betrachten, die jeweils mit einer besonderen Erfahrung des Heiligen Geistes zu tun hatten.

3. Fünf verschiedene Personengruppen

Da waren zuerst einmal die ersten Jünger. So steht es zwar nicht in der Bibel, aber so empfinde ich es, wenn ich die Jünger sehe, zu denen Jesus die Worte aus Apostelgeschichte 1,4 gesagt hat: *„Und als er mit ihnen versammelt war, befahl er ihnen, sich nicht von Jerusalem zu entfernen, sondern auf die Verheißung des Vaters zu warten – die ihr, sagte er, von mir gehört habt;"*

Sie waren Menschen, die **eine Sehnsucht** nach dem Geist Gottes hatten. Sonst hätten sie nicht zehn Tage gebetet, hätten sich eingeschlossen, wären in Klausur gegangen. Sie wussten doch gar nicht genau, was da auf sie zukommt. Wir wissen es, denn wir haben die Bibel. Wir könnten sagen: „Ja, haltet durch, er kommt bald!"

Sie hatten die Verheißung Jesu, der sagte: „Wartet, bis die Verheißung des Vaters kommt!" Nicht irgendeine, sondern **die** Verheißung; diese eine besondere. Ich kann mir vorstellen, wie sie gedacht haben: „Was wird das wohl sein?" Jesus hat viel zu ihnen vom Heiligen Geist gesprochen. Sie hatten eine Sehnsucht danach und haben sich danach ausgestreckt.

Und dann kam das große Ereignis. Ich wünsche mir, dass wir solche Menschen sind, die solch eine Sehnsucht haben.

Der Apostel Paulus schreibt auch davon in *1. Korinther 14,1: „Strebt nach der Liebe; eifert aber nach den geistlichen Gaben, …"*

Die zweite Personengruppe zeichnete sich dadurch aus, dass sie **offen** war für den Heiligen Geist. Wir lesen im achten Kapitel der Apostelgeschichte von Philippus zur Zeit einer großen Verfolgung. Die Jünger wurden zerstreut in die Städte Judas und Samarias, ausgenommen der Apostel. Unter ihnen war Philippus, der vier Töchter hatte, die alle prophetisch redeten. Da muss ordentlich was los gewesen sein in seinem Haus.

„Unter ihnen war auch Philippus. Er ging in die bedeutendste Stadt von

Samarien und verkündete dort, dass Jesus der Messias ist. Scharen von Menschen hörten ihm mit ungeteilter Aufmerksamkeit zu; sie waren beeindruckt von dem, was er sagte, und dies umso mehr, als sie die Wunder miterlebten, die durch ihn geschahen. Bei vielen Besessenen fuhren die bösen Geister aus; sie verließen ihre Opfer mit lautem Geschrei. Auch zahlreiche Gelähmte und Verkrüppelte wurden geheilt. In der ganzen Stadt herrschte große Freude. " Apostelgeschichte 8,5-8

Was wir hier lesen, ist ein Durchbruch des Heiligen Geistes, denn die Samariter und Juden kamen nicht gut miteinander klar. Die Jünger sagten einmal zu Jesus, als eine Stadt in Samaria sie nicht aufnehmen wollte: *„Herr, willst du, dass wir sprechen, dass Feuer vom Himmel herabfallen und sie verzehren soll, wie es auch Elia getan hat? Er aber wandte sich um und ermahnte sie ernstlich und sprach: Wisst ihr nicht, welches Geistes Kinder ihr seid?"* Lukas 9,54-55

Doch genau dort ging Philippus hin. Da merken wir schon: Wenn der Heilige Geist wirkt, dann werden menschliche Schranken niedergerissen.

Die Menschen in Samaria waren beeindruckt. Sie waren offen, als sie die Wunder sahen, die Philippus tat. Die Apostelgeschichte ist ein Buch der Wunder und Predigten. Immer wieder lesen wir, dass Wunder geschahen, dass sie predigten und lehrten.

„Als die Apostel in Jerusalem hörten, dass das Volk in Samaria die Botschaft Gottes angenommen hatte, schickten sie Petrus und Johannes. In Samaria angekommen, beteten die beiden für die neuen Gläubigen, damit sie den Heiligen Geist empfingen. Bis dahin war der Heilige Geist noch auf keinen von ihnen herabgekommen; sie waren nur auf den Namen von Jesus, dem Herrn, getauft worden. Petrus und Johannes legten den Gläubigen nun die Hände auf, und sie empfingen den Heiligen Geist. " Apostelgeschichte 8,14-18

Nach dem Zeugnis von Philippus und den Bekehrungen wurden die geistlichen Leiter aus Jerusalem nach Samaria geschickt, um für die Menschen zu beten, dass sie den Heiligen Geist empfingen. Diese waren schon gläubig, waren schon getauft, aber die Apostel merkten: „Da fehlt noch etwas." So legten sie ihnen die Hände auf und die Menschen aus Samaria empfingen den Heiligen Geist.

Dann gibt es auch die **leidenschaftlichen Gegner** als dritte Gruppe, die nichts mit dem Heiligen Geist anfangen können. Dazu gehörte Saulus von Tarsus. Aus ihm wurde später der Apostel Paulus, der so viel über den Heiligen Geist gelehrt hat, wie kein anderer außer Jesus.

„Währenddessen wütete Saulus gegen die Anhänger des Herrn und setzte alles daran, sie zu vernichten. Er wandte sich an den Hohen Priester und bat ihn um Empfehlungsschreiben für die Synagogen in Damaskus. Damit wollte er alle, die dieser neuen Richtung angehörten, aufspüren, um sie zu verhaften und - gleichgültig, ob Mann oder Frau - in Ketten nach Jerusalem zurückzubringen. Während er nach Damaskus unterwegs war, umstrahlte ihn plötzlich vom Himmel her ein blendend helles Licht! Er fiel zu Boden und hörte eine Stimme: »Saul, Saul! Warum verfolgst du mich?« »Wer bist du, Herr?«, fragte er. Die Stimme antwortete: »Ich bin Jesus, den du verfolgst!" Apostelgeschichte 9,1-4

Für Gott sind Gegner kein Problem. Ich kann dir nur sagen: „Wenn du Menschen kennst, die gegen Gott sind, sind sie für Gott kein Problem."

Ich möchte dir eine wahre Geschichte von einem Mann erzählen, der einen Alphakurs, einen Kurs über Fragen des christlichen Glaubens, besuchte.

Ein Mann namens Robert Taylor kam in den Kurs; er war einundvierzig Jahre alt und durch und durch Atheist. In der Kirche war er viermal in seinem Leben gewesen. Das waren seine eigene Hochzeit, die Hochzeit seines Bruders und zwei Beerdigungen. Geschäftlich hatte er Erfolg, aber nicht in seiner Ehe. Er hatte seine Frau und seine zwei kleinen Kinder verlassen. Bei einer geschäftlichen Besprechung hatte ihn dann einer seiner Geschäftspartner gefragt: „Haben Sie sich schon einmal überlegt, zu einem Alpha-Kurs in der Holy Trinity Church zu gehen?" „Natürlich nicht", antwortete er, „ich bin Atheist und glaube nicht an solche Dinge – da würde ich nicht hingehen" Zehn Tage später sprach er mit einem anderen Geschäftsmann, und der fragte ihn: „Robert, hast du schon einmal daran gedacht, zu einem Alpha-Kurs in die Holy Trinity Church zu gehen?" Er dachte: „Eigenartig – vielleicht sollte ich es doch mal probieren!" So kam er. Er entschloss sich, seiner Kleingruppe unmissverständlich deutlich zu machen, dass er nicht das mindeste Interesse hatte. Das war seine erste Aussage in der Kleingruppe am ersten Abend. Er sagte: „Schauen Sie, ich bin mit dreißig fast an Krebs gestorben. Ich finde das Leben ziemlich schwierig und nicht sehr lustig; was mich anbelangt, ist das ewige Leben das letzte, was ich will. Ich kann nicht sehen, was mir das Christentum zu bieten haben soll." Er meinte, die Gruppe sei danach etwas geknickt gewesen. Als dann das Alpha-Wochenende kam, gab er sein Leben Christus. Er betete, kehrte von seinen Sünden um, bat Jesus in sein Leben und erlebte den Heiligen Geist. Er schrieb: „Ich spürte eine echte Wärme und musste mich hinsetzen.

Dabei fing ich zu weinen an und konnte nicht mehr aufhören. An diesem Abend, dem 12. November 1994, wusste ich, dass ich Christ geworden war. Alle sagten, ich hätte den Rest des Wochenendes gestrahlt wie eine Glühbirne. " *Als er das seiner Frau erzählte, lachte sie ihn nur aus:* „*Da kommst du schon drüber weg, Robert. Das ist wieder eine deiner verrückten Ideen, wie Golf, Scuba-Diving und Segeln.* " *Als sie dann aber nach ein paar Tagen echte Veränderungen bei ihm sah, bat sie ihn, zu ihr und den Kindern zurückzukommen. Der ältere Sohn, Samuel, sieben Jahre alt, dachte, das sei total fantastisch – so seine eigenen Worte – und fing an, in der Bibel zu lesen. Dabei stieß er auf die Bücher 1. und 2. Samuel, und sagte:* „*Dad, das ist ein tolles Buch. Ich steh drin, und das sogar zweimal!*" *Seine Frau fing an, einen Alpha-Kurs in ihrer Gemeinde vor Ort zu besuchen. Ihr beider Leben wurde völlig verwandelt. Einmal sah er aus dem Fenster, wie seine Kinder im Garten spielten. Sie banden zwei Stecken mit zwei Sprungseilen zusammen, so dass sie die Form eines Kreuzes hatten. Das lehnten sie dann gegen einen Baum. Robert machte sich schon Gedanken darüber und fragte sie:* „*Was macht ihr denn da?*" *Und Samuel sagte zu ihm:* „*Daddy, wir danken Jesus, dass er dich nach Hause gebracht hat.*" *Das Leben jenes Mannes wurde durch Jesus Christus und die Erfahrung des Heiligen Geistes völlig verändert. Im nächsten Alpha-Kurs leitete er eine Kleingruppe und hat seitdem sehr viele Menschen zu Christus geführt. Er wurde verwandelt; jemand, der dem christlichen Glauben ablehnend gegenüberstand, wurde jemand, der aktiv darüber spricht – durch die Erfahrung des Geistes. (Quelle: Quelle: Nicky Gumble Alphakurs – „Was tut der Heilige Geist")*

Zu der vierten Personengruppe gehören die Menschen, die **zu wenig Wissen** über den Heiligen Geist haben.

„*Während Apollos in Korinth war, zog Paulus durch das kleinasiatische Hochland und dann zur Küste hinunter nach Ephesus. Dort traf er auf eine Gruppe von Jüngern, die seine Aufmerksamkeit auf sich zogen.* »*Habt ihr den Heiligen Geist empfangen, als ihr zum Glauben gekommen seid?*«, *fragte er sie.* »*Den Heiligen Geist empfangen?*«, *entgegneten sie.* »*Wir haben nicht einmal gehört, dass der Heilige Geist schon gekommen ist!*« »*Was für eine Taufe ist denn an euch vollzogen worden?*«, *wollte Paulus wissen.* »*Die Taufe des Johannes*«, *erwiderten sie. Da sagte Paulus:* »*Johannes rief das israelitische Volk zur Umkehr auf und taufte die, die seinem Aufruf folgten. Aber er verband damit die Aufforderung, an den zu glauben, der nach ihm kommen würde, nämlich an Jesus.*« *Als sie das hörten, ließen sie sich auf den Namen von Jesus, dem Herrn, taufen. Und als Paulus ihnen dann die Hände auflegte, kam der Heilige Geist auf sie herab, und sie redeten in geistgewirkten Spra-*

chen und machten prophetische Aussagen. " Apostelgeschichte 19,1-6

Paulus trifft auf Jünger – also Menschen, die Jesus nachfolgen - und er kommt gleich zum Punkt: *„Habt ihr den Heiligen Geist empfangen, als ihr zum Glauben gekommen seid?"* Das war das wichtigste Thema. An anderer Stelle heißt es, dass es sich um zwölf Männer handelte, also nicht viele; keine Massenveranstaltung. Aber die Bibel spricht davon, weil diese zwölf Leute mit zu den Menschen gehörten, die diese mächtige, dämonisch okkulte Stadt Ephesus beeinflussten. Wo eine territoriale dämonische Macht herrschte, war es nötig, dass sie in der Kraft des Heiligen Geistes wirkten.

Die fünfte Personengruppe möchte ich damit beschreiben, dass sie zu wenig **Glauben** hatten. Sie gehört nicht zur richtigen Gemeinde.

Vor vielen Jahren hörte ich von einer katholischen Gruppe, die die Power des Heiligen Geistes erlebte. Es wurde alles beschrieben, was sie erlebten. Und dann sagte jemand: „Das kann doch nicht von Gott sein, denn das sind ja Katholiken."

Vielleicht gehörten sie nicht zu der richtigen Gemeinde, aber mein Maßstab ist immer: „Wenn der Heilige Geist sich jemanden aussucht, um in ihm zu leben, wer bin ich dann, um das zu beurteilen, oder schlimmer noch, zu verurteilen?

Nun passierte folgendes: Da war ein Mann mit Namen Cornelius, der zu der römischen Besatzungsmacht gehörte. Er war also ein Heide und Juden verkehrten nicht mit Heiden. Sie gingen nie in das Haus eines Heiden. Es gab tatsächlich einen religiösen Stolz unter den Juden zu jener Zeit.

Gott sprach mit übernatürlichen Zeichen zu Petrus, dass er in das Haus des Cornelius gehen sollte. Ein Engel erschien dem Cornelius mit der Anordnung Petrus zu holen. So ging Petrus in das Haus.

„Noch während Petrus sprach, kam der Heilige Geist über alle, die seine Botschaft hörten. Die jüdischen Gläubigen, die mit Petrus gekommen waren, staunten, dass Gott auch Nichtjuden den Heiligen Geist schenkte, denn sie hörten sie in anderen Sprachen reden und Gott loben. Da fragte Petrus:»Wer könnte jetzt noch etwas dagegen einwenden, dass sie getauft werden, nun, da sie den Heiligen Geist empfangen haben, genau wie wir!« Und er gab Anweisung, sie im Namen von Jesus Christus zu taufen. Anschließend baten sie Petrus, noch einige Tage bei ihnen zu bleiben." Apostelgeschichte 10,44-48

Heiden (Nichtjuden) erlebten die Kraft des Heiligen Geistes und die Juden staunten, dass der Heilige Geist auch auf Nichtjuden fiel. Im Grundtext heißt es: *„Sie gerieten außer sich vor Erstaunen."*

Doch der Heilige Geist kam. Woran haben sie es festgemacht? Hier steht es: *„..., denn sie hörten sie in anderen Sprachen reden und Gott loben."* Hier ist wieder der Maßstab, den die Jünger anlegten. Das sollte auch unser Maßstab sein. Viele sagen, dass die Früchte der Beweis für die Geistestaufe sind. Da sage ich: Das ist falsch. Früchte sind gut und wir sollen Früchte bringen. Doch Jesus sagt: *„Die falschen Propheten, die werdet ihr an ihren Früchten erkennen."* Aber wie hätte Petrus die Früchte der Menschen aus dem Haus des Cornelius erkennen sollen? Er hatte sie ja gerade erst kennengelernt. Dann hätte er sagen müssen: *„Ich komme nach einem Jahr wieder und frage eure Leiter, wie ihr euch verändert habt."* Nein, er erkannte es sofort, weil sie in Sprachen redeten. Das war der Beweis. Hier ist wieder der Maßstab, den er anlegte.

Wir wissen, dass dort im Haus etwas Bemerkenswertes geschehen sein muss, weil Petrus noch mitten in seiner Predigt war und sie unterbrechen musste. Petrus hörte auf, weil der Heilige Geist seine Predigt unterbrach und die Menschen in Sprachen redeten.

Wie empfängt man nun die Geistestaufe und die Gaben des Heiligen Geistes?

Zuerst möchte ich mit einem prophetischen Wort aus *Joel 3,1-2* antworten. Das Buch des Propheten Joel ist das älteste aller prophetischen Bücher der Bibel.

„»In den letzten Tagen«, spricht Gott, »werde ich meinen Geist über alle Menschen ausgießen. Eure Söhne und Töchter werden weissagen, eure alten Männer werden prophetische Träume und eure jungen Männer Visionen haben. In diesen Tagen werde ich meinen Geist sogar über Diener, ob Mann oder Frau, ausgießen, und sie werden weissagen."

Gott sagt hier durch den Propheten: *„Ich werde"*; oder genauer gesagt: *„Ich will"*. Wenn wir beten, um die Kraft des Heiligen Geistes zu empfangen, dann dürfen wir wissen: Gott will. Wir müssen Ihn nicht überreden.

Und Er ist für alle da, sonst würde Paulus nicht sagen: *„Ich will, ihr alle würdet in Zungen reden."*

Wir sollen nach den Geistesgaben eifern, wie Paulus es sagt in *1. Korinther 14,1.*

Natürlich könnten wir auch sagen: „Der Herr weiß, was wir brauchen." Aber stell dir einmal vor, du gehst in ein Restaurant. Der Ober kommt, fragt, was du bestellen möchtest, und du sagst: „Ach, Sie wissen doch, was wir brauchen."

Jesus möchte, dass wir klar sagen, was wir wollen, dass wir eifern und eine Sehnsucht haben.

So möchte ich es in drei Punkten benennen:

- Bitte Gott darum
- Glaube daran - Empfange im Glauben
- Lebe bewusst mit dem Heiligen Geist

Welche Hindernisse gibt es für die Erfüllung mit dem Heiligen Geist?

Die Kenntnis darüber ist wichtig und hilft uns auch zu empfangen.

Ich möchte hier drei Hindernisse nennen: Zweifel, Angst und ein Gefühl der eigenen Unzulänglichkeit.

Jesus antwortete auf alle diese drei Hindernisse mit Lukas 11,9-13.

„Und ich sage euch: Bittet, so wird euch gegeben; sucht, so werdet ihr finden; klopft an, so wird euch aufgetan! Denn jeder, der bittet, empfängt; und wer sucht, der findet; und wer anklopft, dem wird aufgetan. Welcher Vater unter euch wird seinem Sohn einen Stein geben, wenn er ihn um Brot bittet? Oder wenn er ihn um einen Fisch bittet, gibt er ihm statt des Fisches eine Schlange? Oder auch wenn er um ein Ei bittet, wird er ihm einen Skorpion geben? Wenn nun ihr, die ihr böse seid, euren Kindern gute Gaben zu geben versteht, wie viel mehr wird der Vater im Himmel den Heiligen Geist denen geben, die ihn bitten!" Lukas 11,9-13

Sechsmal sagt Jesus das Gleiche. Das hat einen Sinn. Es ist die Antwort auf alle drei Hindernisse.

Viele Leute sagen: „Ich bin mir nicht sicher, ob ich etwas empfange." Jesus sagt: „Bitte, und du empfängst!" – „Ich bin nicht sicher, Herr!" – „Suche und du wirst finden!" – „Ich bin nicht sicher!" – „Klopfe an, und die Tür wird geöffnet!" – „Ich bin mir nicht sicher, wenn es um mich geht. Bei meinem Nachbarn glaube ich es, aber nicht bei mir!" – „Jeder, der bittet, empfängt; wer sucht, findet; wer anklopft, dem wird aufgetan." Das ist die Antwort auf **Zweifel**.

Das zweite Hindernis ist die **Angst**. Ich sage vielleicht: „Okay, Herr, ich bin überzeugt, dass ich etwas bekomme, aber ich bin nicht sicher, ob ich es will, weil dann vielleicht etwas Schreckliches mit mir passiert! Wird es eine schlimme Erfahrung sein? Wird es mir schaden? Werde ich etwas Schlimmes bekommen, wenn ich bete, dass ich mit dem Geist erfüllt werde?"

Darauf antwortet Jesus, indem er diesen Gedanken der Angst ad absurdum führt. Er nimmt bewusst so ein verrücktes Beispiel, dass es gar nicht möglich ist. Stell dir einmal vor, der Sohn kommt zum Frühstück und bittet den Vater um eine Scheibe Brot. „Gern, mein Sohn", sagt der Vater und legt ihm einen Stein auf den Teller. Jetzt ist es Mittagszeit und im Haus duftet es lecker nach Fisch. Der Sohn kommt in die Küche und fragt: „Darf ich auch ein Stück Fisch haben?" „Natürlich darfst du das", antwortet der Vater und legt ihm eine giftige Schlange auf den Teller, die er extra für seinen Sohn gefangen hat. Abends gibt es Rührei, aber der Vater gibt seinem Sohn einen Skorpion. Das ist doch völliger Unsinn. Und damit sagt Jesus, dass es völliger Unsinn ist, dass, wenn du den Vater um den Heiligen Geist bittest, Er dir etwas anderes gibt.

„Welcher Vater unter euch wird seinem Sohn einen Stein geben, wenn er ihn um Brot bittet? Oder wenn er ihn um einen Fisch bittet, gibt er ihm statt des Fisches eine Schlange? Oder auch wenn er um ein Ei bittet, wird er ihm einen Skorpion geben? Wenn nun ihr, die ihr böse seid, euren Kindern gute Gaben zu geben versteht, wie viel mehr wird der Vater im Himmel den Heiligen Geist denen geben, die ihn bitten!" Lukas 11,11-13

Jesus geht auch auf ein drittes Hindernis ein: das **Gefühl der eigenen Unzulänglichkeit**.

Viele sagen: „Ich bin kein besonders guter Mensch. Ich bin nicht würdig genug. Ich bin nicht sehr geistlich…"

Wir empfinden alle so, weil wir in unserem tiefsten Inneren wissen, wie unzulänglich wir sind. Aber das Wunderbare ist, dass Gott gibt, und zwar nicht, weil wir es wert sind oder es verdienen, weil wir seit Jahren schon Christen sind oder ihm treu gedient haben – nichts davon! Jesus sagt hier nicht: „Wieviel mehr wird euer Vater im Himmel den Heiligen Geist denen geben, die sehr geistlich sind", sondern *„denen, die ihn bitten!"*. Jeder, der bittet, empfängt!

Lasst uns Ihn bitten!

„Herr, ich bete jetzt ganz einfach darum, dass du heute kommst und mich mit deinem Geist erfüllst."

Vielleicht möchten einige um die Gabe des Zungenredens bitten. Dazu kannst du das folgende Gebet beten.

„Herr, danke, dass du sagst: *Bittet, dann wird euch gegeben.* Ich bitte dich, mich mit deinem Heiligen Geist zu erfüllen. Ich bete, dass du mir jetzt die Gabe des Zungenredens gibst. Danke, in Jesu Namen. Amen.“

Wie geht es weiter?

Wenn jemand die Geistestaufe empfangen hat, meint das nicht, dass er nun geistlich vollkommen ist. Die Geistestaufe ist nur der Anfang einer neuen Dimension im Christenleben. Es liegt an dir, ob du in diese Dimension hineinwachsen wirst, oder dort stehen bleibst!

LEGE DIE LÜGE AB UND REDE DIE WAHRHEIT!

- BEFREIT, UM DIE WAHRHEIT ZU SPRECHEN -

„Darum legt die Lüge ab und »redet die Wahrheit, jeder mit seinem Nächsten«, denn wir sind untereinander Glieder." Epheser 4,25

Stelle dir einmal vor, dass würden alle Menschen auf der Welt tun! Jeder würde die Wahrheit über seinen Nächsten reden.

Das ist kaum vorstellbar, oder? Selbst in der Bibel steht im Römerbrief, dass alle Menschen Lügner sind. *„Es ist vielmehr so: Gott ist wahrhaftig und jeder Mensch ist ein Lügner!" Römer 3,4*

Darum kam Jesus und brachte die Wahrheit.

Ich möchte eine Stufe weitergehen: Stelle dir einmal vor, das würden alle Christen tun? Diese Bibelstelle richtet sich an die Gläubigen, denn Paulus spricht hier von Gliedern, die an einem Leib, der Gemeinde, sind: *„Denn wir sind untereinander Glieder ..."*

Wenn wir noch genauer auf diesen Bibelvers schauen, sehen wir, dass Paulus mit einem „Darum" beginnt. Vor jedem „Darum" steht, manchmal auch ungeschrieben, ein „Warum". Dieses „Warum" steht tatsächlich in den Versen vorher ab Vers 22: Dass wir, so schreibt der Apostel Paulus, was den früheren Lebenswandel betrifft, den „alten Menschen" abgelegt haben sollen. Das alte Leben ist vorbei. Dagegen sollen wir erneuert werden im Geist unseres Denkens. Wir sollen ein neues Denken einüben und ein neues Wesen annehmen.

„Deshalb sollt ihr euer altes Wesen und eure frühere Lebensweise ablegen, die durch und durch verdorben war und euch durch trügerische Leidenschaften zugrunde richtete. Lasst euch stattdessen einen neuen Geist und ein verändertes Denken geben. Als neue Menschen, geschaffen nach dem Ebenbild Gottes und zur Gerechtigkeit, Heiligkeit und Wahrheit berufen, sollt ihr auch ein neues Wesen annehmen." Epheser 4,22-24

Du kannst mit Jesus ein neues Leben beginnen. Und damit dieses neue Leben in uns hineingewoben wird, müssen wir die Wahrheit reden und die Lüge ablegen. Die Lüge hält uns fest im „Alten"; die Wahrheit eröffnet uns ein Leben im „Neuen".

Jetzt stellt sich aber die Frage: Was ist die Wahrheit?

Darüber lesen wir im Johannesevangelium zu der Begebenheit, in der Jesus vor Pontius Pilatus steht und zu ihm sagt, dass er gekommen ist, um für die Wahrheit Zeugnis abzulegen.

„Da sprach Pilatus zu ihm: So bist du also ein König? Jesus antwortete:

Du sagst es; ich bin ein König. Ich bin dazu geboren und dazu in die Welt gekommen, dass ich der Wahrheit Zeugnis gebe; jeder, der aus der Wahrheit ist, hört meine Stimme. Pilatus spricht zu ihm: Was ist Wahrheit? Und nachdem er das gesagt hatte, ging er wieder hinaus zu den Juden und sprach zu ihnen: Ich finde keine Schuld an ihm!" Johannes 18,37-38

Pilatus stellt ihm die Frage, was denn die Wahrheit ist. Und dahinter steht ein philosophisches Konzept. Die damalige Welt wurde gelenkt von gewissen griechisch philosophischen Richtungen, die es auch heute noch gibt. Es waren die epikureischen und stoischen Philosophen, die zum ersten Mal die Wahrheit relativiert hatten. Gerade mit diesen Philosophen setzte sich Paulus auf dem Areopag in Athen auseinander und stritt mit ihnen, denn er verkündigte eine endgültige und absolute Wahrheit und wurde von den Philosophen „Schwätzer" genannt.

„Aber etliche der epikureischen und auch der stoischen Philosophen maßen sich mit ihm. Und manche sprachen: Was will dieser Schwätzer wohl sagen? Andere aber: Er scheint ein Verkündiger fremder Götter zu sein! Denn er verkündigte ihnen das Evangelium von Jesus und der Auferstehung." Apostelgeschichte 17,18

Von diesem Konzept war Pilatus beeinflusst. Das gibt es auch heute noch und man nennt es die Postmoderne. Oder man spricht sogar von der Metamodernen. Es ist eine Zeit, in der die Wahrheit relativ geworden ist. Man kann zum Beispiel sagen: „Ich glaube an Jesus." Was sagen dann die Menschen? „Ja, Jesus, das war ein super Typ. Es ist gut, an Jesus zu glauben. Ich glaube an Buddha. Das ist genauso gut. Wir kommen alle an das gleiche Ziel." Man könnte sagen: „Es gibt nur eine Wahrheit, aber subjektiv gesehen gibt es viele Wahrheiten. Es ist eigentlich alles egal."

Dieses Prinzip spricht von einem Leben in extremer Toleranz. Doch wenn du diese Toleranz einmal in Frage stellst und behauptest, dass Jesus die Wahrheit ist, dann werden die Menschen extrem intolerant sein. Das ist also die Zeit, in der wir leben, und mit der wir uns irgendwie arrangieren müssen.

Aber wir haben ein Evangelium zu verkündigen, eine gute Botschaft. Das ist eine Botschaft der Wahrheit. Die Bibel sagt: *„Legt die Lüge ab und redet die Wahrheit!"*

Hier wird die Wahrheit personifiziert und absolut gesetzt; sie ist eine Person. Heute geht es um die Wahrheit, nicht um die Sichtweise von Michael Kaizik, oder die Philosophie unserer Gemeinde, sondern um viel mehr.

Dazu können wir folgende Bibelstellen lesen.

„Denn das Gesetz wurde durch Mose gegeben; die Gnade und die **Wahrheit** *ist durch Jesus Christus geworden."* Johannes 1,17

„Jesus spricht zu ihm: Ich bin der Weg und die Wahrheit *und das Leben; niemand kommt zum Vater als nur durch mich!"* Johannes 14,6

„Heilige sie in deiner **Wahrheit***! Dein Wort ist* **Wahrheit***."* Johannes 17,17

Ich bin also in der Lage, die Wahrheit zu erkennen, denn *„sie ist durch Jesus geworden".* Um die Wahrheit zu reden, musst du die Wahrheit kennen. Um die Wahrheit zu kennen, musst du die Bibel lesen und Gemeinschaft mit Jesus haben.

Vor allem in Zeiten des Internets hat der Teufel sein Waffenarsenal der Lüge massiv aufgestockt.

In dieser Predigt geht es besonders um die Wahrheit über uns selbst, die Wahrheit über dich.

Was sagt Gott über dich? Was sagt die Bibel über dich? Auch das sollst du reden und bekennen.

Wahrheiten ändern sich nicht. Sie hängen nicht von dem ab, was du tust, getan hast oder sein willst. Wahrheiten sind keine Mantras oder Klischees zur Selbstverwirklichung. Vielmehr gründen sie sich voll und ganz auf dem Wort Gottes und auf dem, was Gott über dich sagt. Es wird wohl immer Bereiche im Leben geben, in denen du noch wachsen kannst. Aber wie Gott dich sieht und was Er über dich sagt, ändert sich nie, denn Gott bestätigt einfach immer wieder, wer du bist, nicht nur, was du tust. Das Sein kommt bei Gott immer vor dem Tun.

Wenn also deine Identität in Ihm verwurzelt ist, weil du biblische Wahrheiten über dich aussprichst, siehst du dich bald so, wie Er dich sieht. Das wirkt sich wiederum darauf aus, wie du andere Menschen um dich herum behandelst und Situationen, Gelegenheiten und Ereignisse einschätzt.

1. „Legt die Lüge ab!"

Die Lüge steht der Wahrheit entgegen. So wie Jesus die Wahrheit ist, so ist der Teufel „der Vater der Lüge". Um die Lüge abzulegen, musst du die Lügen identifizieren. Auch die Lügen über dich selbst, die du eventuell selbst glaubst.

„Ihr habt den Teufel zum Vater, und was euer Vater begehrt, wollt ihr tun! Der war ein Menschenmörder von Anfang an und steht nicht in der Wahrheit, denn Wahrheit ist nicht in ihm. Wenn er die Lüge redet, so redet er aus seinem Eigenen, denn er ist ein Lügner und der Vater derselben."
Johannes 8,44

Hier meint Jesus die jüdischen Leiter, den Klerus seiner Zeit. Er spricht zu denen, die meinen, im Besitz der Wahrheit zu sein. Es gibt also einen Geist der Lüge und der Teufel ist der Vater der Lüge. Einige Kapitel später sagt Jesus über den Heiligen Geist, der in Ihm war, als Er auf Erden weilte, der von Ihm ausging und den Er gesandt hat zu Pfingsten:

„Wenn aber jener kommt, der Geist der Wahrheit, so wird er euch in die ganze Wahrheit leiten; denn er wird nicht aus sich selbst reden, sondern was er hören wird, das wird er reden, und was zukünftig ist, wird er euch verkündigen." *Johannes 16,13*

Ich wiederhole es noch einmal, weil es so wichtig ist: Um die Lügen zu identifizieren, musst du die Wahrheit kennen; die Bibel! Dann darfst du dir von der Bibel zeigen lassen, was du über dich selbst denkst.

Deine Worte und dein Handeln zeigen, was du dir selbst sagst. Um herauszufinden, ob das, was du dir sagst, stimmt, stelle dir folgende Fragen: „Ist dieser Gedanke von Furcht, Unsicherheit, Stolz, Bitterkeit oder mangelndem Selbstbewusstsein geprägt? Löst dieser Gedanke zynisches oder selbstsüchtiges Handeln aus?"

Wenn du eine dieser Fragen mit "ja" beantwortet hast, dann muss das, was du dir selbst sagst, wahrscheinlich geprüft und angepasst werden. Nimm dir einige Minuten Zeit und identifiziere alle Lügen, die du glaubst. Schreibe sie anschließend auf und prüfe sie. Werde still, und bitte Gott, dir klar zu zeigen, woher diese Lügen stammen.

Ich möchte einige Beispiele für diese Lügen nennen:

- Ich bin nur ein kleiner …
- Aus mir wird nie etwas …
- Bei mir funktioniert das nicht …
- Ich bin nur Gottes Waisenkind …
- Ich bin ein kleiner Wurm …
- Ich bin das fünfte Rad am Wagen …
- Ich werde bestimmt einmal in der Hölle landen …
- Ich habe zwei linke Hände …

- Das kann ich nicht ...
- Dafür bin ich nicht der Typ ...
- Ich könnte niemals vorne stehen und predigen ...
- Ich werde bestimmt irgendwann an Krebs sterben ...
- Mein Großvater war so, mein Vater war so, ich bin halt auch so ...
- In unserer Familie gab es schon immer Armut ...
- Die Zeit der Gnade ist vorbei, heute bekehren sich kaum noch Menschen ...
- Hier ist harter Boden, die Leute wollen das Evangelium nicht mehr hören ...
- ...

Diese sind lauter Festlegungen, die den Teufel in dein Leben einladen.

Vielleicht kommt es dir gar nicht so vor. Du denkst vielleicht, diese Sichtweise sei die Wahrheit, aber es kann objektiv eine Lüge sein. Vielleicht haben das Autoritätspersonen so über dich ausgesagt (Eltern, Lehrer, Ausbilder). Wenn du diese Aussagen annimmst, wirken sie wie ein Fluch. Vielleicht kommt es auch aus deiner negativen Erfahrung. Oft handelt es sich um beides. Die Flüche werden zu deiner Erfahrung oder die Erfahrung zu deinen Flüchen, weil du diese Aussagen und Festlegungen weitersprichst; eventuell auch über deine Kinder.

Wenn du sagen kannst, woher diese Lügen stammen und seit wann du sie glaubst, wird es leichter sein, deine Gedanken zu ändern. Solche Lügen werden leicht weitergegeben. Das Leben in der Lüge kann uns daran hindern, Gottes Stimme zu hören.

Jesus sagt: *„Jeder, der aus der Wahrheit ist, hört meine Stimme ..."* Johannes 18,37

Wenn du Lügen in deinem Herzen trägst, kann es das Wort Gottes und damit Seine Wahrheiten nicht aufnehmen. Die Lügen blockieren die Wahrheit.

Bei all dem ist es sehr wichtig, was du in dein Herz hineinlässt. In der folgenden Bibelstelle spricht Gott selbst:

„Mein Sohn, achte auf meine Worte, neige dein Ohr zu meinen Reden! Lass sie nie von deinen Augen weichen, bewahre sie im Innersten deines Herzens! Denn sie sind das Leben denen, die sie finden, und heilsam ihrem ganzen Leib. Mehr als alles andere behüte dein Herz; denn von ihm geht das Leben aus." Sprüche 4,20-23

Gott fordert uns auf, zu Ihm unser Ohr zu neigen. Dafür braucht man Zeit und muss sich auch mal von anderen Dingen abwenden und weghören. Es gibt so viele Stimmen in der Welt, die uns nicht immer dienlich sind. Gott sagt weiter, dass wir Seine Worte im Innersten unseres Herzens bewahren sollen. „Das Innerste" ist eine Steigerung, die es grammatikalisch in der deutschen Sprache gar nicht gibt. Innen ist innen, mehr geht gar nicht. So stark liegt die Betonung auf diesem inneren Herzen, von dem das Leben ausgeht. Also pass auf, was du hineinlässt!

2. „Redet die Wahrheit!"

Um die Wahrheit zu reden, müssen wir unsere Sichtweise ändern. Die Bibel spricht hier von Umkehr. Jede Lüge kann durch die Wahrheit ersetzt werden. Schaue dir deine Liste mit den Lügen noch einmal an und bitte Gott nun, dir Seine Wahrheit für jede dieser Falschaussagen zu zeigen. Oft ist dies ein Prozess, der darin besteht, die Bibel besser kennenzulernen, denn *„dein Wort ist die Wahrheit."* Johannes 17,17

Um das zu tun, verbringe immer wieder Zeit mit Jesus, der sagt: *„Ich bin die Wahrheit".* Johannes 14,6

Bitte Ihn, dir klar zu zeigen, wie Er dich sieht. Suche nach Bibelversen, die die Lügen ausheben, die du bisher geglaubt hast.

Die folgenden Abschnitte sollen dir als Starthilfe dienen:

Die Bibel sagt über Identität:

„Deshalb ist es so: Wenn einer im Messias sein Leben gefunden hat, dann ist er selbst eine neue Schöpfung. Die alte Wirklichkeit ist vorbei. Achtet darauf: Etwas ganz Neues hat begonnen!" 2. Korinther 5,17

Kommen wir in diesem Zusammenhang noch einmal zurück zu der Aussage: „In unserer Familie gab es schon immer Armut." Selbst wenn es so sein sollte, kannst du dieses Muster durchbrechen. Es ist eigentlich schon durchbrochen, denn der „neue Mensch" hat keine Vergangenheit. „Wir sind erlöst von dem Wandel nach der Art der Väter", sagt Petrus.

„Denn ihr wisst ja, dass ihr nicht mit vergänglichen Dingen, mit Silber oder Gold, losgekauft worden seid aus eurem nichtigen, von den Vätern überlieferten Wandel, sondern mit dem kostbaren Blut des Christus als eines makellosen und unbefleckten Lammes." 1. Petrus 1,18-19

„Die Frucht des Geistes aber ist Liebe, Freude, Friede, Langmut, Freundlichkeit, Güte, Treue, Sanftmut, Selbstbeherrschung." Galater 5,22

Diese Frucht ist in dir! Das ist die Wahrheit.

Die Bibel sagt über Finanzen:

„Gott, der mein Gott ist, wird euch alles geben, was ihr braucht, so wie es seinem Reichtum entspricht. So wunderbar zeigt er sich im Messias Jesus." Philipper 4,19

Was ist das für eine wunderbare Aussage! Gott wird uns alles geben, was wir brauchen. Er versorgt dich – auch in herausfordernden Zeiten.

„Erinnert euch vielmehr daran, dass es der Herr, euer Gott, ist, der euch die Kraft gibt, Reichtum zu erwerben. Denn er erfüllt den Bund, den er mit euren Vorfahren schloss und der jetzt noch gilt." 5. Mose 8,18

Die Bibel sagt über Beziehungen:

„Die Liebe ist geduldig, Liebe ist freundlich. Sie kennt keinen Neid, sie spielt sich nicht auf, sie ist nicht eingebildet. Sie verhält sich nicht taktlos, sie sucht nicht den eigenen Vorteil, sie verliert nicht die Beherrschung, sie trägt keinem etwas nach. Sie freut sich nicht, wenn Unrecht geschieht, aber wo die Wahrheit siegt, freut sie sich mit. Alles erträgt sie, in jeder Lage glaubt sie, immer hofft sie, allem hält sie stand. Die Liebe vergeht (versagt) niemals. Was für immer bleibt, sind Glaube, Hoffnung und Liebe, diese drei. Aber am größten von ihnen ist die Liebe." 1. Korinther 13,4-8.13

„Die Liebe Gottes ist ausgegossen in unsere Herzen durch den Heiligen Geist, der uns gegeben worden ist." Römer 5,5

Alles, was im sogenannten Hohelied der Liebe steht, welches Paulus im Brief an die Korinther schreibt, ist in dir. In deinem Herzen ist die Liebe Gottes; die „agape", wie es hier steht.

Die Bibel sagt über Sicherheit:

Zu der Aussage: „Ich werde bestimmt einmal in der Hölle landen", sage ich dir hier, was die Bibel dazu sagt:

„Ich gebe ihnen ewiges Leben, und sie werden in Ewigkeit nicht verlorengehen, und niemand wird sie aus meiner Hand reißen. Mein Vater, der sie mir gegeben hat, ist größer als alle, und niemand kann sie aus der Hand meines Vaters reißen. Johannes 10,28-29

„Zur Freiheit hat Christus uns befreit! Bleibt daher standhaft und lasst euch nicht wieder unter das Joch der Sklaverei zwingen!" Galater 5,1

„Der Herr ist mein Licht und mein Heil – vor wem sollte ich mich fürchten? Der Herr ist für mein Leben wie eine schützende Burg, vor wem sollte ich erschrecken? Wenn boshafte Menschen über mich herfallen, um mich mit Haut und Haaren zu verschlingen, meine Gegner und Feinde – dann sind sie es, die stürzen und fallen! 3 Selbst, wenn mich ein Heer von Feinden umlagert: mein Herz ist nicht von Furcht erfüllt. Und wenn Krieg gegen mich ausbricht, bleibe ich dennoch voll Zuversicht. Psalm 27,1-3

Die Bibel sagt über Zuversicht:

Zuversicht ist der Gedanke, den ich habe, wenn ich morgens aus dem Haus gehe. „Was wird dieser Tag mir heute bringen? Wie werde ich mit verschiedenen Situationen zurechtkommen?" Das Leben ist gefährlich und endet letztlich immer mit dem Tod, aber Gott sagt dir:

„Denn der Herr ist deine Zuversicht. Er wird nicht zulassen, dass du in eine Falle gerätst." Sprüche 3,26

„Ich vermag alles durch den, der mich stark macht, Christus." Philipper 4,13,

„Wenn jemand sich dazu bekennt, dass Jesus der Sohn Gottes ist, dann bleibt Gott in ihm und er bleibt in Gott. Genau diese Liebe haben wir erkannt und uns ihr anvertraut, der Liebe Gottes zu uns. Gott selbst ist die Liebe, und wer in der Liebe bleibt, der bleibt auch in Gott, und Gott bleibt in ihm. Dadurch kommt diese Liebe bei uns zu ihrem Ziel. Dann können wir offen und unverzagt auftreten an dem Tag, an dem Gott die Menschen richtet, denn so, wie er, Gott, ist, so verhalten wir uns auch in dieser Welt. Furcht hat keinen Raum in der Liebe, sondern die Liebe, die zu ihrem Ziel gekommen ist, wirft die Furcht hinaus. Die Furcht hängt mit Bestrafung zusammen, und wer von der Furcht bestimmt ist, erreicht in der wahren Liebe nicht das Ziel. Lasst uns in der Liebe leben, denn er hat uns zuerst geliebt. Wenn jemand behauptet, dass er Gott liebt, und gleichzeitig seinen Bruder oder seine Schwester hasst, der ist ein Lügner. Wer aber seine Geschwister nicht liebt, die er ja vor Augen hat, der kann erst recht Gott nicht lieben, den er nicht sehen kann. Das ist das Gebot, das wir von ihm erhalten haben, dass derjenige, der Gott liebt, auch seine Geschwister lieben soll." 1. Johannes 4,15-18

Diese Bibelstellen sind wichtige Wahrheiten für unser Leben, die wir reden sollen. Aber ich möchte noch einen Schritt weitergehen. Rede nicht nur die Wahrheit, sondern proklamiere die Wahrheit! Proklamiere, was wahr ist!

Was bedeutet überhaupt proklamieren? Ich nenne einige andere Worte dafür: ankündigen, ausrufen, bekanntgeben.

Kündige an, dass das jetzt in deinem Leben geschehen wird. Rufe es aus! Das musst du nicht mit physischer Lautstärke tun, aber mit großer Intensität. Gebe es bekannt, verkündige es öffentlich und feierlich! Verkündige es dem Teufel gegenüber, und manchmal auch dir selbst gegenüber, damit du glaubst, was wahr ist. Sage dem Geist der Armut, was die Bibel sagt! Sage dem Geist der Unsicherheit, was Gottes Wort sagt! Sage deinen Identitätsproblemen, was wahr ist!

Zum Schluss möchte ich noch einige Proklamationen nennen:

- Ich bin genug, weil ich ein Kind Gottes bin.
- Ich freue mich trotz der Angriffe wegen meines Glaubens, denn Jesus nahm alle Leiden auf sich.
- Ich schäme mich nicht für Jesus, denn Sein Opfer verändert mein Leben.
- Ich bin geliebt und darum liebe ich meine Mitmenschen, so wie ich geliebt werde.
- Nichts kann mich von der Liebe Gottes trennen.
- Gott wird mich mit allem versorgen und mir genug Finanzen geben, damit ich auch freigiebig sein kann.

Vergiss das niemals! Du gehörst zu Gott; zu dem Gott, der dich zuversichtlich ausgestattet und dich bei deinem Namen gerufen hat.

WER UNTER DEM SCHIRM DES HÖCHSTEN SITZT ...

- BEFREIT, UM SICH ZU BERGEN -

„Wer unter dem Schirm des Höchsten sitzt, der bleibt unter dem Schatten des Allmächtigen. Ich sage zu dem Herrn: Meine Zuflucht und meine Burg, mein Gott, auf den ich traue! Ja, er wird dich retten vor der Schlinge des Vogelstellers und vor der verderblichen Pest; er wird dich mit seinen Fittichen decken, und unter seinen Flügeln wirst du dich bergen; seine Treue ist Schirm und Schild. Du brauchst dich nicht zu fürchten vor dem Schrecken der Nacht, vor dem Pfeil, der bei Tag fliegt, vor der Pest, die im Finstern schleicht, vor der Seuche, die am Mittag verderbt. Ob tausend fallen zu deiner Seite und zehntausend zu deiner Rechten, so wird es doch dich nicht treffen; ja, mit eigenen Augen wirst du es sehen, und zuschauen, wie den Gottlosen vergolten wird. Denn du sprichst: Der Herr ist meine Zuversicht! Den Höchsten hast du zu deiner Zuflucht gemacht; kein Unglück wird dir zustoßen und keine Plage zu deinem Zelt sich nahen. Denn er wird seinen Engeln deinetwegen Befehl geben, dass sie dich behüten auf allen deinen Wegen. Auf den Händen werden sie dich tragen, damit du deinen Fuß nicht an einen Stein stößt. Auf den Löwen und die Otter wirst du den Fuß setzen, wirst den Junglöwen und den Drachen zertreten. »*Weil er sich an mich klammert, darum will ich ihn erretten; ich will ihn beschützen, weil er meinen Namen kennt. Ruft er mich an, so will ich ihn erhören; ich bin bei ihm in der Not, ich will ihn befreien und zu Ehren bringen. Ich will ihn sättigen mit langem Leben und ihn schauen lassen mein Heil!*«*" Psalm 91,1-16*

„Wir erleben Gott." Wie schön wäre es, - ich spreche hier bewusst im Konjunktiv – wenn wir, wie es hier in diesem Psalm geschildert wird, Gott erleben könnten?

Gott will aus diesem Konjunktiv einen Indikativ machen. Ein Indikativ ist eine Aussage, so als würde Gott sagen: „So ist es! Amen!". Gott will, dass du es genau so erlebst. Ich sehe hier vier wichtige Aussagen Gottes an uns.

1. Nimm Platz unter dem Schirm des Höchsten!

„Wer unter dem Schirm des Höchsten sitzt, der bleibt unter dem Schatten des Allmächtigen. Ich sage zu dem Herrn: Meine Zuflucht und meine Burg, mein Gott, auf den ich traue!" Verse 1 – 2

„Schirm" bedeutet so viel wie: „im Verborgenen". Wer im Verborgenen mit Gott zusammen ist, wer absolut geschützt ist vom Herrn, der…

Das erste Wort in diesem Vers „Wer" bedeutet so viel wie: „wer auch immer". Man könnte auch sagen: „jeder, der dort sitzt."

Und dann stellt sich die Frage:

Wer darf denn dort Platz nehmen?

Alle diejenigen, die an Jesus Christus als ihren Herrn und Erlöser glauben. Die glauben, dass Jesus für sie am Kreuz gestorben ist, die Jesus gehorchen. Alle diejenigen, die dadurch Kinder Gottes geworden sind.

„Die ihn aber aufnahmen und an ihn glaubten, denen gab er das Recht, Kinder Gottes zu werden. Das wurden sie nicht, weil sie zu einem auserwählten Volk gehörten, auch nicht durch menschliche Zeugung und Geburt. Dieses neue Leben gab ihnen allein Gott." Johannes 1,12-13

Gott beschützt Seine Kinder!

Und die gute Botschaft ist, wenn du nicht Sein Kind sein solltest oder dir nicht sicher bist, dann darfst du es heute werden. Jeder von uns ist nur ein Gebet von Gott entfernt.

Nimm Platz unter dem Schirm des Höchsten! – Im Glauben!

Jetzt fragst du vielleicht: „Ja, wo ist denn dieser Schirm?"

Er ist natürlich nicht sichtbar. Es ist kein sichtbarer Schirm, wie der Regenschirm, der dich vor dem Regen schützt. Nein, das musst du im Glauben tun. Dieser Schirm, dieser Schutz Gottes, ist vorhanden in der geistlichen Welt und dort musst du hin. Du musst es glauben. Das heißt einfach, davon auszugehen, dass es stimmt. Glauben heißt, in Empfang zu nehmen. Dann heißt es, dass du im Schatten des Allmächtigen bleiben darfst.

Dann darfst du bleiben im Schatten des Allmächtigen.

In der Bibelübersetzung „Neues Leben" heißt es: *„Dann darfst du Ruhe finden im Schatten des Allmächtigen",* inmitten aller Hektik und Anforderungen, in denen du derzeit stehst.

Wir sehnen uns manchmal nach Urlaub und Erholung. Aber hier ist etwas anderes gemeint: das Bleiben im Schatten des Allmächtigen. Du darfst beständig dort sein und dort wohnen. Du darfst täglich den Schutz Gottes erleben.

Mag es „heiß hergehen" – du bleibst im Schatten des Allmächtigen.

Der Schatten ist ein prophetisches Bild von Schutz und Geborgenheit. Er verheißt Zuflucht vor übermäßiger Sonneneinstrahlung und sengender Hitze. Dort in der Gegend, wo dieser Psalm geschrieben wurde, im Süden Israels, ist es heiß und Schatten tut sehr gut.

Wer in Gottes Nähe bleibt und bewusst in Seiner Gegenwart verweilt, der wird von der Kraft des Höchsten überschattet. Im Schatten findet er einen Ort, an dem er sicher ist und in Frieden leben kann – egal, wie widrig die Umstände auch sein mögen.

David schreibt: „Behüte mich wie den Augapfel im Auge, beschirme mich unter dem Schatten deiner Flügel." Psalm 17,8

Gehe in den Schatten, kühl dich mal ab! Halte mal still, hole Luft und gehe zum Herrn! Mache dir bewusst, dass du Ruhe hast unter Seinen Flügeln. Stell dir das mal vor!

Dann heißt es im Folgenden:

*„**Ich sage** zu dem Herrn: Meine Zuflucht und meine Burg, mein Gott, auf den ich traue!"*

Das bedeutet: Sprich es aus, sage es und denke es nicht nur!

Vielleicht sprichst du es noch ein wenig zaghaft, ohne eine starke Überzeugung, aber sprich es!

„Mein Gott, auf den ich traue!" Vers 2 – Dem ich vertraue, dem ich glaube, der treu ist.

2. Das gilt wirklich dir.

„Ja, er wird dich retten vor der Schlinge des Vogelstellers und vor der verderblichen Pest; er wird dich mit seinen Fittichen decken, und unter seinen Flügeln wirst du dich bergen; seine Treue ist Schirm und Schild. Du brauchst dich nicht zu fürchten vor dem Schrecken der Nacht, vor dem Pfeil, der bei Tag fliegt, vor der Pest, die im Finstern schleicht, vor der Seuche, die am Mittag verderbt. Ob tausend fallen zu deiner Seite und zehntausend zu deiner Rechten, so wird es doch dich nicht treffen; ja, mit eigenen Augen wirst du es sehen, und zuschauen, wie den Gottlosen vergolten wird." Verse 3 – 8

Dieses „Ja" am Anfang des dritten Verses steht wirklich im Grundtext und stellt eine Bekräftigung dar. Man spürt den Versen ab, dass es hier um Leben und Tod geht, und nicht nur um eine kleine Anfechtung, die du vielleicht allein bewerkstelligen kannst, wenn du deine Ärmel hochkrempelst. Hier sind Dinge gemeint, die du nicht allein schaffst. Dieser Psalm spricht von den schlimmsten Herausforderungen, die du dir nur vorstellen kannst, in denen du vielleicht gerade jetzt stehst. Das möchte dein Gott, dein Vater, jetzt für dich bewirken. Er wird dich beschützen vor den Angriffen des Bösen. Der Apostel Petrus spricht davon, dass der Teufel umhergeht, wie ein brüllender Löwe und sucht, wen er verschlingen kann.

„Seid besonnen und wachsam! Denn der Teufel, euer Todfeind, läuft wie ein brüllender Löwe um euch herum. Er wartet nur darauf, dass er einen von euch verschlingen kann." 1. Petrus 5,8

Das ist nicht nur eine poetische Beschreibung, sondern die geistliche Realität der unsichtbaren Welt. Das passiert in diesem Augenblick. Manchmal spürst du diesen Druck und stehst vielleicht unter einer Attacke. Aber Gott wird dich beschützen!

Es gibt für mich ein sehr trauriges Bibelwort, das in *Matthäus 23,37* steht. Da befindet sich Jesus im Vorhof des damaligen Tempels in Jerusalem. Er hat einen Disput mit den religiösen Leitern von damals und sagt dieses schlimme Wort zu ihnen:

„Jerusalem, Jerusalem, die du die Propheten tötest und steinigst, die zu dir gesandt sind! Wie oft habe ich deine Kinder sammeln wollen, wie eine Henne ihre Küken unter die Flügel sammelt, aber ihr habt nicht gewollt!"

Wie tragisch ist es, dass sie Gottes Schutz nicht wollten!

Gott möchte uns unter seine Flügel sammeln zu unserem Schutz. Lasst uns dafür Zeit nehmen!

„Seine Treue ist Schirm und Schild."

Andere Bibelübersetzungen nennen es „Wahrheit". Das hebräische Wort, welches hier steht, ist „emeth" und bedeutet Wahrhaftigkeit, Wahrheit, Zuverlässigkeit, Treue. Treue und Wahrheit sind hier das gleiche.

Dazu möchte ich eine kleine Geschichte erzählen:

Ich war mit meiner vierjährigen Tochter im Wald, wo viele Baumstämme aufgestapelt waren, setzte sie auf einen Stapel, der ungefähr zwei Meter hoch war und sagte: „Spring in meine Arme! Ich fange dich auf!" Sofort sprang sie und ich fing sie auf. Warum ist sie gesprungen? Weil sie mir vertraute und wusste: „Papa fängt mich auf, weil Papa es gesagt hat. Und was Papa sagt, das stimmt; das ist die Wahrheit."

Treue und Wahrheit ist das gleiche. Gott spricht die Wahrheit und Er ist treu. Wir können Ihm vertrauen.

„Du kannst dich darauf verlassen: Der Herr wird dich retten vor den Fallen, die man dir stellt, vor Verrat und Verleumdung." Vers 4

Da spricht der Psalmist von Mobbing und von Angriffen.

Eine andere Übersetzung spricht von schwirrenden Pfeilen, die am Tage genau auf dich zufliegen. Vers 5

Dieses sind heimtückische Angriffe. Aber Gott schießt den Pfeil, der genau auf dich zufliegt, ab. Menschen greifen dich frontal an, aber der Herr verschafft dir Recht.

Krankheit und Seuchen können kommen, aber wir sollen Gott vertrauen.

In einem Internetchat für Pastoren las ich von einem Missionar in Westafrika, der dort mehrere Gemeinden gegründet hatte. Während er dort war, brach eine Ebola Epidemie aus. An Ebola zu erkranken, kommt einem Todesurteil gleich und nur sehr wenige Menschen überleben diese Krankheit. Seine Freunde und Verwandten in Deutschland baten ihn, so schnell wie möglich nach Hause zurückzukommen. Doch er empfing das Wort von Gott: „Der gute Hirte lässt die Schafe nicht allein, wenn der Wolf über die Schafe kommt." Der Missionar blieb also im Land und vertraute Gott. Das ist genau das, was in diesem Psalm steht: „Dich wird es nicht treffen."

„Ich bin der gute Hirte. Ein guter Hirte setzt sein Leben für die Schafe ein. Anders ist es mit einem, dem die Schafe nicht gehören und der nur wegen des Geldes als Hirte arbeitet. Er flieht, wenn der Wolf kommt, und überlässt die Schafe sich selbst. Der Wolf fällt über die Schafe her und jagt die Herde auseinander." Johannes 10,11-12

Die Gerichte Gottes treffen dich nicht.

„Ob tausend fallen zu deiner Seite und zehntausend zu deiner Rechten, so wird es doch dich nicht treffen; ja, mit eigenen Augen wirst du es sehen, und zuschauen, wie den Gottlosen vergolten wird." Verse 7-8

Was bedeutet das? Die Gerichte Gottes treffen dich nicht. Weißt du warum? Nicht weil du so ein toller Typ bist, sondern weil du an Jesus glaubst und ein Kind Gottes bist.

„Also gibt es jetzt für die, die zu Christus Jesus gehören, keine Verurteilung mehr." Römer 8,1

„Denn Gott hat uns nicht für den Zorn und das Gericht bestimmt, sondern zur Rettung durch unseren Herrn Jesus Christus." 1. Thessalonicher 5,9

„Doch wegen unserer Vergehen wurde er durchbohrt, wegen unserer Übertretungen zerschlagen. Er wurde gestraft, damit wir Frieden haben.

Durch seine Wunden wurden wir geheilt!" Jesaja 53,5

Wenn du nun sagst: „Ich bin so ein schlechter Mensch und ich habe die Strafe verdient", dann ist es vielleicht so, aber die Strafe lag auf Jesus zu deinem Frieden, zu deinem Shalom.

Das dürfen und sollen wir immer wieder ganz bewusst in Anspruch nehmen. Wenn wir in Sünde gefallen sind, dürfen wir das unserem himmlischen Vater bekennen. *„Doch wenn wir ihm unsere Sünden bekennen, ist er treu und gerecht, dass er uns vergibt und uns von allem Bösen reinigt." 1. Johannes 1,9*

Als Seine Kinder, so heißt es im Hebräerbrief, dürfen wir immer wieder hinzutreten zum Thron der Gnade (nicht des Gerichts).

„So lasst uns nun mit Freimütigkeit hinzutreten zum Thron der Gnade, damit wir Barmherzigkeit erlangen und Gnade finden zu rechtzeitiger Hilfe!" Hebräer 4,16

3. Glaube es und spreche es!

„Denn du sprichst: Der Herr ist meine Zuversicht! Den Höchsten hast du zu deiner Zuflucht gemacht; kein Unglück wird dir zustoßen und keine Plage zu deinem Zelt sich nahen. Denn er wird seinen Engeln deinetwegen Befehl geben, dass sie dich behüten auf allen deinen Wegen. Auf den Händen werden sie dich tragen, damit du deinen Fuß nicht an einen Stein stößt. Auf den Löwen und die Otterwirst du den Fuß setzen, wirst den Junglöwen und den Drachen zertreten." Verse 9-13

„Denn du sprichst ..." sowie wir in Vers 2 gelesen haben: „Ich sage zu dem Herrn." Ich spreche, ich sage, ich bekenne...

Wenn wir bewusst und im Glauben in die geistliche Welt hineinsprechen, dann schaffen wir dadurch Wirklichkeiten. Gott hat die Welt durch Sein Wort ins Dasein gerufen. Er hat uns nach seinem Bild geschaffen. Auch in unseren Worten liegt eine von Gott gegebene schöpferische Kraft. Im Glauben zu sprechen, ist keine „Psychotechnik", sondern eine Anwendung der Zusagen Gottes.

„Daher, ihr heiligen Brüder, die ihr Anteil habt an der himmlischen Berufung, betrachtet den Apostel und Hohenpriester unseres Bekenntnisses, Christus Jesus." Hebräer 3,1

„Da wir nun einen großen Hohenpriester haben, der die Himmel durchschritten hat, Jesus, den Sohn Gottes, so lasst uns festhalten an dem Bekenntnis!" Hebräer 4,14

Hier werden zwei Aussagen in beiden Versen getroffen. Einmal wird Jesus unser Hohepriester genannt, also der, der für uns eintritt. Und einmal wird in beiden Versen vom Bekenntnis gesprochen. In beiden Versen nennt der Schreiber des Hebräerbriefes das Bekenntnis und den Hohenpriester. Wir sollen erkennen, dass Jesus nicht nur der Hohepriester ist, sondern er ist der Hohepriester unseres Bekenntnisses. Sein Priesterdienst für uns ist an unser Bekenntnis gekoppelt.

Bekenntnis bedeutet, wenn wir das griechische Wort „homologia" nehmen (es besteht aus zwei Worten: homos = gleich und logia kommt von logos = das Wort), so viel wie „gleich sprechen, gleich lauten, dasselbe sagen wie". Das gleiche, was Gott in seinem Wort gesagt hat, sollen wir aussprechen.

Wenn wir das tun, dann setzen wir den hohepriesterlichen Dienst Jesu für uns frei.

Wir sollen ein positives, glaubensvolles Bekenntnis ablegen, welches mit der Schrift in Übereinstimmung ist. Wir bekennen das Wort Gottes und Jesus als unser Hohepriester tritt für uns ein. Wir machen uns eins mit Gottes Wort. Deshalb heißt es hier: *„Denn du sprichst: „Der Herr ist meine Zuversicht."*

Und der Feind hat verloren. Schauen wir uns an, was dann passiert.

Der Feind wird dich nicht aufhalten können.

„Kein Unglück wird dir zustoßen und keine Plage zu deinem Zelt sich nahen. Denn er wird seinen Engeln deinetwegen Befehl geben, dass sie dich behüten auf allen deinen Wegen. Auf den Händen werden sie dich tragen, damit du deinen Fuß nicht an einen Stein stößt. Auf den Löwen und die Otter wirst du den Fuß setzen, wirst den Junglöwen und den Drachen zertreten." Vers 10-13

Der Feind wird dich nicht aufhalten können. Er kann die Gemeinde Jesu, wenn wir so im Glauben stehen, nicht aufhalten. Er versucht es zwar, aber kann es nicht.

Mit Ottern ist eine Vipern Art gemeint und in manchen Übersetzungen steht auch das Wort Kobra. Wenn du von einer Kobra gebissen wirst, überlebst du in der Regel nicht. Außerdem gab es zu damaliger Zeit noch kein Gegengift. Doch hier heißt es: *„Du wirst über sie schreiten"*, wobei natürlich auch geistliche Mächte gemeint sind.

Du wirst den Sieg erleben. Du bist bereits jetzt, egal wie es dir akut geht, wenn du an Jesus glaubst, ein potenzieller Sieger.

Jesus hat zu seinen Jüngern gesagt in *Lukas 10,19: „Siehe, ich gebe euch die Vollmacht, auf Schlangen und Skorpione zu treten, und über alle Gewalt des Feindes; und nichts wird euch in irgendeiner Weise schaden."*

Glauben wir das? Jesus hat es gesagt.

Stattdessen erlebst du den Dienst der Engel. *„Er hat seinen Engeln befohlen, dass sie dich behüten auf allen deinen Wegen."* Vers 11

„Denn Engel sind nur Diener. Sie sind Geister, die Gott als Helfer zu denen sendet, welche die Rettung erben werden." Hebräer 1,14

Durch unseren Glauben und durch unser Bekenntnis nehmen wir die negativen Umstände aus der Hand des Teufels und unterstellen sie Gott. Vielleicht sind sie immer noch da, aber jetzt haben wir es nicht mehr mit den negativen Umständen, mit dem Teufel, zu tun, sondern mit unserem liebenden Vater.

4. Und jetzt spricht der Herr.

Nachdem du erstens Platz genommen hast unter dem Schirm des Höchsten, zweitens das ganz bewusst für dich in Anspruch genommen hast (im Glauben) und drittens du im Glauben in deinem Bekenntnis mit Gottes Wort übereinstimmst, – spricht der Herr. Höre das Wort des Herrn, welches Er in deine Situation hineinspricht.

„Weil er sich an mich klammert, darum will ich ihn erretten; ich will ihn beschützen, weil er meinen Namen kennt. Ruft er mich an, so will ich ihn erhören; ich bin bei ihm in der Not, ich will ihn befreien und zu Ehren bringen. Ich will ihn sättigen mit langem Leben und ihn schauen lassen mein Heil!" Vers 14-16

Zuletzt in diesem Psalm spricht Gott selbst (zu dir!) mit diesen starken Zusagen.

Eine andere Übersetzung schreibt: *„Ich will ihn aus der Gefahr holen, denn er kennt meinen Namen".*

Gott spricht sein „Ich will". Was Gott will, das wird auch geschehen (wenn du es glaubst). *„Weil er sich an mich klammert..."*

Er kennt meinen Namen

Dieses Wort „kennen" oder „erkennen" ist sowohl im Alten Testament, im hebräischen, sowie im griechischen, im Neuen Testament, ein ganz tiefes und wichtiges Wort. Im hebräischen heißt dieses Wort „erkennen", was meist für die Gotteserkenntnis gebraucht wird, „yada"; eine tiefe Erkenntnis von Gott.

In Daniel 11 wird eine gefährliche Anfechtung für das Wort Gottes geschildert und der Herr sagt: „Die meinen Namen kenne, werden verständig handeln." *„Und er wird die, welche gegen den Bund freveln, durch Schmeicheleien zum Abfall verleiten; die Leute aber, die ihren Gott kennen (yada), werden festbleiben und handeln." Daniel 11,32*

Im griechischen heißt dieses Wort „epignosis". „Gnosis" heißt „Erkenntnis", aber „epignosis, welches meistens im Neuen Testament für Gotteserkenntnis gebraucht wird, heißt tiefe, zu einhundert Prozent wahre Erkenntnis Gottes.

Jesus betet im hohepriesterlichen Gebet in *Johannes 17,3: „Das ist aber das ewige Leben, dass sie dich, den allein wahren Gott, und den du gesandt hast, Jesus Christus, erkennen."*

„Ihn, den Gott unseres Herrn Jesus Christus, den Vater, dem alle Herrlichkeit gehört, bitte ich darum, euch durch seinen Geist Weisheit und Einblick zu geben, so dass ihr ihn und seinen Plan immer besser erkennt." Epheser 1,17 (epignosis)

Gebetserhörungen

„Ruft er mich an, so will ich ihn erhören." Vers 15

Was heißt „Rufen"? Heißt es, dass man laut schreit? Nein, es ist nicht die Lautstärke, die maßgebend ist. Es ist nicht so, dass Gott nur reagiert, wenn wir laut genug sind und er unsere Stimme heraushört aus den ganzen Gebeten, die gesprochen werden. Ob laut oder leise ist für Gott gar kein Problem. Es sagte einmal jemand: „Gott ist doch nicht taub." Und ich erwiderte: „Aber Gott hat auch keine schlechten Nerven." Doch hier geht es nicht um die Lautstärke.

„Gott aber, wird er nicht seinen Auserwählten Recht schaffen, die Tag und Nacht zu ihm rufen, ..." Lukas 18,7

Rufen ist kein distanziertes und wohlformuliertes Gebet, sondern ein mit Geist, Seele und Leib engagiert sein. Dann wird der Herr antworten!

Ich will ihn sättigen mit langem Leben ...

„Ich gebe ihm ein langes, erfülltes Leben; er wird die Hilfe erfahren, auf die er wartet." Vers 16

Nimm diese Aussage Gottes wörtlich in deiner Situation!

Wenn wir Christen sterben, dann haben wir es gut und wir werden bei Gott sein. Etwas Besseres kann uns nicht passieren, aber Gott will nicht, dass wir vor der Zeit sterben. Viele sind vor der Zeit gegangen. Dieses Leben sollen wir gesättigt und mit einem Auftrag leben.

Ich weiß, dass dies nicht immer unsere Erfahrung ist und war. Wir haben zwar in vielen Punkten bereits diese Erfahrung gemacht, aber wir wollen und werden es noch viel stärker erfahren.

Oft ist unsere vergangene negative Erfahrung der größte Feind unseres Glaubens, aber lasst uns diese herrlichen Worte des Psalms 91 nehmen und sie uns zu eigen machen, denn sie sind für dich und mich.

Wir wollen diese Lehre in unserem Leben anwenden und vertiefen, indem wir nicht nur Amen sagen, sondern:

- diesen Psalm lesen und beten. Bete ihn in deine Situation hinein! Immer wieder!
- Sage dem Herrn, dass du Ihm vertraust und glaubst, was darin geschrieben steht! Sage zu dem Herrn: „Meine Zuflucht, meine Burg bist du."
- Nimm Platz unter dem Schirm (Schutz) des Höchsten.
- Nimm dir inmitten aller deiner Herausforderungen Zeit und halte inne. Gehe zum Herrn und erlebe Seine Hilfe!

DIE VERSUCHUNG ÜBERWINDEN

- BEFREIT, UM ZU ÜBERWINDEN -

Jede Sünde fängt mit einer Versuchung an. Durch Sünde und die vorangegangene Versuchung sind schreckliche Dinge geschehen. Sünde zerstört. Sünde bedeutet eigentlich „Zielverfehlung". Das, was Gott geplant hat, haben wir nicht für unser Leben ergriffen. Wir sind am Ziel vorbeigeschossen oder sind vorbeigeleitet worden.

Sünde ist eine Diktatorin. Auch der große König David fiel einmal in eine schreckliche Sünde, die auch, wie jede Sünde, mit einer Versuchung anfing. Er sah eine schöne Frau ... und das Unheil nahm seinen Lauf, denn er schaute – wahrscheinlich nicht nur einmal – hin. Am Ende kam der Ehebruch und zwei Tote: der Ehemann von Batseba und das Kind, welches David zeugte. „Warum hast du denn das Wort des Herrn verachtet, indem du tatest, was vor seinen Augen böse ist? Urija, den Hetiter, hast du mit dem Schwert erschlagen, und seine Frau hast du dir zur Frau genommen;" 2. Samuel 12,9

Sünde zerstört. Sünde ist nicht so sehr eine böse Tat, sondern sie ist eine böse dunkle Macht, die nach uns gegriffen hat, als wir meinten, ohne Gott besser klarzukommen und uns Seinem Willen zu verweigern.

Den Hintergrund, der zu dieser schrecklichen Sünde im Leben Davids geführt hat, lesen wir in 2. Samuel 11,1-2 „Im nächsten Frühjahr, zu der Zeit, in der die Könige in den Krieg ziehen, schickte David Joab mit seinen Männern und dem ganzen Heer Israels in den Kampf gegen die Ammoniter. Sie verwüsteten das Land und belagerten die Stadt Rabba. David blieb jedoch in Jerusalem zurück."

Es war eine Phase in Davids Leben, in der alles gut lief. Er war ganz oben angekommen, sein Königtum war gefestigt. Doch während die Könige zum Kampf auszogen, blieb er in Jerusalem. Und so geht es im folgenden Vers weiter: „An einem Spätnachmittag erhob sich David von der Mittagsruhe und ging auf dem Dach des Palastes umher. Da fiel sein Blick vom Dach aus auf eine außergewöhnlich schöne Frau, die gerade ein Bad nahm."

Man kann diesen Zeilen entnehmen, dass es David richtig gut ging. Er hatte Zeit, am Mittag ein Schläfchen und dann auf der Dachterrasse einen Spaziergang zu machen. Da sah er diese wunderschöne Frau und schaute sicherlich öfter als nur einmal hin. Aber eigentlich hätte er mit seinen Kriegern im Kampf gegen die Ammoniter sein sollen.

1. Ich tue das, was ich gar nicht will

„Ich begreife mich selbst nicht, denn ich möchte von ganzem Herzen tun, was gut ist, und tue es doch nicht. Stattdessen tue ich das, was ich *eigentlich hasse."* Römer 7,15

Diese Aussage kommt von keinem Geringeren als von dem Apostel Paulus. Es hört sich fast schizophren an, doch ich glaube, dass er diese Erfahrung in seinem Leben auch gemacht hat. Natürlich beschreibt er hier das Leben eines Menschen, der nicht in seiner Bestimmung lebt. Sünde ist Zielverfehlung!

„Ich mache, was ich nicht will", ruft der Apostel Paulus in *Römer 7* aus. Wir alle haben diese Erfahrung sicherlich auch schon gemacht.

Nach einem Gottesdienst in einer anderen Gemeinde sprach mich ein junger Mann an und bat um ein Gespräch. Er sagte mir folgendes: „Ich falle immer wieder, manchmal gerade nachdem es so richtig gut läuft. Ich bin so enttäuscht von mir selbst und zweifle sogar daran, dass ich gerettet bin. Ich habe schon den Gedanken gehabt, ganz aufzuhören mit dem Glauben."

Paulus drückt ähnliche Gedanken aus: *„Was bin ich doch für ein elender Mensch! Wer wird mich von diesem Leben befreien, das von der Sünde beherrscht wird?"* Römer 7,24

Später gibt Paulus die Antwort und wir kennen sie – Gott sei Dank! Jesus befreit! Ich möchte hier darüber sprechen, wie wir dort hinkommen können und wie es auch zu einer Erfahrung in unserem Leben werden kann, sowie Paulus sagt: *„Ich danke Gott! Es ist geschehen durch Jesus Christus."* Römer 7,25

Was machen wir mit diesen Aussagen und mit diesen schlimmen Gefühlen?

2. Die Antwort auf dieses große Problem ist eine Schlange aus Bronze.

Gehen wir einmal zurück in das Alte Testament. In der Bibel steht, und der Apostel Paulus sagt es auch im ersten Brief an die Korinther, dass die Geschehnisse, als das Volk Israel durch die Wüste zog, für uns als ein Vorbild aufgeschrieben wurden. Und dort passierte folgendes: Israel sah einen Feind auf sich zukommen. So, wie die Sünde auch plötzlich in deinem Leben auftaucht. Israel siegte in dieser Schlacht und tat dann etwas sehr Merkwürdiges.

„Vom Berg Hor aus zogen die Israeliten weiter und schlugen den Weg zum Roten Meer ein, um Edom zu umgehen. Doch unterwegs wurden die Israeliten ungeduldig und klagten Gott und Mose an: »Warum habt

ihr uns aus Ägypten geführt? Etwa, damit wir hier in der Wüste sterben? Hier gibt es weder Brot noch Wasser und dieses Manna können wir nicht mehr sehen!« Da schickte der Herr Giftschlangen. Viele der Israeliten wurden gebissen und starben. Daraufhin liefen die Leute zu Mose und riefen: »*Wir haben Schuld auf uns geladen, als wir dem Herrn und dir Vorwürfe machten. Bete zum Herrn, dass er uns von den Schlangen befreit!« Und Mose betete für das Volk. Da sprach der Herr zu ihm:* »*Fertige eine Schlange an und befestige sie oben an einer Stange. Jeder, der sie anschaut, nachdem er gebissen wurde, wird am Leben bleiben.« Mose fertigte eine Schlange aus Bronze an und befestigte sie an der Spitze einer Stange. Jeder, der von einer Schlange gebissen wurde und dann die bronzene Schlange anschaute, blieb am Leben.*" 4. Mose 21,4-9

Die Israeliten gingen nach diesem großen Sieg *„den Weg zum Roten Meer."* Warum wird dies hier so erwähnt? Weil sie zurückgingen, wo sie hergekommen waren. Sie machten Rückschritte. Etwas zog sie zurück an den Ort, wo sie hergekommen waren. In ihren Herzen zog es sie zurück nach Ägypten, sowie sie es immer wieder taten, zumindest die erste Generation, die dann in der Wüste umkam. Ägypten ist ein Bild für die Sklaverei, für die „Welt", für das alte Leben ohne Gott. Etwas zieht uns zurück in die Sünde. Die Israeliten waren zwar raus aus Ägypten, aber Ägypten war weiterhin in ihren Herzen. Diese Macht der Sünde, die in ihnen war, äußerte sich in einem beständigen Murren gegen Gott, der sie erlöst, befreit und gesegnet hatte und auch gegen Mose, der der Repräsentant für das war, was Gottes wollte. Israel murrte und der Herr schickte giftige Schlangen. Mose hatte kein Gegengift, sondern fertigte auf Gottes Geheiß hin eine bronzene Schlange an. Die Antwort ist also die bronzene Schlange, auf die ich noch weiter eingehen werde. Damit zeigt Gott den Kern des Problems an.

3. Der Kern des Problems ist die Sünde.

Durch ihr Murren wurden finstere Mächte aktiviert. Sie waren zwar nicht mehr in Ägypten, aber Ägypten (die Sünde) war in ihnen, wie Paulus auch in *Römer 7* spricht: *„Nicht mehr ich bin es, der es tut. Es ist die in mir wohnende Sünde."* Diese war der Kern ihres Problems und sie ist der Kern des Problems heute noch. Der Kern des Problems ist die Sünde. Doch dort wollen wir nicht stehen bleiben.

Wenn es keine Sünde gäbe, dann gäbe es auch keine Probleme. Gott hat sich dem Kern dieses Problems angenommen. Er hat nicht gesagt: „So ist das nun einmal und ihr müsst irgendwie damit klarkommen."

Dieses Problem war furchtbar und Jesus sprach tausendfünfhundert

Jahre später davon, als er mit dem Pharisäer Nikodemus eine Unter-
redung hatte. Der oberste der Pharisäer, der Mitglied des Hohen Rates,
des Sanhedrin, war, kam nachts zu Jesus und dieser begann mit ihm
über diese Begebenheit der Israeliten in der Wüste zu sprechen. Jesus
nutzte sie, die ein Bild auf die neutestamentliche Wirklichkeit ist und sagte folgendes: *„Und wie Mose in der Wüste die Bronzeschlange auf einem
Pfahl aufgerichtet hat, so muss auch der Menschensohn an einem Pfahl
aufgerichtet werden, damit jeder, der glaubt, das ewige Leben hat."* Johannes 3,14-15

Das Kreuz Christi spricht den Kern des Problems an. Jesus wurde freiwillig zu etwas, was Gott auf ewig hasste.

*„Ihn, der aus eigener Erfahrung keine Sünde kannte, den hat Gott zum
Inbegriff der Sünde gemacht, sodass wir in ihm selbst zur Gerechtigkeit
Gottes werden."* 2. Korinther 5,21

Jesus hat nie gesündigt und war der einzige Mensch auf Erden, der frei
war von der Sünde. Sonst hätte Er gar nicht für uns sterben können.
Dann wäre Er für Seine eigene Sünde gestorben und hätte uns nicht er-
lösen können. Der Tod hätte Ihn im Totenreich festhalten können. Doch
das konnte er nicht, sondern der absolut Gerechte wurde zur Sünde; zur
personifizierten Sünde. Und die Sünder, also wir, wurden zur Gerechtigkeit. Das darfst du erfahren.

Wenn diese Wahrheit nicht in der Bibel stehen würde, würde ich nicht
wagen es auszusprechen, aber die Bibel lehrt genau das: Jesus wurde
zur Sünde und hat den Fluch getragen.

So schreibt Paulus an die Galater: *„Christus hat uns losgekauft von dem
Fluch des Gesetzes, indem er ein Fluch wurde um unsertwillen, denn es
steht geschrieben: »Verflucht ist jeder, der am Holz hängt«, damit der
Segen Abrahams zu den Heiden komme in Christus Jesus, damit wir
durch den Glauben den Geist empfingen, der verheißen worden war."*
Galater 3,13-14

Das Gesetz von Mose, welches gut war, spricht einen Fluch aus, denn
alle die es nicht halten, sind Sünder und müssen sterben. Das ist der
Fluch. Jakobus sagt sogar im Neuen Testament: *„Wer Gutes tun kann,
und tut es nicht, für den ist es Sünde."* Weiter spricht er: *„Wenn wir das
ganze Gesetz gehalten hätten und nur einen Punkt nicht erfüllen, dann
wären wir schuldig am ganzen Gesetz."* Jakobus 2,10

Also stehen wir unter dem Fluch. Doch es geht weiter: *„Christus hat uns
losgekauft vom Fluch des Gesetzes, indem er zum Fluch für uns wurde."*

Hier sehen wir den Tausch, der am Kreuz stattfand. Jesus nahm den Fluch auf sich, obwohl Er ohne Sünde war.

4. Die Schlange anzusehen, bedeutet, Jesus am Kreuz anzusehen.

„Da sprach der Herr zu ihm: »Fertige eine Schlange an und befestige sie oben an einer Stange. Jeder, der sie **anschaut**, *nachdem er gebissen wurde, wird am Leben bleiben.« Mose fertigte eine Schlange aus Bronze an und befestigte sie an der Spitze einer Stange. Jeder, der von einer Schlange gebissen wurde und dann die bronzene Schlange* **anschaute**, *blieb am Leben."* 4. Mose 21,8-9

Sie brauchten nur die Schlange anschauen und mussten demnach keine Opfer bringen. Es war ganz einfach. Dies war die Therapie Gottes auf das Problem, in dem sie steckten.

Schauen wir nun auf uns, auf die neutestamentliche Parallele: Jesus am Kreuz. Jesus selbst zieht hier die Parallele und deutet es auf sich.

„Daher, ihr heiligen Brüder, die ihr Anteil habt an der himmlischen Berufung, betrachtet den Apostel und Hohenpriester unseres Bekenntnisses, Christus Jesus." Hebräer 3,1

Für „betrachten" steht im griechischen Grundtext das Wort „katanoeo" und bedeutet wörtlich übersetzt „herabbedenken" und „ein in sich aufnehmen". Man kann dieses „herabbedenken" vielleicht heute so verstehen: Ich betrachte es, ich schaue es mir an. Dadurch, dass ich es mir dauernd intensiv ansehe, nehme ich es in mein Leben hinein. Ich schaue also auf das Kreuz und nehme es in mich auf. Es wird Teil meines Lebens. Ich muss nicht mehr am Kreuz sterben, denn das hat Jesus getan. Was muss ich denn noch tun? Ich muss es nur glauben.

„Da wir von so vielen Zeugen umgeben sind, die ein Leben durch den Glauben geführt haben, wollen wir jede Last ablegen, die uns behindert, besonders die Sünde, in die wir uns so leicht verstricken. Wir wollen den Wettlauf bis zum Ende durchhalten, für den wir bestimmt sind. Dies tun wir, indem wir unsere Augen auf Jesus gerichtet halten, von dem unser Glaube vom Anfang bis zum Ende abhängt. Er war bereit, den Tod der Schande am Kreuz zu sterben, weil er wusste, welche Freude ihn danach erwartete. Nun sitzt er an der rechten Seite von Gottes Thron im Himmel!" Hebräer 12,1-2

Wir überwinden die Sünde, indem wir hinschauen auf Jesus. Die bronzene Schlange in der Wüste ist nur ein Vorbild, eine Vorschattung, auf das, was im Neuen Testament in Jesus Christus Wirklichkeit geworden ist.

Es ist fast unmöglich, die Tiefe des Kreuzes zu verstehen, aber es bedeutet, dass Gott mit deiner und meiner Sünde bis zum Äußersten gegangen ist. Gott hasste die Sünde so sehr, dass er bereit war, Mensch zu werden und zu sterben, um sie bis auf den letzten Millimeter vollständig zu vernichten. Das hat Er getan. Die Sünde gehört nicht mehr zu dir!

Wir überwinden durch Anschauen:

„Wir wissen, dass unser alter Mensch mit ihm gekreuzigt ist, damit der Leib der Sünde abgelegt sei, so dass wir der Sünde nicht mehr dienen." Römer 6,6

Es gibt einen Tag in unserem Leben, als wir dem Fleisch „ade" gesagt haben. „Ade, tschüss" aber nicht „Auf Wiedersehen". Am Kreuz hat Christus dem alten Menschen den Todesstoß versetzt. „Mein alter Mensch ist tot. Was Gott mir vorgegeben hat, das nehme ich an. Was Gott für mich objektiv getan hat, das erkenne ich subjektiv an. Ich will nicht mehr mit dem alten Menschen spielen. Ich will ihn dem Tod überlassen."

„Und weil wir mit Christus gestorben sind, vertrauen wir darauf, dass wir auch mit ihm leben werden." Römer 6,8

Wir leben und haben das Leben Gottes in uns. Wir ziehen nun den neuen Menschen an. Das ist das Leben mit Jesus. *„Als neue Menschen, geschaffen nach dem Ebenbild Gottes und zur Gerechtigkeit, Heiligkeit und Wahrheit berufen, sollt ihr auch ein neues Wesen annehmen."* Epheser 4,24

Durch die Taufe bezeugt der Gläubige: „Als Christus begraben wurde, da wurde ich mit ihm begraben." Sie ist ein Symbol für eine geistliche Wirklichkeit.

So dürfen wir heute bekennen: „Ich habe das gleiche göttliche Leben wie Christus." Ein Christ lebt in einem neuen Leben. Hier in seinem neuen Leben ist sein Zuhause. Er weiß, dass das Fleisch besiegt ist. Als Christus starb, ist unser alter Mensch mit gestorben.

Doch der alte Mensch versucht, seinen alten Platz zurückzuerobern. Darum heißt es, dass wir den guten Kampf des Glaubens kämpfen sollen. Durch die Taufe sagst du: „Nein, das will ich nicht mehr. Ich muss nicht mehr im Alten leben." Du bist durch nichts mehr dem alten Leben verpflichtet und darfst immer wieder neu deine Taufe für dich persönlich annehmen und neu festmachen.

Ich möchte hier ein konkretes Beispiel, beziehungsweise eine Hilfestellung für das praktische neue Leben geben:

Kämpfe nicht mehr gegen deine Versuchungen an! Damit verwickelst du dich in deine Versuchung, trittst in ihren Bannkreis und wirst ihr Opfer. Wenn dich eine starke Versuchung anfliegt, dann fliegt dich das gekreuzigte Fleisch an und will dich auf seine Seite ziehen. Lass dich nie darauf ein, gegen die Sünde anzukämpfen! Wenn du zum Beispiel gegen einen sündigen Gedanken mit aller Kraft ankämpfst, dann lädst du ihn damit ein und dieser Gedanke gewinnt Macht über dich.

Der Sieg wird dadurch errungen, dass wir wegsehen von der Versuchung und hinblicken auf Jesus. Gott hat uns Menschen so geschaffen, dass wir nur einen Punkt fixieren können. So ist es auch in unserem geistlichen Leben. Wenn du Jesus ansehen möchtest, musst du deinen Blick von dem anderen abwenden. Beides zusammen geht nicht.

Schauen wir uns zum Beispiel David an, als er Batseba sah. Die Therapie wäre gewesen, von Batseba wegzusehen. Es ist nicht hilfreich, sie zu sehen, und dann gegen die Versuchung zu kämpfen. So schreibt Paulus an Timotheus: *„Fliehe die Lüste der Jugend ...“ 2. Timotheus 2,22*

Lass dich nicht auf einen Kampf ein! Ich gehe auch nicht nach St. Pauli und kämpfe dann gegen gewisse Versuchungen an.

Auf diesem Wege, indem wir wegschauen, können wir manchmal die Versuchung in Sekunden abwehren.

Du kannst dann zum Beispiel zu Jesus sagen: „Herr, der alte Mensch ist gekreuzigt, aber er meldet sich erneut mit einer ganz bestimmten Versuchung. Ich danke dir, dass ich ihm nicht mehr auf dem Leim gehen muss. Ich danke dir, dass er mich nicht mehr überwältigen darf. Ich danke dir, dass ich frei bin, denn du lebst in mir, der Geist lebt in mir und das Fleisch ist gekreuzigt. Der alte Mensch ist tot!“

Also kämpfe nicht gegen eine Versuchung an. Du sollst wohl eine Position gegen die Versuchung einnehmen, aber nicht gegen sie ankämpfen. Gegen sie ankämpfen bedeutet, den Blick nach unten richten und dem Feind „in die Augen gucken“. So bekommt er Macht über uns. Was wir anschauen, bekommt Macht über uns. Blicke weg, hin auf Jesus.

„Dies tun wir, indem wir unsere Augen auf Jesus gerichtet halten, von dem unser Glaube vom Anfang bis zum Ende abhängt.“ Hebräer 12,2

Er hat dich frei gemacht von der Versuchung. Du kannst vierundzwanzig

Stunden am Tag den Sieg über den alten Menschen davontragen, aber nur dann, wenn du das alte Leben als gekreuzigt behandelst und deine Blicke nicht auf das Fleisch und seine Versuchungen, sondern auf Jesus und seinen Sieg richtest. Unser altes Leben ist gekreuzigt und kann und darf uns nicht mehr quälen. Dies sagt die Taufe aus! Die Taufe macht also unsere Position in Christus deutlich und gibt uns so auch die Autorität in Christus über die Sünde. Dies darfst du im Glauben annehmen!

Wenn du nicht mehr in dieser Position lebst, dann nehme sie heute neu oder wieder ein! Schicke den Feind und damit die Versuchung dahin, wo sie hingehört, ans Kreuz.

6. Seine Herrlichkeit ansehen, um auch Seine Herrlichkeit mit Ihm zu teilen.

Was du anschaust, das bekommt Macht über dich. Darum sollen wir auf Jesus schauen und ihn herabdenken in unser Leben.

„Wir alle aber, indem wir mit unverhülltem Angesicht die Herrlichkeit des Herrn anschauen wie in einem Spiegel, werden verwandelt in dasselbe Bild von Herrlichkeit zu Herrlichkeit, nämlich vom Geist des Herrn." 2. Korinther 3,18

Durch das Anschauen wirst du verändert. Du schaust die Herrlichkeit des Herrn an, indem du bewusst die Bibel liest und Jesus siehst, denn Er identifiziert sich mit Seinem Wort. Du tust es auch, indem du einen Lebensstil von Lobpreis und Anbetung pflegst und außerdem gewisse Dinge nicht anschaust.

Wir sollen Jesus nicht nur am Kreuz sehen, sondern auch in Seiner Herrlichkeit, wie Er jetzt ist.

Jesus wird in der Bibel immer wieder, und bis zur letzten Seite dieses Buches, als das Lamm bezeichnet; allerdings auch einmal in dem Buch der Offenbarung als der Löwe.

Der Apostel Johannes hatte mehrere Visionen, die er aufgeschrieben hat im Buch der Offenbarung. In seiner ersten großen Vision ab Kapitel 4 sprach eine Stimme zu ihm: *„Steige hier herauf und ich werde dir zeigen, was noch geschehen muss."* Von dem Moment an sah Johannes alles vom Himmel aus. Er sah den Thron und den, der darauf saß, nämlich Gott selbst, der ein Buch in seiner Hand hielt, das niemand öffnen konnte. Johannes fing an zu weinen, denn es ist sehr wichtig, dass es geöffnet wird. Ich denke, es ist das Buch des Lebens. Und dann folgt die Bibelstelle:

„Und einer von den Ältesten spricht zu mir: Weine nicht! Siehe, es hat überwunden der Löwe, der aus dem Stamm Juda ist, die Wurzel Davids, um das Buch zu öffnen und seine sieben Siegel zu brechen! Und ich sah, und siehe, in der Mitte des Thrones und der vier lebendigen Wesen und inmitten der Ältesten stand ein Lamm, wie geschlachtet; es hatte sieben Hörner und sieben Augen, welche die sieben Geister Gottes sind, die ausgesandt sind über die ganze Erde. Und es kam und nahm das Buch aus der Rechten dessen, der auf dem Thron saß. Und als es das Buch nahm, fielen die vier lebendigen Wesen und die 24 Ältesten vor dem Lamm nieder, und sie hatten jeder eine Harfe und eine goldene Schale voll Räucherwerk; das sind die Gebete der Heiligen. Und sie sangen ein neues Lied, indem sie sprachen: Du bist würdig, das Buch zu nehmen und seine Siegel zu öffnen; denn du bist geschlachtet worden und hast uns für Gott erkauft mit deinem Blut aus allen Stämmen und Sprachen und Völkern und Nationen, und hast uns zu Königen und Priestern gemacht für unseren Gott, und wir werden herrschen auf Erden. Und ich sah, und ich hörte eine Stimme von vielen Engeln rings um den Thron und um die lebendigen Wesen und die Ältesten; und ihre Zahl war zehntausendmal zehntausend und tausendmal tausend; die sprachen mit lauter Stimme: Würdig ist das Lamm, das geschlachtet worden ist, zu empfangen Kraft und Reichtum und Weisheit und Stärke und Ehre und Ruhm und Lob! Und jedes Geschöpf, das im Himmel und auf der Erde und unter der Erde ist, und was auf dem Meer ist, und alles, was in ihnen ist, hörte ich sagen: Dem, der auf dem Thron sitzt, und dem Lamm gebührt das Lob und die Ehre und der Ruhm und die Macht von Ewigkeit zu Ewigkeit! Und die vier lebendigen Wesen sprachen: Amen! Und die 24 Ältesten fielen nieder und beteten den an, der lebt von Ewigkeit zu Ewigkeit." Offenbarung 5,5-14

Von dem Moment an kommt alles unter die Kontrolle des Lammes. Die Bibel sagt uns: „Keine Macht der Welt, keine negative, böse, dämonische Macht der Welt, hat mehr einen Anspruch auf die Gläubigen. Der Gläubige ist ein Kind Gottes. Durch den Glauben an Jesus sind wir neue Menschen, die nicht mehr der Sünde, dem Tod oder dem Teufel gehören."

Unser Herr heißt Jesus Christus!

DREI STARKE TYPEN
IM REICH GOTTES

- BEFREIT, UM ZU VERGEBEN -

Beim Vorbereiten dieser Predigt fiel mir ein, dass ich schon einmal über die dreifache Identität Jesu gesprochen habe: Jesus, der Sohn Gottes – er ist Gott; Jesus, der Sohn des Menschen – er ist Mensch, und Jesus, der Sohn Davids. Als Sohn Davids wird er auf den letzten Seiten der Bibel noch bezeichnet und damit seine klare Zugehörigkeit zum Volk Israel betont.

Heute möchte ich auch über drei Identitäten sprechen, und zwar über drei starke Typen im Reich Gottes; über drei starke Typen damals in der Gemeinde. Es geht um den Philemonbrief. Er ist mit einem einzigen Kapitel, bestehend aus fünfundzwanzig Zeilen, der kürzeste und gleichzeitig persönlichste Brief des Apostel Paulus.

Als erstes möchte ich die drei Protagonisten in diesem Brief vorstellen. Da ist der Apostel Paulus, der sich während der Abfassung seines Briefes in Rom befindet; und zwar wegen seines Glaubens an Jesus im Gefängnis. Das ist keine schöne Ausgangsposition. Dort im Gefängnis, in seiner ersten Gefangenschaft, schreibt er vier Briefe: an die Epheser, Philipper, Kolosser und an Philemon. In seiner zweiten Gefangenschaft schreibt er den zweiten Timotheusbrief und verlässt dieses Gefängnis nicht mehr lebend. Das sei nur am Rande erwähnt.

Dort trifft er nun die erste Hauptperson des Briefes, den Onesimus.

Die zweite Person ist Philemon, der Adressat dieses Briefes. Er war ein wohlhabender und reicher Mensch. Heute würde man vielleicht sagen: Er war ein Großgrundbesitzer. Er war auch ein hingegebener Mitarbeiter der Gemeinde in Kolossäa.

Philemon „besaß" Sklaven, von denen einer Onesimus war. Im römischen Reich gab es Zeiten, da es mehr Sklaven als freie Einwohner gab. Slave zu sein, war zu der damaligen Zeit fast normal.

Ich möchte nur kurz erwähnen, dass, als dieser Brief geschrieben wurde, keiner der Schreiber des Neuen Testamentes zu einem bewaffneten Aufstand gegen die Sklaverei aufrief; und das aus guten Gründen. Sonst hätte es womöglich einen christlichen Sklavenaufstand gegeben, mit gewalttätiger Niederschlagung der Römer, und das Evangelium wäre zu einer Ideologie der Sklavenbefreiung degeneriert. Doch der Glaube an Jesus – und darum geht es – vermittelt uns eine wahre Freiheit. Allerdings ermahnten die Schreiber der neutestamentlichen Briefe die Herren sehr oft, ihre Sklaven gut zu behandeln. Diese sollten immer daran denken, dass auch sie, die Herren, einen Herrn im Himmel haben. So steht es in der Bibel.

Im römischen Reich gab es aber auch Sklaven, die eine hohe Stellung innehatten und zum Beispiel als Verwalter oder auch Erzieher arbeiteten. Es gab seinerzeit sogar Gemeinden, die von Sklaven geleitet wurden, und in denen die Herren gewöhnliche Gemeindeglieder waren. Hier sehen wir, dass die Ordnungen Gottes völlig unterschiedlich sind gegenüber den Systemen dieser Welt.

Dies nur als kleiner Exkurs, um die Lage einzuordnen.

Nun war da Onesimus, ein dem Philemon entlaufener Sklave, und jetzt fängt das Wunder des Briefes an. Dieser Sklave begegnete schließlich dem Apostel Paulus in Rom. Ich weiß nicht, ob er selbst im Gefängnis war. Auf jeden Fall begegnete er Paulus.

Bei diesem ganzen Drama, das sich hier in diesem Brief entfaltet, sehen wir den wunderbaren Ratschluss Gottes, der alles in seiner Hand hat, und auch die schlimmsten und verfahrensten Situationen unter seiner Kontrolle hat – auch heute in deinem Leben!

Gott will immer wieder Personen miteinander verbinden, auch wenn sie sich durch eigene Schuld entzweit haben.

Das ist hier das Thema. Jetzt zoomen wir einmal heran und schauen genauer auf die Personen.

1. Der Apostel Paulus

Der Apostel Paulus repräsentiert in diesem Brief den von Gott erwählten Leiter und seinen Dienst. Wenn wir auf Paulus schauen, sehen wir, wie ein geistgeleiteter Leiter wirkt und agiert. So startet dieser Brief, was ich sehr bemerkenswert finde, mit:

„Paulus, ein Gefangener Christi Jesu, und Timotheus, der Bruder, an Philemon, unseren geliebten Mitarbeiter, und an die geliebte Appia, und Archippus, unseren Mitstreiter, und an die Gemeinde in deinem Haus: Gnade sei mit euch und Friede von Gott, unserem Vater, und dem Herrn Jesus Christus!" Vers 1-3

Ein Gefangener Jesu Christi? Paulus war doch eigentlich ein Gefangener Roms! Eigentlich hätte er schreiben müssen: „Paulus, ein Gefangener der dämonisch antichristlichen Weltmacht Roms. Betet für mich! Gebietet dem Teufel, dass ich frei gelassen werde. Es geht doch nicht, dass ich hier im Gefängnis sitze!" Paulus war mindestens drei Jahre dort.

Nein, er unterstand seinem Herrn. Natürlich dürfen wir auch für Gefangene beten, aber Paulus sagt uns hiermit: „Nur das, was mein Herr genehmigt, kann mir widerfahren. Jesus hat das letzte Wort!" Das ist auch für uns heute sehr wichtig.

Vielleicht befindest du dich gerade in nicht so guten Umständen. Du darfst aber wissen, dass der Herr mit dir ist. Und wenn du sein Kind bist, dann darfst du wissen, dass Gott wirklich und grundsätzlich alles unter Kontrolle hat.

Ein Gefangener Jesu Christi zu sein bedeutet, dass wir Ihm gehören. Er weiß, was gut für uns ist und Er hat alle Macht. Jesus sagt: *„Mir ist gegeben alle Macht, im Himmel und auf Erden."* Matthäus 28,18

Er hat den Überblick; wir oft nicht. Wir sehen oft nur die kurzfristigen Umstände; er das volle Bild.

Paulus sah mehr und schaute aus der göttlichen Perspektive. Er hatte eine „Reich Gottes Sicht".

Hast du eine „Reich Gottes Sicht", oder bist du allein auf deine Umstände fixiert? Wenn du eine „Reich Gottes Sicht" hast, dann gibt dir das eine göttliche Sicherheit und Gelassenheit.

In den *Versen 11-17* sehen wir, wie ein echter, gesalbter Leiter agiert, und wie er mit den Menschen, die Gott ihm anvertraut, umgeht. Hier schreibt Paulus dem Philemon über seinen Sklaven Onesimus. Er beginnt mit einem kleinen Wortspiel, denn Onesimus heißt „der Nützliche". Doch „der Unnütze" hat sich bekehrt und damit verändert sich alles.

„… der dir einst unnütz war, jetzt aber dir und mir nützlich ist. Ich sende ihn hiermit zurück; du aber nimm ihn auf wie mein eigenes Herz! Ich wollte ihn bei mir behalten, damit er mir an deiner Stelle diene in den Fesseln, die ich um des Evangeliums willen trage; aber ohne deine Zustimmung wollte ich nichts tun, damit deine Wohltat nicht gleichsam erzwungen, sondern freiwillig sei. Denn vielleicht ist er darum auf eine kurze Zeit von dir getrennt worden, damit du ihn auf ewig besitzen sollst, nicht mehr als einen Sklaven, sondern, was besser ist als ein Sklave, als einen geliebten Bruder, besonders für mich, wie viel mehr aber für dich, sowohl im Fleisch als auch im Herrn. Wenn du mich nun für einen hältst, der Gemeinschaft mit dir hat, so nimm ihn auf wie mich selbst."

Ein Leiter tritt für seine geistlichen Kinder ein, auch wenn diese Schuld auf sich geladen und Fehler begangen haben, so wie es Paulus in *Vers 10* tut. Er redet Gutes über ihn, macht sich stark für Onesimus und „wirbt" für ihn. *„Ich bitte dich für mein Kind, das ich in meinen Fesseln gezeugt habe, Onesimus…"*

Er sieht die Chancen und Möglichkeiten in den ihm von Gott anvertrauten Menschen und nennt ihn „der einst Unnützliche, jetzt aber Nützliche". So macht Paulus es immer. *An die Epheser schreibt er in Kapitel 2,10: „Denn wir selbst sind ja Gottes kunstvolle Schöpfung."*

Du und ich, wir sind Kunstwerke Gottes. Wir hatten und haben in unserem Leben (hoffentlich) unsere Förderer, die uns darin bestärkt haben. Wenn nicht, dann sei du jetzt erst recht ein Förderer für andere.

Paulus nimmt sogar die Schuld auf sich.

„Wenn er dir aber Schaden zugefügt hat oder etwas schuldig ist, so stelle das mir in Rechnung. Ich, Paulus, schreibe es eigenhändig: Ich will es erstatten!" Vers 18 und 19

Vielleicht hatte Onesimus dem Philemon etwas gestohlen, aber Paulus setzt sich für ihn ein.

„Darum, obwohl ich in Christus volle Freiheit hätte, dir zu gebieten, was sich geziemt, so will ich doch, um der Liebe willen, vielmehr eine Bitte aussprechen, in dem Zustand, in dem ich bin, nämlich als der alte Paulus, und jetzt auch ein Gefangener Jesu Christi." Vers 8 und 9

Als Beispiel möchte ich anfügen: „Wenn etwas gut funktioniert hat, war es das Team. Wenn etwas schlecht war, dann war ich es" – nicht umgekehrt!

Paulus verzichtet auf autoritäres Gehabe.

Noch ein Beispiel: Oft wird an den Stolz des Leiters appelliert: „So etwas kannst du dir nicht bieten lassen. Jetzt musst du mal auf den Tisch hauen." Doch Vorsicht, denn jedes Mal, wenn du autoritär bist, verlierst du etwas an wahrer Autorität.

Paulus verbindet Menschen miteinander, die aneinander schuldig geworden sind. *„Vielleicht kannst du es so sehen: Onesimus lief für eine gewisse Zeit weg, damit du ihn für immer zurückbekommst." Vers 15*

Ein guter Leiter ist immer ein Teil der Lösung und nicht ein Teil des Problems, sonst ist er kein guter Leiter.

Das war die Gesinnung, die der Apostel Pauls hatte. Das machte ihn zu einem großen Leiter und das ist die Gesinnung unseres Herrn Jesus Christus.

Ich bin dankbar, dass ich in meinem Leben hauptsächlich gute Leiter erleben durfte, die mich geprägt haben, neben einigen wenigen nicht so guten. Die habe ich auch erlebt, aber diese dürfen mir ein abschreckendes Beispiel sein. Wie Albert Einstein sagte: *„Wenn dir einer kein gutes Vorbild sein kann, dann nimm ihn wenigstens als ein abschreckendes.“*

2. Philemon

Gehen wir nun weiter zu der zweiten Person und schauen uns einmal Philemon an. Er repräsentiert den hingegebenen Mitarbeiter im Reich Gottes und spricht zu allen Christen, die im Reich Gottes mitarbeiten. Dazu möchte ich sagen, dass jeder Christ im Reich Gottes mitarbeiten sollte. Dieser treue Mitarbeiter gibt das, was er besitzt, der Gemeinde Jesu und stellt es ihr zur Verfügung. *„Deine Liebe hat mir sehr viel Freude und Trost gegeben, mein Bruder, denn du erfreust die Herzen der Gläubigen.“* Vers 7

Ich komme noch einmal zurück zu Vers 1, über den ich schon gesprochen habe. Aber da heißt es außerdem: *„Paulus, ein Gefangener Christi Jesu, und Timotheus, der Bruder, an Philemon, unseren geliebten Mitarbeiter ...“*

„Denn wir haben viel Freude und Trost um deiner Liebe willen; denn die Herzen der Heiligen sind durch dich erquickt worden, lieber Bruder.“ Vers 7

„... und an die Gemeinde in deinem Haus.“ Vers 2

Philemon wird hier als ein geliebter Mitarbeiter bezeichnet und hatte wohl ein großes Haus. Damals versammelten sich die Menschen meist in den Häusern der wohlhabenden Geschwister. Stell dir einmal vor, was dort los gewesen sein muss! Da war wahrscheinlich ein Kommen und Gehen und in Philemons Haus spielte sich Vieles ab. Manch einer würde sich heute vielleicht bedanken. „Ich gehe sonntags zwar in die Gemeinde, aber dann gehe ich auch wieder weg, in mein eigenes Haus.“ „My home is my castle.“ Das hat Philemon nicht gedacht und auch nicht getan, sondern er hat seinen Besitz und seine Dienste bereitwillig zur Verfügung gestellt. Er war auch durch Paulus, das lesen wir in Vers 19, zum Glauben gekommen; also auch ein geistliches Kind von Paulus und damit vor Gott dem Onesimus gleich. Bei Gott gibt es kein Ansehen der Person und wir sollen uns immer hauptsächlich so betrachten, wer und was wir „in Christus“ sind.

In *Galater 3,28* heißt es: *„Da ist weder Jude noch Grieche, da ist weder Knecht noch Freier, da ist weder Mann noch Frau; denn ihr seid alle einer in Christus Jesus.“*

Um hier nicht missverstanden zu werden, möchte ich sagen, dass es natürlich nach wie vor Juden und Griechen gibt. Es gab noch Sklaven und Freie. Es gibt sowohl Männer als auch Frauen. Aber vor Gott sind alle Menschen gleich. In Christus haben sie alle den gleichen Wert.

Einer meiner Dozenten auf dem theologischen Seminar sagte manchmal: „Die Gemeinde ist die multikulturelle Gemeinschaft des Heiligen Geistes."

Wir kennen niemanden nach dem Fleisch, so heißt es. Es gibt kein Standesdenken in der Gemeinde Jesu. Es gibt aber geistliche Wachstumsstufen. Das sehen wir im ersten Johannesbrief. Dort werden geistliche Kleinkinder, Kinder, junge Leute und Väter und Mütter erwähnt. Paulus war solch ein Vater, sowie Philemon auch ein Vater sein sollte.

Viele von uns hat Gott berufen, Väter und Mütter im Geist zu sein. Jeder Christ, der schon eine Zeit bekehrt ist – jeder reife Christ – sollte ein Vater oder eine Mutter sein. Das bedeutet allerdings nicht, dass man automatisch eine bestimmte Stellung in der Gemeinde innehat.

Das Allerwichtigste ist nun, dass Paulus den Philemon bittet, Onesimus zu vergeben. Wir kommen jetzt zu dem wichtigsten Punkt in diesem Brief: Ohne Vergebung gibt es keinen Segen im Dienst. Nur, wenn du in Vergebung lebst, kannst du zur göttlichen Reife gelangen und Vater oder Mutter im Glauben sein.

An die Korinther schreibt Paulus: „Liebe Brüder, als ich bei euch war, konnte ich nicht so mit euch reden, wie ich es mit Menschen, die im Glauben gewachsen sind, getan hätte. Ich musste mit euch reden, als würdet ihr noch zu dieser Welt gehören oder als wärt ihr kleine Kinder im Glauben. Ich musste euch mit Milch ernähren statt mit fester Nahrung, die ihr noch nicht vertragen hättet. Und ihr könnt sie wohl auch jetzt noch nicht zu euch nehmen, denn ihr lasst euch noch von eurem alten Ich beherrschen. Ihr seid eifersüchtig und streitet miteinander. Beweist das nicht, dass ihr noch von euren eigensüchtigen Wünschen beherrscht werdet? Ihr benehmt euch wie Menschen, die nicht dem Herrn angehören." 1. Korinther 3,1-3

Die Gemeinde in Korinth ist die einzige Gemeinde in der Bibel, zu welcher der Apostel Paulus sagt: „Ihr seid fleischlich." Mit anderen Worten sagt er: „Zwischen euch und den Menschen in der Welt, also denen, die nicht an Jesus glauben, ist kein Unterschied."

Und deshalb stellt sich jedem von uns die Frage: „Muss ich vergeben? Wem muss ich vergeben? Wer hat mir Unrecht getan? Wen darf ich wieder bewusst annehmen als Bruder oder Schwester?" Diese Fragen müssen wir uns stellen. Das fordert Paulus hier heraus.

Philemon war ein Mann des Glaubens und der Liebe. Trotzdem war er verständlicherweise wütend auf Onesimus. Wahrscheinlich haben wir fast immer einen Grund, um auf irgendjemanden (in der Gemeinde) aus irgendeinem Grund wütend zu sein. Vielleicht hat uns irgendjemand komisch angeguckt, komisch reagiert; einfach anders, als wir es erwartet hätten. Das passiert laufend.

Der Teufel benutzt dies, um uns von der notwendigen Reife in Christus abzuhalten. Diese einfachen, plumpen Dinge nutzt er und es ist seine hauptsächliche Strategie. Das heißt, dass wenn keine Väter und Mütter da sind, bedeutet es: keine Reife. Keine Reife heißt: eine fleischliche Gemeinde, die somit keinen Unterschied macht zu irgendeinem Verein in der Welt.

Als ich als junger Mann in Wuppertal zum Glauben an Jesus kam, besuchte ich damals eine kleine Gemeinde von circa dreißig bis vierzig Mitgliedern und dort gab es viele ältere Geschwister. Wir nannten sie immer „die heiligen Omis". Allein wie sie redeten, war schon einzigartig. Ich dachte, sie könnten das Wort „Sünde" nicht einmal in den Mund nehmen. Auf der einen Seite bewunderte ich sie, auf der anderen Seite dachte ich: „So möchte ich niemals werden. Werde nie zu heilig, sonst wirst du wie sie!" Dann zog ich in eine andere Stadt, hatte aber immer noch Kontakt zu dieser Gemeinde. Nach einiger Zeit hörte ich, dass „die heiligen Omis" sich zu einer Wohngemeinschaft zusammengetan hatten. Diese bestand leider nur sechs Wochen und dann wurde es so schlimm, dass die Damen sogar handgreiflich gegeneinander wurden. So viel zu ihrer „Heiligkeit"!

Paulus spricht hier von echter Heiligkeit, die gekennzeichnet ist von Vergebung, Versöhnung, von Beziehung. Das ist absolut wichtig.

Schauen wir nun zu Onesimus.

3. Onesimus

Er repräsentiert den noch nicht so reifen Gläubigen, den Gott in Seinen Dienst ruft. Und ich sagte schon, sein Name bedeutet: „Der Nützliche".

Es heißt in *Vers 11: „Er, der »Nützliche«, war dir früher zu nichts nütze, doch jetzt ist er sowohl dir als auch mir von großem Nutzen."*

„Der Nützliche"! Ich weiß nicht, was sich seine Eltern dabei gedacht haben, aber es war Gottes Bestimmung für ihn.

Dies ist auch deine Bestimmung und du sollst Gott nützlich sein. Doch manchmal ist es so, dass der Herr erst besonders an dir wirken muss, bevor du ihm nützlich sein kannst. Oft steht etwas zwischen deinem derzeitigen Zustand und deiner göttlichen Bestimmung.

Wie tausende andere entlaufene Sklaven in jener Zeit, floh Onesimus nach Rom und versuchte dort in der Masse anonymer Sklaven unterzutauchen, von denen es seinerzeit dort nur so wimmelte.

Siehst du hier auch den Ratschluss Gottes? Dort lernte er Paulus kennen, bekehrte sich und wurde Christ. Was für eine göttliche Führung und Fügung! Gott geht uns nach und ruft uns. Hörst du Seinen Ruf?

Gott hat uns berufen, nützlich zu sein für Seine Gemeinde, für Sein Reich und für Seinen Auftrag, den Er für uns hat.

Oft sind wir aber, genauso wie Onesimus: unnütz (Vers 11). Er hatte Schuld auf sich geladen und wahrscheinlich seinen Herrn bestohlen. *„Wenn er dir aber Schaden zugefügt hat oder **etwas schuldig ist**, so stelle das mir in Rechnung." Vers 18*

Onesimus lief weg und stellte sich nicht seiner Schuld. Aber er konnte Gott nicht entkommen; selbst im fernen Rom unter den vielen tausend Sklaven nicht. Gott hat ihn gefunden. Er hat ihn nicht bestraft, sondern gerettet. Damit konnte Onesimus leben, denn die Strafe liegt auf Jesus. Und doch muss man sich seiner Schuld stellen; man muss sich Gott stellen.

In diesem Zusammenhang denke ich an einen anderen Mann, der sich Gott auch nicht gestellt hat: ein Prophet. Selbst ein Prophet ist fehlbar. Der Prophet Jona bekam von Gott den Auftrag, in die Stadt Ninive zu gehen und das Gericht Gottes anzukündigen. Und was tat er? Er lief davon, bestieg ein Schiff und fuhr damit nach Tarsis. *(Jona 1,3)* Und du weißt, was passierte?! Er konnte Gott nicht entfliehen. Auch wir müssen uns Gott stellen, wenn wir aus Seiner Schule gelaufen sind. Und das ist gut so.

Wir spüren: So wie Paulus hier um ihn wirbt, wirbt Gott um uns.

Wir werden nützlich für Gott, indem wir nicht mehr weglaufen vor unserer Berufung, die Er uns gegeben hat; indem wir uns unseren Fehlern und Sünden stellen; indem wir Vergebung gewähren und auch Vergebung empfangen.

Wir alle sind hauptsächlich aus einem Grund nützlich für den Herrn, nämlich weil Er uns vergeben hat. Diese Vergebung müssen wir auch annehmen.

Wir dürfen diese Vergebung weitergeben! Unrecht darf nicht einfach unter den Teppich gekehrt werden. Es muss geklärt werden. Und so sollten wir uns fragen: „Wer hat mich enttäuscht? Wen muss ich (erneut) annehmen und wem neu Vertrauen entgegenbringen. Wem darf ich vergeben?"

Beziehungen müssen wiederhergestellt werden, um im vollen Segen Gottes weiter zu dienen.

Wir alle sind nützlich für Gott, wenn wir Vergebung empfangen haben. Wir alle sind auch in unserem Dienst und unseren Werken Repräsentanten Gottes. Wir müssen aber auch wissen, dass der Teufel immer das Werk Gottes zerstören möchte, gerade im zwischenmenschlichen Bereich. Wir können uns selbst fragen: „Wie erfolgreich war er damit bisher?"

Als ich genau an dieser Stelle zur Vorbereitung meiner Predigt war, bekam ich eine WhatsApp Nachricht. Normalerweise schaue ich nicht auf mein Handy, wenn ich an einer Predigt arbeite, doch an diesem Tag schaute ich darauf. Es war eine Nachricht von einem befreundeten Pastor namens Karl-Heinz und er schickte mir ein Bild von einem Puzzle mit einem selbst gedichteten Text dazu. Beides passte ganz genau an diese Stelle. Ich rief Karl-Heinz an und fragte, ob ich dieses Bild verwenden dürfte unter Angabe des Autors der Quelle und er gab mir die Erlaubnis.

Dieses Bild zeigt ein Puzzle, welches noch unfertig auf dem Tisch ausgebreitet liegt. Und so puzzelt Gott mit uns. Wir sind nicht mit einem Mal das fertige Bild. Es entwickelt sich nach und nach. Es braucht eine gewisse Zeit. Gott setzt jedes Puzzleteilchen an die richtige Stelle.

Unter diesem Bild mit dem Puzzle stand nun folgender Text, der genau zu Onesimus passt. Und wir alle sind „Onesimus" („der Nützliche").

„Jedes Leben auf der Erde
ist, dass es vom Schöpfer werde.
Wenn man ihn nur machen lässt,
wird´s am Ende allerbest!

War da jemand unerhört,
der dein Leben hat zerstört,
dann lass ran den Star-Designer,
denn wie er vermag es keiner."

Karl-Heinz Jaxa

Wollen wir den Star-Designer in unserem Leben wirken lassen? Ja, das ist das Beste, was wir tun können. Dazu gehört Vergebung. Wenn wir nicht vergeben, wenn wir die Gnade nicht nehmen, wenn wir den Kreislauf der Gnade blockieren, dann kann Gott nichts tun.

Mein letzter Gedanke ist hier folgender: Dieser Brief hat wirklich ein Happy End. Paulus schreibt an die Kolosser aus dem gleichen Gefängnis, im gleichen Jahr, ungefähr 60 nach Christus, was dann mit Onesimus geschah:

„Außerdem schicke ich euch Onesimus, einen treuen und sehr lieben Bruder, der ja einer von euch ist." Kolosser 4,9

Das bedeutet: Philemon ist auf Paulus´ Brief eingegangen. Er hat ihm geantwortet: „Onesimus soll in deinem Dienst stehen, ein Helfer in deinem apostolischen Dienst sein."

Vielleicht hatten viele den Onesimus schon abgeschrieben, aber er wurde wirklich nützlich.

Die drei starken Typen, um die es in diesem Brief geht, waren alle nicht fehlerlos, aber sie waren verfügbar für den Herrn, gingen auf Sein Reden ein und wurden dadurch nützlich für Gott.

Willst du auch verfügbar und nützlich sein für Gott?

IN LOBPREIS UND ANBETUNG LEBEN

- BEFREIT, UM ANZUBETEN -

Mit diesem Thema spreche ich nicht nur zu den Lobpreisern, den Musikern oder den Sängern, denn Lobpreis und Anbetung hat in erster Linie etwas mit unserer Herzenshaltung zu tun.

Lobpreis ist auch mehr als Danksagung. Danke zu sagen, ist gut und wir können für sehr viele Dinge dankbar sein: für das, was Gott getan hat, füreinander und vieles mehr. Aber Lobpreis bedeutet, dass wir bei Gott sind, dass wir uns an Ihm freuen.

Es gibt das sogenannte Westminster Bekenntnis, das anglikanische Glaubensbekenntnis, worin eine Passage enthalten ist, die mir sehr gut gefällt. Da heißt es: *„Des Menschen höchste Bestimmung ist es, Gott zu erkennen und Ihn auf ewig zu genießen."* *(Quelle: Quelle: Westminster Glaubensbekenntnis von 1646)*

Hast du schon einmal Gott genossen? Also nicht nur, was Gott getan hat, sondern Ihn selbst?

Darum soll hier gehen.

1. Lobpreis und Anbetung war im Himmel schon vor aller Zeit vorhanden.

Als zum Beispiel die Engel bei der Schöpfung ganz am Anfang, wann immer das gewesen sein mag, Gott gelobt und gepriesen haben. Da heißt es im Buch Hiob:

„Wo warst du, als ich die Grundfesten der Erde legte? Sag es mir, sofern du Bescheid weißt! Weißt du, wer ihre Maße festlegte oder wer das Maßband über ihr ausspannte? Worauf sind ihre Stützpfeiler eingesenkt und wer hat ihren Eckstein gelegt, als die Morgensterne miteinander sangen und alle Engel vor Freude jubelten?" Hiob 38,4-7

Hier spricht Gott zu Hiob, der so viele falsche Dinge über Gott gesagt und Ihn falsch beurteilt hatte, obwohl er es gut meinte. Doch am Ende offenbarte sich Gott dem Hiob und stellte ihm einige Fragen, auf die dieser keine Antwort wusste. Später sagte Hiob: *„Ich habe im Unverstand geredet."* Hiob 42,3

Ich denke, dass mit den Morgensternen die Cherubim gemeint sind, die miteinander jauchzen. Stell dir einmal vor, was im Himmel für ein Lobpreis gewesen sein muss, als Gott die Welt schuf und alle Engel und Cherubim sangen, jauchzten und jubelten!

Es gab einen Engel, den Gott in besonderer Weise erwählt hatte und mit großer Schönheit und Begabung ausstattete, um den himmlischen Lobpreis zu leiten. Sein Name war Luzifer. Doch er behielt seine Stellung nicht, denn er wollte sich über Gott erheben. Dazu können wir folgende zwei Prophetien lesen. Im Kontext gesehen, sind es zwei versteckte Prophetien, die auf den ersten Blick nicht als das zu erkennen sind, was sie wirklich sind. Aber Gott offenbart es.

Hier heißt es in beiden Bibelstellen von diesem Engel, dem Morgenstern Luzifer:

„Ins Totenreich gestürzt ist deine Pracht, und deine rauschende Harfenmusik. Ach, wie bist du vom Himmel gefallen, funkelnder Morgenstern, zu Boden geschmettert, Eroberer der Welt! Du, du hattest in deinem Herzen gedacht: ‚Ich will zum Himmel hochsteigen! Höher als die göttlichen Sterne stelle ich meinen Thron! Im äußersten Norden setze ich mich hin, dort auf den Versammlungsberg! Über die Wolken will ich hinauf, dem Allerhöchsten gleichgestellt sein!‘ Doch ins Reich der Grüfte musst du hinab, wirst auf den Grund der Totenwelt gestürzt." Jesaja 14,11-15

„In Eden, im Garten Gottes warst du; mit allerlei Edelsteinen warst du bedeckt: mit Sardis, Topas, Diamant, Chrysolith, Onyx, Jaspis, Saphir, Karfunkel, Smaragd, und mit Gold. Deine kunstvoll hergestellten Tamburine und Flöten waren bei dir; am Tag deiner Erschaffung wurden sie bereitet. Du warst ein gesalbter, schützender Cherub, ja, ich hatte dich dazu eingesetzt; du warst auf dem heiligen Berg Gottes, und du wandeltest mitten unter den feurigen Steinen. Du warst vollkommen in deinen Wegen vom Tag deiner Erschaffung an, bis Sünde in dir gefunden wurde." Hesekiel 28,13-15

Wir sehen darin eine Warnung, die Gottes Wort an uns alle richtet. Benutzt euren Dienst nicht – egal, wie dieser Dienst aussieht, auch wenn er in großer Salbung geschieht – um euer eigenes Reich zu bauen, um euren Stolz zu nähren! Bleibt demütig! Gott teilt Seine Ehre mit niemandem. Darum nannte Paulus auch die Kriterien, die zugrunde gelegt werden sollten, um Leiter auszuwählen, und sagte zu Timotheus, dass kein Neubekehrter dabei sein sollte:

„… nicht ein Neubekehrter, damit er nicht, aufgebläht, dem Gericht des Teufels verfalle." 1. Timotheus 3,6

Anbetung hat mit unserer Liebe zu Jesus zu tun. Die Liebe zu Jesus hat die Macht, unseren Stolz zu brechen. Sie verwandelt unseren Erfolg in einen Anlass zur Anbetung, statt in einen Anlass zur Selbstverherrlichung.

Der Stolz eines Leiters mündet in einen Personenkult, aber die Demut eines Leiters führt zur Anbetung Gottes.

2. Gott sucht Anbeter (unter uns Menschen).

Jesus sprach zu einer samaritanischen Frau am sogenannten Jakobs-
brunnen über wahre Anbetung. Die Samariter und die Juden hatten kein
gutes Verhältnis zueinander. Die Juden behaupteten berechtigterweise,
dass in Jerusalem der Ort der Anbetung sei; im Tempel, den Salomo
erbaut hatte. Die Samariter, die ein Mischvolk waren, hatten sich irgendwann davon losgelöst und sagten: „Auf dem Berg Garizim ist Gott erschienen und hat sich offenbart. Dort beten wir an." Und in diese Situation sprach Jesus nun folgendes:

*„Aber die Zeit kommt, ja sie ist schon da, in der die wahren Anbeter den
Vater im Geist und in der Wahrheit anbeten. Der Vater sucht Menschen,
die ihn so anbeten." Johannes 4,23*

Die Zeit, in der es nicht mehr darauf ankommt, wo man anbetet, sondern
wie, bezieht sich auf den Neuen Bund. Sie bezieht sich auf die Erlösten;
auf die, die Jesus freigekauft hat. Der Herr sucht Anbeter und in diesem
Zusammenhang spricht Gott über David: *„Ich habe meinen Knecht David
gefunden und ihn mit meinem heiligen Öl gesalbt." Psalm 89,21*

David war ein Anbeter. Er war ein Mann mit einer dreifachen Salbung:
als König, Priester und Prophet. Er hatte die gleiche Salbung, die dann
eintausend Jahre später auf dem Messias ruhte. Es war eine Vorschattung auf Jesus hin und der Neue Bund wurde schon ein klein wenig in
dem Alten Bund erlebt. Das hat mit Anbetung zu tun.

Wenn es hier heißt, dass der Vater solche Anbeter sucht, die in Geist und
Wahrheit anbeten, dann ruft Er dich und mich, Seine Anbeter zu sein. Er
sucht dich, damit du Ihm dein Leben gibst. Willst du dich finden lassen?

Damals als die ersten Menschen gesündigt hatten, als sie Schuld auf
sich geladen hatten, da versteckten sie sich. Jesus hat alle unsere Sünden vergeben. Wir dürfen und sollen unser „Versteck" verlassen und in
Sein Licht hineintreten. Darum heißt es im Hebräerbrief: *„Lasst uns nun
mit Freimütigkeit hinzutreten zum Thron der Gnade…" Hebräer 4,16*

David war ein wahrer Anbeter, wie es sie bis heute selten gibt. Gott
möchte, dass du dir David als Vorbild nimmst.

Wollen wir einmal mit den folgenden Bibelstellen einen Blick in seine Zeit
werfen. David richtete die Anbetung Gottes auf. Eines der ersten Dinge,
die er tat, nachdem der Herr ihn zum König bestätigt hatte, war, die Bun-

deslade nach Jerusalem zurückzuholen. Sie war lange Zeit vorher von den Philistern gestohlen und irgendwo im Grenzgebiet untergebracht worden. Saul hatte kein Interesse an der Lade, doch David brachte sie zurück und richtete ein eigenes Zelt, beziehungsweise eine Hütte, für sie her; die sogenannte Hütte Davids. Das Besondere an dieser Hütte war, dass man sie betreten konnte, ohne ein Opfer darzubringen. Man konnte einfach so in die Gegenwart Gottes treten – allein mit Lobpreis – und Ihn anbeten. Darum heißt es im Hebräerbrief: „Lasst uns Ihm ein Opfer des Lobes darbringen."

„Durch ihn lasst uns nun Gott beständig ein Opfer des Lobes darbringen, das ist die Frucht der Lippen, die seinen Namen bekennen!" Hebräer 13,15

Lobpreis ist ein Opfer, welches Gott anerkennt.

„Und die Priester standen in ihren Dienstabteilungen und die Leviten mit den Musikinstrumenten des Herrn, die der König David gemacht hatte, um den Herrn zu preisen: Denn seine Gnade währt ewig! - wenn David auf ihnen den Lobpreis darbrachte. Und die Priester bliesen ihnen gegenüber die Trompeten, und ganz Israel stand dabei." 2. Chronik 7,6

Es geht hier um die Hütte Davids. Und David hatte viele Musikinstrumente hergestellt unter der Inspiration Gottes. Er richtete den Dienst von Lobpreis und Anbetung im alten Volk Israel wieder her. Dieses war ein Dienst nach Gottes Willen.

„David freilich ist gestorben, nachdem er seiner eigenen Generation nach Gottes Willen gedient hat." Apostelgeschichte 13,36

David brachte die Bundeslade nicht in das alte Zelt, welches schon existierte – in die sogenannte Stiftshütte, das Vorbild für den späteren Tempel – sondern er schlug ein eigenes Zelt für sie auf. In dem alten Zelt wurden weiterhin Opfer dargebracht, nach der Anordnung, wie Mose es geboten hatte.

„David baute sich Häuser in der Davidsstadt. Auch für die Lade Gottes richtete er einen Platz her und schlug ein Zelt für sie auf." 1. Chronik 15,1

Dann versammelte David alle Leviten, damit sie in das Zelt kommen zur Lade des Herrn, und rief ganz Jerusalem zusammen. Da war richtig viel los. Wir lesen davon nur in wenigen Versen der Bibel, aber David veränderte den gesamten Gottesdienst, beziehungsweise fügte er etwas wichtiges hinzu, so wie Gott es wollte.

„Heiligt euch und eure Brüder und bringt die Lade des Herrn, des Gottes Israels, zu dem Platz hinauf, den ich für sie vorbereitet habe. 1. Chronik 15,11

Es war ein separater Ort, den David für die Lade vorbereitet hatte.

„David hatte auch den Oberen der Leviten befohlen, die Sänger aus ihrem Stamm mit Harfen, Zithern und Zimbeln aufzubieten, damit sie laute Freudenklänge erschallen ließen. Sie beauftragten damit Heman Ben-Joël sowie Asaf Ben-Berechja und Etan Ben-Kuschaja, der zu den Nachkommen Meraris gehörte. Hinzu kamen folgende Leviten der zweiten Ordnung: Secharja, Jaasiël, Schemiramot, Jehiël, Unni, Eliab, Benaja, Maaseja, Mattitja, Elifelehu, Mikneja, Obed-Edom und Jëiël, die Torwächter. Die Sänger Heman, Asaf und Etan ließen sich mit bronzenen Zimbeln hören. Secharja, Jaasiël, Schemiramot, Jehiël, Unni, Eliab, Maaseja und Benaja spielten Harfe in der hohen Tonlage. Mattitja, Elifelehu, Mikneja, Obed-Edom, Jëiël und Asasja spielten Laute in der tiefen Tonlage. Damit leiteten sie den Gesang." 1. Chronik 15,16-21

„Man brachte die Lade Gottes in das Zelt, das David für sie errichtet hatte." 1. Chronik 16,1

„Damals, an jenem Tag, beauftragte David Asaf und seine Brüder zum ersten Mal, den Herrn so zu loben: Preist den Herrn! Ruft aus seinen Namen, macht den Völkern seine Taten bekannt! Singt ihm, spielt ihm und redet von all seinen Wundern! Rühmt euch seines heiligen Namens! Die ihn suchen, können sich freuen! Fragt nach dem Herrn und seiner Macht, sucht seine Nähe zu aller Zeit! 1. Chronik 16,7-11

Asaf war der Hauptlobpreisleiter von David. Es geschah etwas gänzlich Neues, wovon David auch in dem *Psalm 96,1* schreibt: *„Singt dem Herrn ein neues Lied, singt dem Herrn, alle Welt!"*

„David ließ Asaf und die Männer seiner Sippe ständig vor der Bundeslade des Herrn bleiben, um dort den täglich notwendigen Dienst zu tun." 1. Chronik 16,37

Das Wort „ständig" bezeugt einen permanenten Dienst, vierundzwanzig Stunden an sieben Tagen der Woche, den David anordnete.

„... 4000 Torwächter und 4000, die den Herrn mit den Instrumenten preisen und loben sollten, die er selbst zum Lobgesang hatte anfertigen lassen." 1. Chronik 23,5

Demnach war David der Erfinder vieler Instrumente. Es muss dort eine wahre Instrumentenindustrie gegeben haben, denn all diese Musikgeräte konnte David nicht selbst hergestellt haben.

Dort gab es auch prophetischen Lobpreis. Damit meine ich nicht, dass sich prophetisch begabte Menschen von den Instrumenten begleiten ließen – das gab es natürlich auch, wie zum Beispiel bei Elisa, der prophetisch redete und sagte: *„Bringt mir vorher einen Saitenspieler!" (2. Könige 3,15)*

Sondern ich spreche davon, dass es noch mehr als das gibt, wie in der 1. Chronik beschrieben wird:

„David sonderte nun zusammen mit den Heerobersten die Nachkommen Asafs, Hemans und Jedutuns aus, die auf Zithern, Harfen und Zimbeln prophezeiten. Von den Söhnen Jedutuns waren es Gedalja, Zeri, Jesaja, Schimi, Haschabja und Mattitja, zusammen sechs. Sie sollten unter der Leitung ihres Vaters, der auf der Zither prophezeite, den Herrn preisen und loben." 1. Chronik 25,1-3

Die Generäle des Heeres kümmerten sich um den Lobpreis. Daran merkt man, dass der Lobpreis einen Bezug zum geistlichen Kampf hat.

Hier waren die Instrumente selbst prophetisch, nicht nur, dass sie den prophetisch Redenden begleiteten. Zithern, Harfen und Zimbeln prophezeiten. Sie haben gespielt, selbst wenn es keinen Gesang gab, und die Klänge der Instrumente waren prophetisch.

Ich sehe bereits damals vor circa dreitausend Jahren ein Schattenbild für den Neuen Bund, wenn ich mir das Leben und Wirken Davids ansehe. Jesus wird der Sohn Davids genannt; nicht nur weil Er einer seiner Nachkommen ist, sondern da ist noch mehr: eine besondere Beziehung.

„Ich, Jesus, habe meinen Engel gesandt, euch diese Dinge für die Gemeinden zu bezeugen. Ich bin die Wurzel und das Geschlecht Davids, der glänzende Morgenstern." Offenbarung 22,16

Aber irgendwann, wir wissen nicht wann, kehrte das Volk Gottes wieder zu der alten Art der Anbetung und der Opfer zurück. Die Hütte Davids „zerfiel" wieder. Jakobus redete später von der zerfallenen Hütte Davids (Apostelgeschichte 15,16). Aber Gott wollte diese Hütte im Neuen Bund, das Synonym für Lobpreis, wieder zu neuem Leben erwecken.

3. Er sucht dich, um sein Anbeter zu sein.

Unser persönlicher Lobpreis und unsere Anbetung soll vierundzwanzig Stunden am Tag andauern, nicht nur Sonntag morgens mit der Lobpreisband im Gottesdienst. Wir können immer, wo wir auch sind – ob bei der Arbeit, mit den Kindern, wenn es mal hektisch wird, ... – Gott unseren Lobpreis bringen: im Geist und in der Wahrheit.

„Aber die Zeit kommt, ja sie ist schon da, in der die wahren Anbeter den Vater im Geist und in der Wahrheit anbeten. Der Vater sucht Menschen, die ihn so anbeten." Johannes 4,23

Ich stelle mir vor, wie der Heilige Geist auf der Erde umherwandert und Anbeter – Erlöste – sucht, die er rekrutieren möchte für Seinen himmlischen Chor. Hierbei geht es Ihm in erster Linie um das Lied unserer Herzen. Was der Vater aktiv sucht, sind Anbeter!

Jesus sagte dieses Wort aus dem Johannesevangelium zu einer Frau, die eine Sünderin und eine Ausgestoßene war. Er möchte aus Menschen, die am Rande stehen, die außerhalb Seiner Gemeinde und des Reiches Gottes stehen, Anbeter machen. Er möchte, dass all deine Bitterkeit und Enttäuschung, in eine tiefe Anbetung mündet.

In diesem Augenblick ist der Vater auf der Suche nach Anbetern. Kann er heute sagen, so wie Er seinerzeit gesagt hat: „Ich habe David gefunden ... Ich habe dich gefunden?"

Es gibt verschiedene Ebenen von Lobpreis und jeder Mensch darf auf seiner Ebene Gott begegnen. Dazu passt folgende Geschichte:

„Der Gottesdienst begann und die Lobpreisband spielte, doch der Pastor war mit dem Lobpreis nicht zufrieden und dachte bei sich: „Da fehlt irgendetwas. Das war nicht gut. Ich werde später mit dem Lobpreisleiter sprechen." Während dieses späteren Gespräches kam ein junger Mann an dem Pastor und dem Lobpreisleiter vorbei, der zum ersten Mal den Gottesdienst besucht hatte und sagte: „Was mir heute besonders gut gefallen hat, war nicht die Predigt, sondern der Lobpreis. Solch eine Begegnung mit Gott habe ich noch nie gehabt."

Es kommt nicht immer auf unser eigenes Empfinden an.

Anbeter sind der Baustoff für das Haus in dem Gott sich zuhause fühlt.

Am Ende der Bibel, in der Apostelgeschichte, spricht Jakobus von dieser Hütte Davids, die schon lange zerfallen war – vor tausend Jahren. Damals war die Gemeinde in einer großen existenziellen Krise: Es bekehrten sich Heiden und die Juden meinten, diese müssten nun erst einmal Juden werden, die Männer müssten sich beschneiden lassen, alle müssten die Speisevorschriften und den Schabbat halten und dann würde ihnen der Weg zu Jesus offen stehen. Aber einige der Juden sahen das nicht so, sondern sagten: „Gott hat etwas vollkommen Neues gemacht." Darüber stritten sie sich berechtigterweise. Jakobus war der „Hardliner" unter ihnen. Er war der, der das jüdische Gesetz hochhielt. Doch plötzlich hatte er ein Wort der Erkenntnis. Gerade ihm gab Gott dieses Wort und Jakobus löste diesen Streit auf, indem er sagte: „Wir brauchen nicht mehr das alte jüdische Gesetz einhalten. Wir dürfen sofort zu Jesus kommen. Er hat die vollkommene Erlösung geschaffen." Damit zitierte er den Propheten Amos:

„Das stimmt auch mit den Worten der Propheten überein, denn so steht es geschrieben: Danach will ich zurückkehren, sagt der Herr, und die zerfallene Hütte Davids wieder aufbauen. Aus ihren Trümmern werde ich sie wieder errichten, damit auch die übrigen Menschen nach mir fragen, die Menschen aller Völker, die ich zu meinem Eigentum erklärt habe. Ich, der Herr, werde tun, was ich von jeher angekündigt habe." Apostelgeschichte 15,15-17 (Amos 9,11-12)

Es bedeutet nicht, dass wir diese Hütte buchstäblich wieder aufbauen, sondern es ist ein Synonym für Lobpreis; dafür, dass man einfach so, weil Jesus alle Sünde für uns getragen hat, in die Gegenwart Gottes kommen kann. Das meint Jakobus mit seiner Aussage.

Ich habe vor vielen Jahren eine Prophetie bekommen, in der es um einen Paradigmenwechsel geht, den Gott jetzt im 21. Jahrhundert vollzieht. Und da steht unter anderem folgendes:

„Die Wiederherstellung der Stiftshütte Davids, wie in Amos 9,12 und Apostelgeschichte 15,16-18 vorhergesagt, wird hervorkommen und das Ergebnis werden Häuser sein, aus denen vierundzwanzig Stunden Gebet und Lobpreis, Anbetung und Fürbitte über die Nationen fließen werden. Neue kreative Lieder und Klänge werden entstehen, wie es in dem radikalen Dienst von William und Catherine Booth´s Heilsarmee-Bands geschah. Wie damals wird der Lobpreis nicht auf die vier Wände der Kirche beschränkt sein, sondern er wird sich nach draußen ins Freie ergießen."

Denken wir noch einmal an Jakobus: „*... damit auch die übrigen Menschen nach mir fragen, die Menschen aller Völker, ..." Apostelgeschichte 15,17*

Lobpreis und Anbetung ist nicht nur etwas für die Gläubigen.

In dem vierten und fünften Kapitel der Offenbarung geht es um Lobpreis. Johannes war auf der Insel Patmos in einem Arbeitslager und es ging ihm körperlich nicht gut. Da hatte er eine Offenbarung und sah den Herrn, der zu ihm sagte: *„Komm hier herauf und ich werde dir zeigen, was geschehen muss."* Und Johannes sah eine Tür, ging hindurch und sah einen Thron und den, der auf dem Thron sitzt. Er beschreibt eine Szene von Anbetung.

„Immer wenn die lebendigen Wesen dem, der auf dem Thron sitzt und in alle Ewigkeit lebt, Herrlichkeit und Ehre und Dank bringen, fallen die vierundzwanzig Ältesten nieder vor dem, der auf dem Thron sitzt, und beten den an, der in alle Ewigkeit lebt. Und sie legen ihre Kronen vor den Thron und sagen:»Du bist würdig, unser Herr und Gott, Herrlichkeit und Ehre und Macht entgegenzunehmen. Denn du hast alle Dinge geschaffen; weil du es wolltest, sind sie da und wurden sie geschaffen." Offenbarung 4,9-11*

In Offenbarung 5 schildert Johannes dann weiter: *„Und ich sah inmitten des Thrones und der vier lebendigen Wesen ein Lamm stehen, wie geschlachtet."* Dieses Lamm ist Jesus. Dann geht die Szene der Anbetung weiter und alle Anbetung des ganzen Universums geht auf das Lamm.

Ich bin davon überzeugt, dass mit den vierundzwanzig Ältesten in Offenbarung 4 die vollendete Gemeinde Jesu gemeint ist. Die Zahl vierundzwanzig steht für zweimal zwölf; zwölf aus dem Neuen Bund und zwölf aus dem Alten Bund; die zwölf Stämme Israels.

Die Bibel sagt in Römer 11, dass diese beiden irgendwann zusammenkommen, und das wird so sein, als wenn Lebende aus den Toten kommen.

„Denn kam es schon zur Versöhnung der Völker mit Gott, als er sich von Israel abwandte, wie herrlich muss es werden, wenn Gott sich seinem Volk wieder zuwendet! Dann werden die Toten zu neuem Leben erwachen." Römer 11,15*

Das wird eine herrliche Zeit sein. Und sie ist fast schon da.

Lobpreis und Anbetung in allen Lebenslagen bringt den Sieg, denn im Buch der Offenbarung geht es darum, dass zuletzt Jesus die Herrschaft öffentlich antritt. Ihn wollen wir anbeten.

DAS SEUFZEN,
DAS ALLES VERÄNDERT

- BEFREIT, UM ZU HOFFEN -

„Denn ich bin überzeugt, dass die Leiden der jetzigen Zeit nicht ins Gewicht fallen gegenüber der Herrlichkeit, die an uns geoffenbart werden soll. Denn die gespannte Erwartung der Schöpfung sehnt die Offenbarung der Söhne Gottes herbei. Die Schöpfung ist nämlich der Vergänglichkeit unterworfen, nicht freiwillig, sondern durch den, der sie unterworfen hat, auf Hoffnung hin, dass auch die Schöpfung selbst befreit werden soll von der Knechtschaft der Sterblichkeit zur Freiheit der Herrlichkeit der Kinder Gottes. Denn wir wissen, dass die ganze Schöpfung **mitseufzt** *und mit in Wehen liegt bis jetzt; und nicht nur sie, sondern auch wir selbst, die wir die Erstlingsgabe des Geistes haben, auch wir erwarten* **seufzend** *die Sohnesstellung, die Erlösung unseres Leibes. Denn auf Hoffnung hin sind wir errettet worden. Eine Hoffnung aber, die man sieht, ist keine Hoffnung; denn warum hofft auch jemand auf das, was er sieht? Wenn wir aber auf das hoffen, was wir nicht sehen, so erwarten wir es mit standhaftem Ausharren. Ebenso kommt aber auch der Geist unseren Schwachheiten zu Hilfe. Denn wir wissen nicht, was wir beten sollen, wie sich´s gebührt; aber der Geist selbst tritt für uns ein mit unaussprechlichen* **Seufzern.** *Der aber die Herzen erforscht, weiß, was das Trachten des Geistes ist; denn er tritt so für die Heiligen ein, wie es Gott entspricht."* Römer 8,18-27

In diesem Bibelabschnitt kommt das Wort „seufzen" dreimal vor.

Wir alle kennen Situationen, die zum Seufzen Anlass geben. Schon als junges Schulkind kann man seufzend über den schwierigen Hausaufgaben brüten und als Erwachsener mag man über das ein oder andere im herausfordernden Tagewerk seufzen. So spricht auch der Apostel Paulus über das Seufzen, was ich hier etwas näher beleuchten möchte.

Dieser Begriff begegnet uns oft in der Bibel:

- Die Israeliten seufzen über ihre Sklavenarbeit in Ägypten. *„Nach vielen Jahren starb der König von Ägypten. Aber die Israeliten seufzten noch immer unter der harten Arbeit. Sie schrien um Hilfe und ihr Schreien drang zu Gott."* 2. Mose 2,23
- Das Volk seufzt, wenn der Gottlose herrscht. *„Wenn die Gerechten sich mehren, freut sich das Volk; wenn aber ein Gottloser herrscht, seufzt es."* Sprüche 29,2
- *„O wie seufzt das Vieh, wie sind die Rinderherden verstört, weil sie keine Weide haben;"* Joel 1,18
- *„Ich bin müde vom Seufzen; ich schwemme mein Bett die ganze Nacht, benetze mein Lager mit meinen Tränen."* Psalm 6,7

Wir seufzen immer mal wieder. Seufzt du heute unter einer schweren

Last, oder unter negativen Umständen?

1. Die gesamte Schöpfung seufzt.

*„Denn wir wissen, dass die ganze Schöpfung **mitseufzt** und mit in Wehen liegt bis jetzt;"* so heißt es im Römerbrief.

Durch den Sündenfall wurde die gesamte Schöpfung mit ins Verderben gezogen. Der Tod wurde eine dominierende Macht in der Schöpfung. Im Grunde war es Adam, der die Schöpfung dadurch, dass er auf Satan hörte, ins Verderben zog, denn er - Adam – war der Herr und das Haupt der Schöpfung. Gott setzte einen Menschen, Adam, als Chef über die gesamte Schöpfung. So steht es im ersten Buch Mose.

„Da sprach Gott: »*Wir wollen Menschen schaffen nach unserem Bild, die uns ähnlich sind. Sie sollen über die Fische im Meer, die Vögel am Himmel, über alles Vieh, die wilden Tiere und über alle Kriechtiere herrschen.*« *So schuf Gott die Menschen nach seinem Bild, nach dem Bild Gottes schuf er sie, als Mann und Frau schuf er sie. Und Gott segnete sie und gab ihnen den Auftrag:* »*Seid fruchtbar und vermehrt euch, bevölkert die Erde und nehmt sie in Besitz. Herrscht über die Fische im Meer, die Vögel in der Luft und über alle Tiere auf der Erde.*«*"* 1. Mose 1, 26-28

Gott gab Adam die Autorität zu herrschen. Das ist der Auftrag, den auch wir haben.

Ich möchte ein Beispiel aus dem Film „Transformation" anführen: In einer Gegend in Guatemala herrschte ein Geist der Armut. So begannen die Christen in diesem Landstrich, gegen den Geist der Armut zu beten und Gott wirkte. Man konnte Bilder von riesigen Kohlköpfen und Gurken sehen. Die Menschen brachten nun reiche Ernten ein und sagten: „Das hat Gott getan; so sehr hat er uns gesegnet."

Wir sehen den Zusammenhang zwischen dem Menschen und dem Herrschen über die Schöpfung Gottes.

Auf der anderen Seite gibt es viele Christen, die in großer Not sind und in schlimmen Umständen leben, die verfolgt werden, im Gefängnis sitzen und vielleicht sogar mit ihrem Tod bezahlen müssen.

Viele Menschen haben eine Sichtweise der endzeitlichen Geschehnisse, dass alles nur noch schlimmer und schlimmer wird, der Antichrist kommt, schlimme Dinge passieren, die Gemeinde bedrängt und kraftlos wird, und dann kommt der Herr …

Aber, was sagt der Herr? Er sagt: „Herrsche! Herrsche im Gebet!"

In der Apostelgeschichte sehen wir einen Mann, der unter Verfolgung litt: der Apostel Paulus. Er wurde auf einem Schiff als Gefangener nach Rom gebracht. Damals gab es noch nicht den westlichen humanen Strafvollzug. Dieses Segelschiff geriet bei heftigem Sturm in Seenot, drohte zu kentern und die Besatzung fürchtete sich. Jetzt trat der Apostel Paulus auf. Man muss hier bedenken, dass er als der Unterste, der Letzte, der am wenigsten zu sagen hatte, anfing zu herrschen und Weisung zu geben.

„Und da man lange ohne Nahrung geblieben war, stand Paulus in ihrer Mitte auf und sprach: Ihr Männer, man hätte zwar mir gehorchen und nicht von Kreta abfahren sollen und sich so diese Schädigung und den Verlust ersparen sollen. Doch jetzt ermahne ich euch, guten Mutes zu sein, denn keiner von euch wird das Leben verlieren, nur das Schiff wird untergehen! In dieser Nacht trat zu mir nämlich ein Engel des Gottes, dem ich angehöre und dem ich auch diene, und sprach: Fürchte dich nicht, Paulus! Du musst vor den Kaiser treten; und siehe, Gott hat dir alle geschenkt, die mit dir im Schiff sind! Darum seid guten Mutes, ihr Männer! Denn ich vertraue Gott, dass es so gehen wird, wie es mir gesagt worden ist. Wir müssen aber auf eine Insel verschlagen werden!"
Apostelgeschichte 27,21-26

Der Häftling Paulus sagte: „Man hätte mir gehorchen sollen." Da merkt man, wer den Ton angibt und lenkt. Und nun fing Paulus auch noch an zu ermahnen. Er war gefangen und herrschte. So steht auch im Propheten Micha geschrieben: *„Denn der Herr wird von Zion seine Weisungen ausgehen lassen und von Jerusalem sein Wort."* *Micha 4,2*

Wir sollen offenbar werden, wofür der Herr uns berufen hat. Wir sollen unsere Stellung als „Söhne Gottes" einnehmen und als diese offenbar werden. Der Apostel Paulus hat genau das getan.

Endgültig wird dies geschehen, wenn Gott einen neuen Himmel und eine neue Erde schafft. Doch es geschieht heute schon, wenn wir unser geistliches Erbe eingenommen haben.

Bedenke, dass die ganze Schöpfung seufzt und sich danach sehnt, dass die Söhne und Töchter Gottes offenbar werden.

Wir sind heute schon diese Söhne und Töchter, nicht erst, wenn Jesus wiedergekommen ist. Weißt du, dass der Teufel heute schon eine wahnsinnige Angst vor dir hat?!

Ich kann mir gut vorstellen – und das definiere ich jetzt einmal ganz menschlich – dass sich der Teufel sagt: „Mensch, wenn die wüssten, was es bedeutet, wenn sie ihre Stellung einnehmen. Hoffentlich erfahren sie es nicht. Ich werde mal versuchen mit allen Mitteln, sie im Unklaren darüber zu lassen. Ich will viel Angst in die Gemeinde hineingeben."

Und wenn viel Angst da ist, fängt die Gemeinde an, sich selbst zu verklagen, anstatt das zu tun, wozu sie berufen ist.

Sei heute offenbar als Sohn und Tochter Gottes! Du bist berufen, um zu herrschen und nicht, um von den Umständen beherrscht zu werden.

„Fürchte dich nicht!"

2. Wir selbst seufzen.

„… und nicht nur sie, sondern auch wir selbst, die wir die Erstlingsgabe des Geistes haben, auch wir erwarten seufzend die Sohnesstellung, die Erlösung unseres Leibes." Römer 8,23

Nicht nur die Schöpfung seufzt, sondern auch wir, die Gläubigen, die die *„Erstlingsgabe des Geistes"* haben.

Warum seufzen wir?

- Wegen der negativen Umstände.
- Manchmal auch aus Unglauben!? Das heißt, dass wir auf die Umstände mit Unglauben reagieren. Ein sehr eklatantes Beispiel dafür in der Bibel ist die Begebenheit, als Mose vor den Grenzen des verheißenen Landes stand und zwölf Kundschafter aussandte, die Fürsten eines jeden Stammes. Diese waren die besten Leute, die Leiter, die er auswählte, denn Mose wusste, dass dieser Bericht entscheidend sein würde für ihre Mission. Da konnte er nicht irgend jemanden senden. Als sie zurückkamen, sagten zehn von ihnen: „Das Land ist wunderschön, aber wir werden es nicht schaffen, dort hineinzukommen." Dann heißt es:

„Und alle Kinder Israels murrten gegen Mose und Aaron; und die ganze Gemeinde sprach zu ihnen: Ach, dass wir doch im Land Ägypten gestorben wären oder noch in dieser Wüste sterben würden! Und warum führt uns der Herr in dieses Land, dass wir durch das Schwert fallen und dass unsere Frauen und unsere kleinen Kinder zum Raub werden? Ist es nicht besser für uns, wenn wir wieder nach Ägypten zurückkehren? 4. Mose 14,2-3

Das ist der Gipfel der Entmutigung. „Ach…" „Was bringt mir der Glauben?" „Es macht doch alles keinen Sinn." „Ich habe schon so oft gebetet und es bringt doch nichts!" Kennst du solche Gedanken?

- Aus Angst. Einmal erschien der Engel des Herrn dem Gideon. Zu jener Zeit lag durch die Feinde ein starker Druck auf dem Volk Israel und in dieser Situation sagte der Engel zu Gideon, der sich gerade versteckt hatte: „Der Herr ist mit dir, du streitbarer Held." Und was sagt Gideon? *„»Ach, Herr«, entgegnete Gideon, »wenn der Herr mit uns ist, warum ist uns dann all das passiert? Wo bleiben die Wunder, von denen unsere Vorfahren uns erzählten?"* Richter 6,13

„Ach mein Herr, …" Dahinter steht oft eine abwehrende, resignierende Handbewegung. Aber der Engel geht nicht darauf ein, sondern er spricht Gideon Kraft zu.

In deiner Entmutigung, und die darfst du dir selbst eingestehen, spricht der Herr dir heute seine Kraft zu.

- Wegen anderer Menschen (manchmal auch aus der eigenen Gemeinde) *„Seufzt nicht gegeneinander, Brüder, damit ihr nicht verurteilt werdet; siehe, der Richter steht vor der Tür!"* Jakobus 5,9
- Wegen der Enttäuschung; sei es von Menschen enttäuscht zu sein, manchmal aber auch von Gott.
- Wegen unserer Arbeit (eigene Werke)

„Da zwangen die Ägypter die Söhne Israel mit Gewalt zur Arbeit und machten ihnen das Leben bitter durch harte Arbeit an Lehm und an Ziegeln und durch allerlei Arbeit auf dem Feld, mit all ihrer Arbeit, zu der sie sie mit Gewalt zwangen." 2. Mose 1,14

„Und ich habe auch das Seufzen der Kinder Israels gehört, weil die Ägypter sie zu Knechten machen, und habe an meinen Bund gedacht." 2. Mose 6,5

Die Ägypter sind in diesem Kontext ein Bild für Satan und die finsteren Mächte, die uns in die „Tretmühle" treiben, uns zur Leistung zwingen vor Menschen und auch vor Gott, und uns somit von der Gnade ausschließen wollen.

Es gibt also viele Seufzer, über die wir jetzt stunden- und tagelang reden könnten. Es gibt viel zu beklagen und wir könnten jetzt vielleicht alle viel dazu beitragen.

Doch die Bibel zeigt uns, dass wir seufzen dürfen, aber es soll nicht zu einem Klagen, einem Anklagen, gegeneinander oder gegen Gott werden.

„Und es geschah, dass das Volk sich sehr beklagte, und das war böse in den Ohren des Herrn;" 4. Mose 11,1

Nun komme ich zum dritten und wichtigsten Punkt:

3. Der Heilige Geist seufzt stellvertretend für uns.

Der Apostel Paulus sagt, dass bei allem Seufzen, was da ist, der Heilige Geist stellvertretend seufzt, denn wir wissen nicht, was wir beten sollen.

„Ebenso kommt aber auch der Geist unseren Schwachheiten zu Hilfe. Denn wir wissen nicht, was wir beten sollen, wie sich´s gebührt; aber der Geist selbst tritt für uns ein mit unaussprechlichen Seufzern. Der aber die Herzen erforscht, weiß, was das Trachten des Geistes ist; denn er tritt so für die Heiligen ein, wie es Gott entspricht." Römer 8,26-27

Der Heilige Geist tritt durch Seufzen in deinen Umständen und deiner Not für dich ein.

Der Herr verurteilt uns nicht, wenn wir seufzen, sondern Er hat Verständnis dafür. Aber die gute Botschaft ist hier, dass du nicht weiter seufzen musst, sondern du darfst wissen, dass der Heilige Geist für dich seufzt. Wenn Gott für dich seufzt, dann wird sich die Situation bald verändern. Höre heute das Seufzen des Heiligen Geistes!

Es gibt auch ein Wort in der Bibel, das beschreibt, wie Jesus seufzt. Es ist eine Begebenheit, in der ein stummer und tauber Mensch Jesus begegnet. In der jüdisch rabbinischen Überlieferung ist stumm und taub zu sein das Schlimmste, was es gibt.

„So nahm er ihn denn von der Volksmenge weg abseits, legte ihm, als er mit ihm allein war, seine Finger in die Ohren, benetzte sie mit Speichel und berührte ihm die Zunge; nachdem er dann zum Himmel aufgeblickt hatte, seufzte er und sagte zu ihm: »Effatha!«, das heißt (übersetzt) »Tu dich auf!« Da taten sich seine Ohren auf, die Gebundenheit seiner Zunge löste sich, und er redete richtig." Markus 7,33-35

Warum seufzte Jesus? Ich glaube, dass Er über die Werke des Bösen seufzte, darüber, dass der Teufel die Menschen so sehr knechtet. Wenn Jesus seufzt, dann ist die Lösung darin schon enthalten, denn Er seufzt für dich.

Der Herr sagt also nicht zu dir nur: „Jetzt glaube mal, streng dich an! Warum glaubst du nicht?", sondern Er seufzt. Es bedeutet, dass Er sich mit dir identifiziert. Jesus – deshalb ist Er vom Himmel gekommen – hat sich mit uns auf eine Ebene gestellt. Er wurde wie wir Menschen. Er entäußerte sich selbst, heißt es in der Bibel.

Als Jesus in den Himmel fuhr, sandte Er uns den Heiligen Geist, der für uns seufzt, der in uns ist, der sich mit uns identifiziert und sich somit auf unsere Ebene stellt.

Jesus nennt den Heiligen Geist den Parakletos, den Beistand, den zur Unterstützung Herbeigerufenen.

Jesus hat die Mächte, über die man seufzen muss, entmachtet. Somit ist das Seufzen, das alles verändert, nicht mein und dein Seufzen, sondern das Seufzen des Herrn selbst, der für dich seufzt, der deine Not sieht und Anteil nimmt.

Deshalb ist das Seufzen heute nicht mehr ein ohnmächtiger Notschrei, sondern darf ein Blick auf die von Jesus bewirkte Erlösung sein.

Wenn der Heilige Geist seufzt, dann holt Er dich ab, heraus aus deiner Not, und sagt: „Ich sehe deine Not und Schwierigkeit. Ich sehe alle deine Anfechtungen und alles Zu-kurz-kommen und helfe dir jetzt, da herauszukommen."

Der Heilige Geist hilft uns dadurch, am Sieg Jesu teilhaben zu können. Du darfst heute im Geist „hören", wie der Heilige Geist für dich seufzt.

Immer wieder, wenn ein hoffnungsloses Seufzen auf deinen Lippen liegt, dann erinnere dich daran, dass im selben Augenblick der Heilige Geist für dich seufzt und dich durch Sein göttliches Seufzen vor dem Thron Gottes vertritt. Dann musst du nicht mehr hoffnungslos seufzen, sondern darfst wissen, dass du Glauben und Hoffnung auf eine Veränderung deiner Situation haben darfst.

Christus hat durch Seine Erlösung alles, was von der neuen Schöpfung ist, in die Einheit mit Gott und damit in das ewige (göttliche) Leben zurückgeführt.

Der Heilige Geist als unser Helfer hilft uns durch Sein Seufzen für uns, dass es in unserem Leben Wirklichkeit wird.

Wenn Gläubige so leiden, dass sie es schwierig finden, zu beten *(„wir wissen nicht, was wir beten sollen, wie es sich gebührt…"*), so tritt der Heilige Geist für sie mit göttlicher Kraft ein (mit unaussprechlichem Seufzen) und Er drückt ihre Nöte vor Gott in vollkommener Weise aus.

Manchmal kennen wir den Willen Gottes nicht, wir wissen einfach nicht, wie wir in einer Situation nach dem Willen Gottes beten sollen, Für diese Situation hat Gott uns die wunderbare Gabe des Sprachengebetes gegeben. Dadurch können wir beten, was Gott wirklich will.

„Denn wer in Sprachen redet, der redet nicht für Menschen, sondern für Gott; denn niemand versteht es, sondern er redet Geheimnisse im Geist. Wer in einer Sprache redet, erbaut sich selbst; wer aber prophetisch redet, erbaut die Gemeinde. Ich wünschte, dass ihr alle in Sprachen reden würdet. Denn wenn ich in einer Sprache bete, so betet zwar mein Geist, aber mein Verstand ist ohne Frucht. Ich danke meinem Gott, dass ich mehr in Sprachen rede als ihr alle." 1. Korinther 14,2.4.5.14.18

Der Verstand ist wichtig und ich möchte so viel Verstand haben, wie irgend möglich. Aber es gibt Situationen in unserem Leben, da steht uns der Verstand im Weg. Da weiß er nicht weiter. Der Verstand ist uns gegeben, damit wir in der diesseitigen Welt zurechtkommen. Aber, um in der Welt Gottes zurechtzukommen, kann er manchmal hinderlich für uns sein.

Zusammenfassend möchte ich sagen, und das ist der eigentliche und wichtigste Punkt: Der Heilige Geist seufzt für dich, für mich und für uns.

Durch die Offenbarung darüber, dass der Heilige Geist für dich mit unaussprechlichen (wortlosen) Seufzern für dich eintritt, darfst du jetzt sehen, wie die göttlichen Realitäten wirklich für dich aussehen. Er tritt für uns ein, Er schließt sich uns an, Er identifiziert sich mit uns, Er ist der „Parakletos".

Wenn das in deinem Leben zu einer Offenbarung wird, und nicht nur zu einem verstandesmäßigen Wissen, dass der Heilige Geist für dich in deinen Herausforderungen eintritt, dann verändern sich die Dinge!

Das darfst du jetzt im Glauben nehmen!

JONA -
EINE BOTSCHAFT
DER GNADE GOTTES

- BEFREIT, UM ZU GEHEN -

„Und das Wort des Herrn geschah zu Jona, dem Sohn des Amittai: Mache dich auf, geh nach Ninive, der großen Stadt, und verkündige gegen sie! Denn ihre Bosheit ist vor mich aufgestiegen. Aber Jona machte sich auf, um nach Tarsis zu fliehen, weg vom Angesicht des Herrn. Und er ging nach Jafo hinab, fand ein Schiff, das nach Tarsis fuhr, gab den Fahrpreis dafür und stieg hinein, um mit ihnen nach Tarsis zu fahren, weg vom Angesicht des Herrn. Da warf der Herr einen gewaltigen Wind auf das Meer, und es entstand ein großer Sturm auf dem Meer, sodass das Schiff zu zerbrechen drohte. Da fürchteten sich die Seeleute und schrien um Hilfe, jeder zu seinem Gott. Und sie warfen die Geräte, die im Schiff waren, ins Meer, um ihre schwierige Lage zu erleichtern. Jona aber war in den untersten Schiffsraum hinabgestiegen, hatte sich hingelegt und schlief fest. Da trat der Kapitän an ihn heran und sagte zu ihm: Was ist mit dir, du Schläfer? Steh auf, ruf deinen Gott an! Vielleicht wird der Gott sich auf uns besinnen, sodass wir nicht umkommen. Und sie sagten einer zum anderen: Kommt und lasst uns Lose werfen, damit wir erkennen, um wessentwillen dieses Unglück uns trifft! Und sie warfen Lose, und das Los fiel auf Jona. Da sagten sie zu ihm: Teile uns doch mit, durch wessen Schuld dieses Unglück uns trifft! Was ist dein Beruf, und woher kommst du? Was ist dein Land, und von welchem Volk bist du? Und er sagte zu ihnen: Ich bin ein Hebräer, und ich fürchte den Herrn, den Gott des Himmels, der das Meer und das trockene Land gemacht hat. Da fürchteten sich die Männer mit großer Furcht und sagten zu ihm: Was hast du da getan! Die Männer hatten nämlich erfahren, dass er vor dem Angesicht des Herrn auf der Flucht war, denn er hatte es ihnen mitgeteilt. Und sie sagten zu ihm: Was sollen wir mit dir tun, damit das Meer uns in Ruhe lässt? – Denn das Meer wurde immer stürmischer. Da sagte er zu ihnen: Nehmt mich und werft mich ins Meer! Dann wird das Meer euch in Ruhe lassen; denn ich habe erkannt, dass dieser große Sturm um meinetwillen über euch gekommen ist. Und die Männer ruderten mit aller Kraft, um das Schiff ans trockene Land zurückzubringen. Aber sie konnten es nicht, weil das Meer immer stürmischer gegen sie anging. Da riefen sie zum Herrn und sagten: Ach, Herr, lass uns doch nicht umkommen um der Seele dieses Mannes willen und bringe nicht unschuldiges Blut über uns! Denn du, Herr, hast getan, wie es dir gefallen hat. Und sie nahmen Jona und warfen ihn ins Meer. Da ließ das Meer ab von seinem Wüten. Und die Männer fürchteten den Herrn mit großer Furcht, und sie brachten dem Herrn Schlachtopfer dar und gelobten ihm Gelübde.“ Josua 1,1-16

Wir lesen hier von einem Propheten, der vor dem Herrn davonlief. Das ist schon sehr spektakulär. Letztendlich, um das vorauszunehmen, war Jona dem Auftrag des Herrn gehorsam, aber zuerst einmal nicht.

Jona bedeutet übersetzt „Taube". Wenn wir das Wort Taube hören, denken wir auch an Frieden und frei übersetzt heißt Jona tatsächlich „Mann des Friedens". Wir assoziieren damit auch den Heiligen Geist, denn in der Bibel wird der Heilige Geist oft als Taube dargestellt.

Jona war ein heiliger Mann Gottes, ein Prophet. Er war in der Lage, Gottes Stimme zu hören, und sie auch zu unterscheiden von anderen Stimmen. Er war ein Mann, der in der Salbung des Heiligen Geistes lebte und diente. Wir würden heute sagen: „Er war ein Charismatiker." Er hatte bereits prophetisch gedient. Er sagte die Siege des Königs Jerobeams voraus, die exakt eintrafen. Jona wird in *2. Könige 14,25* der *„Knecht Gottes"* genannt.

*„Dieser eroberte das Gebiet Israels zurück, von Lebo-Hamat an bis an das Meer der Arava, nach dem Wort des Herrn, des Gottes Israels, das er geredet hatte durch **seinen Knecht Jona**, den Sohn Amittais, den Propheten aus Gat-Hepher."*

Es war also nicht irgendjemand, dem Gott einen der schwierigsten Aufträge der Geschichte gab; eine „Mission Impossible". Gott brauchte genau diesen Mann, der schon in der Kraft des Heiligen Geistes gedient hatte, für diesen schwierigen Auftrag!

Das Buch Jona ist eine Offenbarung der Gnade Gottes. Was Jona später verkündete, ist eine Botschaft der Gnade Gottes – auch für die Völker außerhalb Israels, also für alle Menschen. Es ging um Ninive, das nicht zu Israel gehörte, sondern ein großer Feind des Volkes Gottes war.

1. Jonas Sendung

„Das Wort des Herrn erging an Jona, dem Sohn von Amittai: »Mach dich auf den Weg und geh in die große Stadt Ninive! Ruf aus, was ich gegen sie vorbringen muss, denn ihre Bosheit stieg bis zu mir hinauf!« Da machte sich Jona auf, vom Angesicht des Herrn hinweg und floh vor dem Herrn nach Tarsis..." Josua 1,1-3

Er sollte nach Ninive, in die Stadt der Feinde Israels gehen und den Menschen dieser Stadt sagen, dass Gott sie vernichten würde, wenn sie nicht Buße täten. – Eine harte Botschaft?! – Nein, es ist eine Botschaft der Gnade und der Liebe Gottes.

Die Bibel sagt: *„Gerechtigkeit erhöht ein Volk, aber die Sünde ist der Leute Verderben." Sprüche 14,34*

Es ist nicht Gott, der die Menschen vernichten will, sondern es ist die

Sünde der Völker. Und weil Gott wusste, dass die Sünde sie vernichten würde, die sie dem Zugriff des Feindes öffnete, wollte Er ihnen diese Botschaft senden.

Man könnte diese Geschichte auf heute übertragen, indem wir uns vorstellen, dass Gott zu dir sagt: „Geh in dieses Land (indem die Christen verfolgt werden), stelle dich auf den Platz vor dem Präsidentenpalast, wo die Bevölkerung ihren Herrscher anbetet, und sprich von Jesus! Sag, dass sie sich bekehren sollen, dass Jesus der Retter der Menschen ist. Sonst würden sie alle sterben." Das wäre eine „Mission Impossible" und so könnte man sich den Auftrag an Jona vorstellen.

Ninive wurde von Nimrod gegründet, dem Enkel von Noahs Sohn Ham, auf den der Fluch gefallen war. *(1. Mose 10,6-11)* Nimrod war eine der finstersten Gestalten der Bibel. Sein Name bedeutet wörtlich übersetzt: „sich widersetzen, rebellieren".

Er war auch der Gründer von Babylon und wird „der erste Gewaltige auf Erden" genannt. Das bedeutet: Er war ein Eroberer, ein Machtmensch, ein Gewalttätiger, einer, der ungehemmt mordete und unterdrückte, um zu Macht und Einfluss zu kommen. Das Wesen Satans zeigte sich in diesem Mann und seine Nachfolger, die Niniviten, waren gegen Israel gerichtet und wollten das Volk Gottes vernichten.

In *1. Mose 10,10* steht zum ersten Mal das Wort „Königreich." *„Der Anfang seines Königreiches war Babel."* Nimrod baute sich ein Königreich, ein antigöttliches Reich. Und wenn es in der Bibel heißt: *„Von Babel zog er aus"*, dann bedeutet es den Auszug zum Erobern, zum Krieg. Er unterwarf sich die ganze damalige Welt.

Das babylonische System war ein System der Götzenanbetung, ein System, das sich bewusst gegen Gott richtete, und Nimrod ließ sich selbst zum Gott erklären.

Ein jüdischer Geschichtsschreiber sagte: *„Nimrod war ein Mann mit großem Faustrecht, der sich mit seinem Volk zusammen Gott widersetzte und versuchte, ihren Wohlstand seiner Person und ihrem eigenen Mut zuzuschreiben. Er verwandelte die Regierung in eine Tyrannei und drohte, sich an Gott zu rächen, wenn er eine Flut senden würde. Aus diesem Grunde baute er den Turm zu Babel, der zu hoch für die Wasser zu erreichen wäre. Es wurde als Feigheit erachtet, sich Gott zu unterwerfen."*

Gleichzeitig war dieser Turm zu Babel ein okkultes Zentrum, ein sogenanntes „Ziggurat", ein stufenförmiger Tempelbau zur Anbetung heidnischer Götter.

Dieser Mensch Nimrod gründete auch Ninive und sein Wesen wurde dort sichtbar. Diese Stadt lag am Ufer des Flusses Tigris, in den Grenzen der heutigen modernen Stadt Mosul.

Die Assyrer waren ein grausames Volk. In ihnen lebte der Geist Nimrods weiter. Sie waren voller Hass gegen Israel, das Volk Gottes. Sie folterten und plagten die Völker, die sie eroberten. Von ihnen heißt es in *2. Könige 19,17 „Die Könige von Assyrien haben die Nationen und ihre Länder verwüstet ..."*

Sie machten kurzen Prozess mit jedem ihrer Feinde und sie hassten den Gott Israels. Sie sahen die Israeliten lieber tot als lebendig. Und dorthin sandte Gott den Propheten Jona. Das war eine wahre „Mission impossible."

Was bedeutet Ninive für uns heute?

Jona war eine geschichtliche Person und steht auch für das Volk Gottes, das seinen Auftrag, Bote Gottes für die Heidenvölker zu sein, nicht erfüllt hat. Jona ist ein Sinnbild für Israel und für uns Christen heute.

Sowie Jona den Auftrag hatte, nach Ninive zu gehen, so haben auch wir generell den Auftrag, in unser „Ninive" zu gehen, dorthin, wo wir vielleicht gar nicht so gerne hingehen wollen!

Vielleicht ist der Arbeitsplatz dein „Ninive", oder irgendeine Person deiner

Verwandtschaft. Vielleicht hast auch du einen besonderen Ruf, einen Auftrag, den nur du ausführen kannst!?

„Ninive" bedeutet heute für uns nicht irgendein geographischer Ort, sondern es steht für die Frage: „Bist du bereit für eine ganze Hingabe?"

Auch uns hat Gott den Auftrag gegeben, Zeugen und Boten für Ihn zu sein. Führen wir diesen Auftrag aus?

Die Geschichte beginnt mit den folgenden Worten: *„Das Wort des Herrn erging (geschah) an Jona." Jona 1,1*

Wenn Gott spricht, dann geschieht etwas. Es ist nicht nur eine Information.

Hörst du das Reden Gottes? Lebst du in Seinem Wort? Dann wirst auch du die Stimme des Herrn hören, denn dies ist eine Stimme der Liebe! Du wirst die Stimme Gottes hören, wenn du auch darauf eingehst. Viele Leute begehren die Stimme Gottes zu hören, aber: Gehen sie auch darauf ein? Wie oft ist das Wort Gottes an dich „ergangen" und du hast nicht gehört!? Wenn du gehorchst, dann wird der Herr auch weiter zu dir reden.

Bisher ist Jona immer auf die Stimme des Herrn eingegangen, aber jetzt... Es gibt Situationen, in denen es sehr schwer erscheint, der Stimme des Herrn zu gehorchen.

Und dann sagt der Herr auch noch: „Mache dich auf den Weg..." Das bedeutet manchmal, seine Bequemlichkeit und auch seine Angst zu überwinden.

Ich erinnere mich bei der Geschichte von Jona an eine andere Person aus der Bibel. Sie heißt Ananias. In der Apostelgeschichte 9 ab Vers 10 heißt es: *„Es war aber in Damaskus ein Jünger namens Ananias. Zu diesem sprach der Herr in einem Gesicht: Ananias! Er sprach: Hier bin ich, Herr! ..."* Apostelgeschichte 9,10-18

Gott schickte ihn in ein Haus in Damaskus, in dem Saulus aus Tarsus wohnte. Ananias erwiderte, und ich sage es einmal mit meinen eigenen Worten: „Herr, ich gehe überall hin, aber nicht dorthin. Das ist derjenige, der die Christen gefangen nimmt und wegführt. Da kann ich doch nicht hingehen." Doch Gott sagt: „Geh hin!" Und Ananias ging zu Saulus und betete mit ihm, sodass dieser mit dem Heiligen Geist erfüllt wurde.

Zu Jona sagte Gott ebenso: „Gehe nach Ninive..." in die Stadt des Feindes. An einen Ort, der dir gar nicht behagt. Genau dorthin, wohin du auf keinen Fall gehen möchtest! Und Jona antwortete im übertragenen Sinne: „Überall, aber nicht hier hin!"

Wir würden uns vielleicht anders ausdrücken. „Ich habe keine Freudigkeit. Das habe ich nicht auf dem Herzen! Das ist jetzt nicht dran."

Jona hatte es auch nicht auf dem Herzen. Für ihn war es seinerzeit auch nicht dran, denn Ninive war der größte Feind des Volkes Gottes. Dies war ein absolut gefährlicher Auftrag.

Aber Gott hatte es auf Seinem Herzen! Die Frage ist: Hast du auf dem Herzen, was Gott auf Seinem Herzen hat?

Frage nicht, ob du Freudigkeit dazu hast, denn die hast du wahrscheinlich nicht, wenn du gemütlich zu Hause auf dem Sofa sitzt. Sondern frage, ob es Gottes Wille ist. Das nennt man Gehorsam. Sind wir gehorsam? Unsere menschliche Freudigkeit und der Wille des Herrn in einer bestimmten Situation laufen nicht immer synchron. Deshalb sollen wir beten: *„Dein Wille geschehe!"* *(Matthäus 6,10)* Wenn ich dieses Gebet spreche, verstehe ich es für mich folgendermaßen: „In mir, mit mir und durch mich soll Gottes Wille geschehen." Wenn ich so bete, bedeutet es, dass ich bereit bin, dass Sein Wille durch mich geschieht. Sein Wille geschieht nicht an mir vorbei.

Im Moment hast du vielleicht keine Freudigkeit, aber du wirst Freude erfahren, wenn du im Gehorsam und Glauben das tust, was der Herr möchte! Wenn du den Willen Gottes tust, wirst du im Glauben wachsen und Christus ähnlicher werden.

„Gott ist's der beides in euch wirkt, das Wollen und das Vollbringen, nach seinem Wohlgefallen." *Philipper 2,13*

Gott möchte das Wollen in uns vollbringen. Er möchte, dass wir synchron mit Seinem Willen sind. Manchmal muss man erst Schritte tun und dann wird Gott das Wollen in uns vollbringen. Dann wissen wir: Im Willen Gottes zu leben, ist das Schönste, was es gibt. Und dies ist auch der sicherste Ort auf Erden.

Die Geschichte geht weiter: *„Da machte sich Jona auf, vom Angesicht des Herrn hinweg und floh vor dem Herrn nach Tarsis."* *Jona 1,3*

Wo ist Tarsis? Es liegt in der genau entgegengesetzten Richtung von Ninive. Weit weg! Ich denke, er hat das Schiff bestiegen, welches sich am weitesten von seinem Auftragsziel entfernen würde.

Man kann auch vor Herrn davonlaufen – in diesem Sinne, wie es hier geschrieben steht – und trotzdem zu Hause bleiben und den Gottesdienst besuchen. Wie viele Christen leben so, wie der Herr es will, jederzeit für den Herrn verfügbar zu sein?

„Jona machte sich auf, weg von dem Angesicht des Herrn!" Wo lebst du? Vor dem Angesicht des Herrn, oder gestaltest du dein Leben weg von dem Angesicht des Herrn?

Das Volk Israel seinerzeit hatte den Auftrag, ein Segen und ein Zeugnis für die Völker zu sein, nicht ausgeführt und wurde stolz und arrogant, weil es sich für besser erachtete als die anderen Völker. Das Ergebnis war: Ein religiöser Geist nahm von dem Volk Besitz. Ungehorsam ist immer die Saat für einen religiösen Geist.

Wie ist das bei uns heute?

Mir hat einmal ein weiser Pastor, der heute schon nicht mehr lebt, gesagt: „*Diejenigen, die in der Gemeinde permanent unzufrieden sind und beständig kritisieren, sind sehr oft Menschen, die einmal eine besondere Berufung hatten und dieser ungehorsam gewesen sind.*" Das war seine Beobachtung über viele Jahre.

2. Jonas Handeln und Gottes Handeln

„*Da ließ der Herr einen gewaltigen Wind aufs Meer kommen, und es erhob sich ein großes Unwetter auf dem Meer, sodass man meinte, das Schiff würde zerbrechen. Und die Schiffsleute fürchteten sich und schrien, jeder zu seinem Gott; und sie warfen die Geräte, die im Schiff waren, ins Meer, um es dadurch zu erleichtern. Jona aber war in den untersten Schiffsraum hinabgestiegen, hatte sich niedergelegt und war fest eingeschlafen.*" Jona 1,4-5

Ein gewaltiger Wind kam und das Schiff drohte zu zerbrechen. Jetzt wird die Geschichte des Propheten Jona prophetisch und ich deute sie folgendermaßen:

Dies ist eine Beschreibung der geistlichen, politischen, wirtschaftlichen und auch kulturellen Situation unserer Zeit. „*Das Schiff droht zu zerbrechen.*" Es gibt kaum noch verlässliche feste Größen und Fundamente in unserem Land. Wir leben auf dem aufgewühlten Meer, bildlich gesprochen. Unsere Stimme, unsere Gebete, unser Glaube ist jetzt gefragt.

Was tat Jona in dieser Situation? Er „*war fest eingeschlafen.*" Ich möchte behaupten, dass dies nicht der Schlaf des Gerechten war.

„*Da fürchteten sich die Schiffsleute und schrien, jeder zu seinem Gott; und sie warfen die Geräte, die im Schiff waren, ins Meer, um es dadurch zu erleichtern. Jona aber war in den untersten Schiffsraum hinabgestiegen, hatte sich niedergelegt und war fest eingeschlafen.*" Jona 1,5

Wir Gläubigen, so heißt es im 1. Johannesbrief, haben die göttliche Salbung.

„*Und die Salbung, die ihr von ihm empfangen habt, bleibt in euch, und ihr habt es nicht nötig, dass euch jemand lehrt; sondern wie euch die Salbung selbst über alles belehrt, ist es wahr und keine Lüge; und so wie sie euch belehrt hat, werdet ihr in ihm bleiben.*" 1. Johannes 2,27

Sie ist die manifeste Kraft des Heiligen Geistes auf deinem Leben. Wir haben sie, aber diese Salbung ist sensibel. Sie will genährt werden durch die Gemeinschaft mit dem Herrn, durch Sein Wort und durch den Gehorsam Seinem Wort gegenüber. Wenn wir dies nicht leben, dann besteht die Gefahr, dass wir einschlafen, müde und kraftlos im Geist werden. Inmitten der derzeitigen Stürme dürfen wir Christen auf keinen Fall schlafen. Wir müssen hellwach sein und ich rede hier nicht von dem körperlichen Schlaf.

„Und dieses sollen wir tun als solche, die die Zeit verstehen, dass näm-lich die Stunde schon da ist, dass wir vom Schlaf aufwachen sollten; denn jetzt ist unsere Errettung näher, als da wir gläubig wurden. Die Nacht ist vorgerückt, der Tag aber ist nahe. So lasst uns nun ablegen die Werke der Finsternis und anlegen die Waffen des Lichts!" Römer 13,11-12

Paulus spricht von uns Christen, die wir die Zeit verstehen können, und von dem Tag des Herrn – der Wiederkunft Jesu. Wenn der Apostel von den Werken der Finsternis spricht, kann damit auch Trägheit gemeint sein. Es müssen nicht immer böse, schlimme, offensichtliche Sünden sein.

„Petrus aber und seine Gefährten waren vom Schlaf übermannt. Als sie aber erwachten, sahen sie seine Herrlichkeit und die zwei Männer, die bei ihm standen." Lukas 9,32

Petrus, Jakobus und Johannes waren mit Jesus auf dem Berg der Ver-klärung und Jesus wurde vor den Augen der Jünger verwandelt; seine Kleider glänzten weiß wie Schnee. Mose und Elia erschienen und in die-ser spektakulären Situation schliefen die Jünger ein. Das ist kaum zu verstehen. Wie kann man einschlafen, wenn Gott mächtig wirkt? Doch beim Erwachen sahen sie Gottes Herrlichkeit.

Wenn wir wach werden, dann erst werden wir seine Herrlichkeit sehen.

Während dieses Sturmes nun, der um das Schiff tobte, schrien die Men-schen *„jeder zu seinem Gott."*

Aber die falschen Götter der Menschen hören und helfen nicht. Der Ein-zige, der an den wahren Gott glaubt, war fest eingeschlafen und wiegte sich in einer falschen Sicherheit. Ja, wenn das nicht prophetisch und eine Ermahnung an uns in dieser Zeit ist! Man kann Gott ungehorsam sein und trotzdem ein falsches Gefühl der Sicherheit haben. Aber wir können es auch als Ermutigung betrachten, nicht zu schlafen.

Ich glaube, dass die Menschen, auch wenn sie sich dessen nicht be-wusst sind, die Botschaft der Wahrheit hören wollen.

„Da kam der Kapitän zu ihm und sagte: »Was ist mit dir, du Schläfer?

Steh auf! Ruf zu deinem Gott! Vielleicht denkt dieser Gott an uns und wir gehen nicht unter!« Jona 1,6

„Denn die gespannte Erwartung der Schöpfung sehnt die Offenbarung der Söhne Gottes herbei." Römer 8,19

Die Menschen sehnen sich danach, dass die Söhne Gottes – das sind wir – sichtbar werden.

Der Kapitän steht für die Verantwortlichen unseres Landes, welche Hilfe benötigen von der Gemeinde Jesu. Wir sollen uns unserer Stadt und unserem Land zur Verfügung stellen. Es kommt die Zeit, da werden wirklich die Verantwortlichen mit Hilferufen an uns herantreten, denn *„Das Meer wurde immer stürmischer."*

Wir sollen uns nicht an den Zeitgeist anpassen, nicht aus Angst und Entmutigung resignieren, sondern eine Antwort auf das schräge Denken unserer Zeit geben! Die einzige Antwort ist unser Erlöser Jesus.

Die derzeitigen Ereignisse, die wir heute erleben, sind keine Anzeichen dafür, dass Gott dabei ist, die Kontrolle zu verliert. Sondern er ist dabei, die Kontrolle zurückzugewinnen. So war es auch bei Jona. Der Sturm kam nicht, weil Gott gesagt hatte: „Jetzt ist alles aus. Mein Prophet gehorcht mir nicht. Alles wird verloren sein." Doch die Besatzung auf dem Schiff dachte genau das und fürchtete sich.

Dabei fällt mir noch eine andere Situation ein aus der Apostelgeschichte im Kapitel 16. Paulus und Silas waren im Gefängnis, weil sie einen Dämon ausgetrieben hatten. Es geschah ein Erdbeben, welches sehr bedrohlich wirkte. Aber letztendlich erlangten die beiden Gefangenen dadurch ihre Freiheit.

Das heißt: Durch die Situation in unserem Land, durch die negativen Umstände ist Gott dabei, die Kontrolle zurückzugewinnen. Und er braucht uns dafür. Lasst uns aus dieser Sichtweise die derzeitigen Ereignisse betrachten!

„In den letzten Tagen aber wird der Berg, auf dem das Haus des Herrn ist, fest stehen, höher, als alle Berge, und über die Hügel erhaben sein, und die Völker werden herbeiströmen. Und viele Nationen werden kommen und sagen: „Kommt, lasst uns hinauf zum Berg des Herrn gehen und zum Haus des Gottes Jakobs, damit er uns seine Wege lehrt und wir auf seinen Pfaden gehen." Denn von Zion wird Weisung ausgehen und das Wort des Herrn von Jerusalem." Micha 4,1-3

Wir sehen, dass diese Aussage von dem Propheten Micha prophetisch ist, und nicht buchstäblich oder wörtlich zu nehmen ist: Die Höhe des Berges wird nicht in Metern gemessen, sondern in der Gewichtigkeit und in der Bedeutung. Die Völker, die herbeiströmen, stehen für die Heiden, die Gott nicht kennen. Auf diesem Berg, dem Tempelberg, so wissen wir, steht heute gar kein Tempel. Aber was sagt der Apostel Paulus zu der Gemeinde Jesu? *„Ihr seid der Tempel des Heiligen Geistes."* *1. Korinther 6,19*

Heute sind wir dieser Tempel und dürfen dieses Wort auf uns beziehen. Von Zion, von der Wohnstätte Gottes, wird Weisung ausgehen.

Gottes Auftrag an Jona zeigt uns die Liebe Gottes zu den Verlorenen. Es ist eine Botschaft der Gnade Gottes und richtet die Aufforderung, den Ruf, an uns, uns Gott zur Verfügung zu stellen, auch wenn es schwierig erscheint.

Wir lesen im Buch Jona, dass es ja gar nicht schwierig für Jona gewesen wäre. Er hat es selbst schwierig gemacht. Doch Gott ist immer in Kontrolle.

GOTTES VERHEISSUNGEN UND IHRE ERFÜLLUNG

- BEFREIT, UM ZU GLAUBEN -

„Eines Tages kam Elisa in die Stadt Schunem. Dort lebte eine wohlha-
bende Frau, die ihn zum Essen einlud. Von da an pflegte er jedes Mal,
wenn er durch die Stadt kam, bei ihr zu essen. Die Frau sagte zu ihrem
Mann: »Ich weiß, dass dieser Mann, der immer zu uns kommt, ein heiliger Mann Gottes ist. Wir sollten ihm ein kleines Dachzimmer einrichten
und ein Bett, einen Tisch, einen Stuhl und eine Lampe hineinstellen,
sodass er dort wohnen kann, wenn er zu uns kommt.« Eines Tages kam
Elisa wieder einmal nach Schunem und ging hinauf in sein Zimmer, um
sich auszuruhen. Er sagte zu seinem Diener Gehasi: »Hol mir diese Frau
aus Schunem.« Also rief er sie, und sie kam. Elisa sagte zu Gehasi:
»Sag ihr: Die Fürsorge, die du uns erwiesen hast, wissen wir zu schätzen. Was können wir nun für dich tun? Können wir beim König oder beim
Heerführer ein gutes Wort für dich einlegen?« »Ich wohne sicher unter
meinen Leuten«, antwortete sie. Elisa fragte: »Was können wir dann für
sie tun?« Gehasi sagte: »Sie hat keinen Sohn, und ihr Mann ist schon
alt.« »Ruf sie noch einmal herein«, befahl Elisa. Als die Frau zurückkam
und in der Tür stehen blieb, sagte Elisa zu ihr: »Nächstes Jahr um diese
Zeit wirst du einen Sohn im Arm halten!« »Ach nein, Herr«, wehrte sie
ab. »Mann Gottes, lüge deine Dienerin nicht an.« Doch die Frau wurde
schwanger, und im nächsten Jahr um die gleiche Zeit hatte sie einen
Sohn, wie Elisa es ihr vorausgesagt hatte. Als der Junge schon älter
war, ging er eines Tages aufs Feld hinaus zu seinem Vater, der bei der
Ernte half. Plötzlich klagte er: »Mein Kopf! Mein Kopf!« Sein Vater befahl
einem der Knechte: »Trag ihn zu seiner Mutter.« Der Knecht brachte ihn
zu ihr, und seine Mutter hielt ihn auf dem Schoß, doch um die Mittagszeit
starb er. Sie trug ihn hinauf in das Zimmer des Propheten, legte ihn auf
sein Bett, ging hinaus und schloss die Tür hinter ihm ab. Dann ließ sie
ihrem Mann ausrichten: »Schick mir einen der Knechte und eine Eselin,
damit ich schnell zu dem Mann Gottes gelange und bald wieder zurück
sein kann.« »Warum heute?«, fragte er. »Es ist weder Neumond noch
Sabbat.« Doch sie entgegnete: »Es hat schon seine Richtigkeit.« Sie
sattelte die Eselin und befahl dem Knecht: »Beeil dich! Reite nicht mei-
netwegen langsam, es sei denn, ich sage es dir.« Sie machte sich auf
den Weg und kam zu dem Propheten auf dem Berg Karmel. Elisa sah
sie bereits von Weitem. Er sagte zu seinem Diener Gehasi: »Sieh, die
Frau aus Schunem kommt. Lauf ihr entgegen und frag sie: ›Geht es dir,
deinem Mann und deinem Sohn gut?‹« »Ja«, antwortete die Frau, »es
geht uns allen gut.« Doch als sie zu dem Mann Gottes auf dem Berg
kam, umklammerte sie seine Füße. Gehasi wollte sie wegstoßen, aber
Elisa sagte: »Lass sie. Irgendetwas macht ihr großen Kummer, aber der
Herr hat mir nicht gesagt, was.« Da sagte sie: »Habe ich meinen Herrn
um einen Sohn gebeten? Ich habe dir doch gesagt: ›Mache mir keine

falschen Hoffnungen!«« Da sagte Elisa zu Gehasi: »Mach dich reisefer-tig; nimm meinen Stab und geh! Sprich mit niemandem und wenn dich jemand grüßt, dann reagiere nicht. Leg dem Kind meinen Stab aufs Ge-sicht.« Doch die Mutter des Jungen sagte: »So wahr der Herr lebt und du selbst auch: Ich werde dich nicht loslassen.« Also kehrte Elisa mit ihr zurück. Gehasi lief schnell voraus und legte dem Kind den Stab aufs Ge-sicht, aber nichts geschah. Es zeigte kein Lebenszeichen. Er kehrte um, lief Elisa entgegen und sagte: »Das Kind ist nicht aufgewacht.« Als Elisa im Haus eintraf, war das Kind wirklich tot. Es lag auf dem Bett des Pro-pheten. Er ging ins Zimmer hinein, schloss die Tür hinter sich und betete zum Herrn. Dann stand er auf, legte sich über das Kind und presste sei-nen Mund auf den Mund des Kindes, seine Augen auf dessen Augen und seine Hände auf dessen Hände. Als er sich über ihn beugte, wurde der Körper des Kindes wieder warm. Elisa stand auf und ging ein paarmal im Zimmer auf und ab. Dann beugte er sich wieder über das Kind. Dies-mal nieste der Junge siebenmal und schlug die Augen auf. Da rief Elisa Gehasi herein. »Ruf die Frau aus Schunem!«, sagte er. Er tat es, und als sie hereinkam, sagte Elisa: »Hier, nimm deinen Sohn.«" 2. Könige 4,8-36

Hier geht es um die Fragen: Wie erlangen wir die Verheißungen Gottes? Wie können wir inmitten unserer Defizite mit Gott rechnen? Wie erfüllen sich Seine Versprechen?

1. Gottes Verheißungen für dich

Der Prophet Elisa, der Nachfolger des Propheten Elia, konnte sich mit seinem Diener Gehasi einer ständig bereitgehaltenen Unterkunft bei ei-ner Frau aus Schunem bedienen. Immer wenn er in die Stadt kam, hatte er bei dieser wohlhabenden Frau und ihrem Mann einen Platz zum Es-sen und Schlafen. Als Elisa sich dafür erkenntlich zeigen wollte, kam das Leiden der Frau – ihre Kinderlosigkeit – zur Sprache. Daraufhin verhieß Elisa ihr die Geburt eines Sohnes, die dann auch eintraf.

Mitten in unsere Defizite hinein, kommt die Verheißung Gottes.

*„Er sprach: Was könnte man für sie tun? Gehasi sprach: **Ach, sie hat keinen Sohn, und ihr Mann ist alt!**" 2. Könige 4,14*

Wir alle haben Defizite in unserem Leben. In unser aller Leben gibt es tatsächlich solch ein *„**Ach...**"* Vers 14

Es gibt Unmöglichkeiten in unserem Leben: *„und ihr Mann ist alt."*

Aber für jede Not, für jedes Leiden und jede Unmöglichkeit in unserem Leben, gibt es irgendwo im Wort Gottes eine Verheißung, ein Versprechen Gottes.

Elisa wird hier der „Mann Gottes" genannt. Er steht für Gott. Das Versprechen, das er der Frau gab, war, als wenn Gott es ihr zugesagt hätte. Die Verheißung erfüllte sich – einfach so. Die Frau wurde schwanger, der Junge wurde geboren und alles war gut. Aber die Geschichte geht weiter. Jahre später jedoch starb dieser Junge. Hier sehen wir die Aktivität des Feindes, „des Diebes", wie Jesus ihn in *Johannes 10,10* bezeichnet.

*„**Der Dieb** kommt nur, um zu stehlen, zu töten und zu verderben; ich bin gekommen, damit sie das Leben haben und es im Überfluss haben."*

Manchmal kommt der Dieb auch heute und will uns berauben. Er nimmt sich etwas, was ihm nicht gehört.

2. Jede Verheißung Gottes, muss im Glauben ergriffen werden.

Die Zusagen Gottes sind da, aber wir müssen sie kennen und im Glauben ergreifen.

Diese Frau, deren Sohn gestorben und wieder zum Leben gekommen war, gehört damit zu den Glaubenden, von denen der Hebräerbrief sagt: *„Frauen erhielten ihre Toten durch Auferstehung wieder."* Hebräer 11,35

In diesem Kapitel des Hebräerbriefes lesen wir immer wieder diese Aussage: *„Durch den Glauben…. geschah dieses und jenes."*

Gottes Wort stellt diese Frau somit als ein Vorbild für uns hin. Ihr Glaube zeigte sich darin, dass sie den Tod ihres Jungen nicht einfach als Schicksalsschlag hinnahm – war ihr das Kind doch auf eine Verheißung Gottes hin geschenkt worden. Wenn Gott uns etwas schenkt, gibt Er es uns, damit wir es behalten können. Sie scheute den Weg zum Propheten nicht und ließ sich auch nicht durch das Unverständnis ihres Mannes beirren.

„Dann ließ sie ihrem Mann ausrichten: »Schick mir einen der Knechte und eine Eselin, damit ich schnell zu dem Mann Gottes gelange und bald wieder zurück sein kann.« »Warum heute?«, fragte er. »Es ist weder Neumond noch Sabbat.« Doch sie entgegnete: »Es hat schon seine Richtigkeit.«" 2. Könige 4,22-24

Manchmal muss man sich durch Widerstände hindurchkämpfen, um das Wirken Gottes zu erleben. Wir dürfen bei unseren „Achs" nicht stehenbleiben.

Als Beispiel oder Parallele aus dem Neuen Testament möchte ich die Geschichte des Lahmen anführen, der von seinen Freunden auf der

Bahre zu Jesus gebracht wurde. Sie konnten nicht durch die Menschenmenge kommen, die sich in und vor dem Haus versammelt hatte, stiegen auf das Dach des Hauses, deckten das Dach ab und ließen den Lahmen hinunter vor die Füße Jesu, der das Wunder wirkte. *(Lukas 5,17-26)* Die Freunde gaben nicht auf, obwohl die Umstände widrig waren.

Es ist eine Tat des Glaubens, an einer einmal von Gott gegebenen Verheißung festzuhalten, auch wenn sie zwischenzeitlich widerlegt scheint. An Verheißungen muss man festhalten. Lass dir nicht rauben, was dir gehört! Halte es fest!

„Ja, ich komme bald! **Halte an dem fest, was du hast**, *damit dir niemand deinen Siegeskranz nimmt!" Offenbarung 3,11*

Die Schunamitin fand sich nicht mit der Situation ab. Sie hielt fest an der Verheißung, die Gott ihr gegeben hatte.

Nicht, wie bei den so oft gehörten Worten: „Es hat nicht sollen sein." – „Damit muss ich mich jetzt abfinden." „Que sera, sera. Whatever will be, will be." – „Es kommt, wie es kommt, was sein wird, wird sein." Das ist ein Fatalismus, der nicht der Bibel entspringt. So, als wäre der Mensch einem unabänderlichen Schicksal ausgeliefert, das er nicht beeinflussen kann. Mit anderen Worten: „Da brauche ich gar nicht erst beten. Es wird sich sowieso nichts verändern."

Wir sollen nicht resignieren, sondern die Frage ist: „Welche Verheißungen hat Gott dir gegeben?" Heute ist der Tag, an dem du dich an Gottes Verheißungen für dich erinnern sollst, auch wenn davon in deinem Leben nichts mehr, oder sehr wenig vorhanden ist.

Es gibt zwei verschiedene Arten von Verheißungen. Einmal sind da die grundsätzlichen Verheißungen aus dem Wortes Gottes, die für jeden und immer gelten.

„Denn so viele Verheißungen Gottes es gibt — in ihm ist das Ja, und in ihm auch das Amen, Gott zum Lob durch uns!" 2. Korinther 1,20

Jesus ist das personifizierte „Ja" zu den Verheißungen Gottes. Das bedeutet, dass wir alle Verheißungen für uns in Anspruch nehmen können, wenn wir „in Ihm" sind; wenn wir an Ihn glauben.

Zum Zweiten gibt es auch spezielle persönliche Zusagen Gottes, zum Beispiel durch persönliche prophetische Worte. Einige von uns haben sehr präzise Zusagen von Gott erhalten, die wir in Anspruch nehmen dürfen.

Kämpfe durch diese Prophetien den guten Kampf des Glaubens! Der Apostel Paulus erinnerte Timotheus an persönliche prophetische Worte, die Gott ihm durch Handauflegung der Ältesten gegeben hatte: *„Timotheus, mein Sohn, dies ist mein Gebot für dich, wie es dem entspricht, was die Propheten schon früher über dich vorausgesagt haben. Ihre Voraussagen sollen dich stärken, den guten Kampf zu kämpfen."* 1. Timotheus 1,18

Diesen Kampf sollte Timotheus kämpfen und das tat auch die Schunamitin.

Das, was Gott dir zugesagt hat, gehört dir schon jetzt. Im Glauben musst du es ergreifen. Du musst es nehmen. Wenn ich dir zum Beispiel einen Hunderteuroschein geben würde und ich halte ihn dir hin, dann musst du ihn nehmen. Ich bin bereit, ihn dir zu geben und für mich ist es so, als gehörte er schon dir. Aber solange du ihn nicht nimmst, gehört er dir nicht, obwohl er dir gehört. Und so ist es auch mit den Zusagen Gottes.

„… da wir nicht auf das Sichtbare sehen, sondern auf das Unsichtbare; denn was sichtbar ist, das ist zeitlich; was aber unsichtbar ist, das ist ewig." 2. Korinther 4,18

Der Glaube gründet sich einzig und allein auf Gottes Wort; nicht auf unsere Gedanken oder auf das, was wir uns einbilden. Das, was Gott dir zugesprochen hat, gehört dir bereits, ist aber noch unsichtbar. Durch den Glauben holst du das Unsichtbare in das Sichtbare hinein. Der Glaube ist der Kanal, durch den die Verheißungen Gottes fließen. So hat es die Schunamitin erlebt.

3. Dranbleiben und beharrlich sein

Nun schauen wir einmal, wie diese Frau auf das Sterben ihres Kindes, das ja eine Verheißung Gottes war, reagierte.

„So ging sie denn und kam zu dem Mann Gottes auf den Berg Karmel. Als aber der Mann Gottes sie aus einiger Entfernung sah, sprach er zu seinem Diener Gehasi: Sieh dort die Schunamitin! Nun laufe ihr doch entgegen und sprich zu ihr: Geht es dir gut? Geht es deinem Mann gut? Geht es dem Kind gut? Sie sprach: Jawohl! Als sie aber zu dem Mann Gottes auf den Berg kam, umfasste sie seine Füße; da trat Gehasi herzu, um sie wegzustoßen. Aber der Mann Gottes sprach: Lass sie, denn ihre Seele ist betrübt, und der Herr hat es mir verborgen und es mich nicht wissen lassen! Sie aber sprach: Habe ich denn von meinem Herrn einen Sohn erbeten? Sagte ich nicht, du solltest mich nicht täuschen? Da sprach er zu Gehasi: Gürte deine Lenden und nimm meinen Stab in

deine Hand und geh hin! Wenn dir jemand begegnet, so grüße ihn nicht, und grüßt dich jemand, so antworte ihm nicht, und lege meinen Stab auf das Angesicht des Knaben! Aber die Mutter des Knaben sprach: So wahr der Herr lebt und so wahr deine Seele lebt, ich lasse nicht von dir! Da machte er sich auf und folgte ihr. Gehasi aber ging vor ihnen hin und legte dem Knaben den Stab auf das Angesicht; aber da war keine Stimme und kein Aufmerken. Und er kehrte um, ihm entgegen, und berichtete es ihm und sprach: Der Knabe ist nicht aufgewacht! Als nun Elisa in das Haus kam, siehe, da lag der Knabe tot auf seinem Bett. Und er ging hinein und schloss die Tür hinter ihnen beiden zu und betete zu dem Herrn. Dann stieg er hinauf und legte sich auf das Kind, und er legte seinen Mund auf den Mund des Kindes und seine Augen auf dessen Augen und seine Hände auf dessen Hände und breitete sich so über es, dass der Leib des Kindes warm wurde. Danach stand er auf und ging im Haus einmal hierhin, einmal dorthin; dann stieg er wieder hinauf und breitete sich über ihn. Da nieste der Knabe sieben Mal; danach tat der Knabe die Augen auf. Und er rief Gehasi und sprach: Rufe die Schunamitin! Da rief er sie, und als sie zu ihm hereinkam, sprach er: Da nimm deinen Sohn! Und sie kam und fiel nieder zu seinen Füßen und neigte sich zur Erde, und sie nahm ihren Sohn und ging hinaus." 2. Könige 4,25-37

Sie ging zu Elisa, weil er ihr durch ein prophetisches Wort diese Verheißung gegeben hatte. Dieser nahm die Angelegenheit ernst und schickte seinen Diener Gehasi mit seinem Stab los, doch es geschah nichts. Da hielt die Frau die Füße des Propheten fest umklammert und sagte: „Ich lass dich nicht los, bis du selbst mitkommst." So ging Elisa mit der Schunamitin in ihr Haus.

Der Stab, den Elisa dem Gehasi mitgab, ist ein Symbol des Glaubens. Er hat zwar zunächst keine Veränderung gebracht, doch es war richtig, was Gehasi tat. Er legte das Symbol des Glaubens auf den Jungen.

Denken wir zum Beispiel an den Stab des Mose. Was hat dieser für Wunder mit seinem Stab getan? Gott sagte: „Halte deinen Stab über das Meer", und es teilte sich. Immer wieder agierte Mose durch seinen Stab.

„Da fragte der Herr ihn: »Was hast du da in der Hand?« »Einen Hirtenstab«, *antwortete Mose.* »Wirf ihn auf den Boden«, *befahl ihm der Herr. Mose gehorchte und der Stab verwandelte sich in eine Schlange." 2. Mose 4,2-3*

Ebenso erinnere ich an die Psalmen, in der der Stab erwähnt wird.

„Auch wenn ich durch das dunkle Tal des Todes gehe, fürchte ich mich

nicht, denn du bist an meiner Seite. Dein Stecken und Stab schützen und trösten mich." Psalm 23,4

„Der Herr wird das Zepter deiner Macht ausstrecken von Zion: Herrsche inmitten deiner Feinde!" Psalm 110,2

Nimm deinen Stab, der Resultate bewirkt, in die Hand und strecke ihn aus! Gebrauche deinen Stab! Nimm deine Autorität wahr! Sprich im Glauben!

Vielleicht sagst du: „Es hat doch aber bei Gehasi nichts gebracht." Ja, es scheint im Moment so, aber warten wir einmal ab!

Oft antwortet Gott sofort, aber manchmal reicht ein Gebet nicht. Manchmal hat der Herr (noch) nicht geantwortet. Manchmal bedarf es einer intensiveren Aktion.

Jesus betete einmal für einen Blinden und dieser wurde auch nicht sofort sehend, sondern die Heilung geschah in Etappen.

„In Betsaida brachten einige Leute einen Blinden zu Jesus und baten ihn, den Mann zu berühren und zu heilen. Jesus nahm den Blinden an der Hand und führte ihn aus dem Dorf hinaus. Dann spuckte er dem Mann auf die Augen, legte ihm die Hände auf und fragte: »Siehst du etwas?« Der Mann sah sich um. »Ja«, sagte er. »Ich sehe Menschen, aber nicht sehr deutlich. Sie sehen aus wie umhergehende Bäume.« Da legte Jesus seine Hände wieder auf die Augen des Mannes. Und als sich der Mann erneut umschaute, war er völlig geheilt und konnte alles deutlich erkennen." Markus 8,22-25

Manchmal geschieht die Heilung phasenweise und nicht sofort. Genauso, wie geistliche Erkenntnis stückweise geschieht.

Was tat Elisa, als er bei dem Jungen war? Er legte sich auf ihn, Augen auf Augen, Mund auf Mund, bis der Junge warm wurde. Was er da tat, war nach dem mosaischen Gesetz nicht gestattet. Noch heute gilt bei den Juden, dass nur Verwandte einen Toten berühren dürfen. Danach müssen sie einige Waschungen an sich selbst vollziehen und gelten für eine gewisse Zeit als unrein.

Das interessierte Elisa in diesem Moment nicht. Manchmal fordert Gott einfach mehr von uns. Elisa verstieß hier gegen das mosaische Gebot. Auch Jesus hat so etwas getan, als er die Hand der Tochter des Synagogenvorstehers ergriff, als sie noch tot war. Es ist ein Agieren im Glauben, denn Jesus sah dieses Kind schon wieder lebendig. So war es auch bei

Elisa. Er wusste, dass der Tod nichts Endgültiges ist.

Einmal machte Jesus folgendes:

„Dann spuckte er auf die Erde, vermischte den Lehm mit seinem Speichel zu einem Brei und strich ihn dem Blinden auf die Augen. Daraufhin sagte er zu ihm:»Geh und wasch dich im Teich Siloah.« Siloah bedeutet: Gesandter. Da ging der Mann und wusch sich und kam sehend zurück!"
Johannes 9,6-7

„Einige der Pharisäer meinten:»Dieser Mensch, Jesus, kommt nicht von Gott, denn er bricht das Gesetz und arbeitet am Sabbat.«" Vers 16

Die Pharisäer ärgerten sich über Jesus, denn es war Sabbat und einen Brei herzustellen, war am Sabbat nicht erlaubt.

Elisa tat hier also etwas für die Juden Unmögliches.

Was bedeutet das für uns? Es gibt Nöte, da erfordert es die Situation, dass wir ein Stück weitergehen, wenn wir für Kranke beten. Sind wir bereit, Unmögliches zu tun, wenn der Herr es will?

Elisa identifizierte sich mit den Nöten der Frau. Er identifizierte sich mit dem toten Jungen. Wir sehen hier den Propheten Elisa als ein wahres Vorbild auf Christus. Jesus kam zu uns in diese Welt hinein. Er unterwarf sich allen Gegebenheiten dieser Welt. Jesus wurde Mensch. Am Kreuz hat Er sich vollkommen mit uns, den geistlich Toten, identifiziert. Er ging in den Tod, damit wir Leben haben. Das tat hier auch der Prophet und es ist ein Bild auf Christus hin. Weil Jesus sich so mit uns identifiziert hat, dürfen wir wissen, dass wir zu Ihm treten dürfen.

4. Ein Vorbild für uns

Hier komme ich zur Anwendung, denn das, was Elisa und auch die Frau tat, ist ein Vorbild für uns.

Der Herr spricht zu uns und das ist prophetisch:

„Fasse neuen Mut! Sei nicht länger entmutigt. Gib nicht auf, weil es so oft nicht funktioniert hat. Glaube neu! Glaube wieder! Lege deine Zweifel heute ab! Gib nicht auf!"

*„… damit ihr nicht träge werdet, sondern **Nachahmer derer, die durch Glauben und Ausharren die Verheißungen erben**. Und so erlangte er, indem er ausharrte, die Verheißung."* Hebräer 6,12.15

In dieser Bibelstelle geht es nicht nur um den Glauben, sondern auch um das Ausharren. Eigentlich wird der Glaube erst durch das Ausharren zu wahrem Glauben.

Von Abraham heißt es: *„Und so erlangte er (Abraham), in dem er ausharrte, die Verheißung."* Hebräer 6,15

Sage nicht: „Ich habe doch schon so oft gebetet." - „… der und der haben auch schon mit mir gebetet …"

Gott sagt: „Tue es noch einmal! Sei beharrlich! Gib nicht auf!"

Die Schunamitin setzte alles auf eine Karte und war absolut konzentriert und fokussiert auf ihr Anliegen.

„Und sie sattelte die Eselin und sprach zu ihrem Knecht: Treibe das Tier immerzu an und halte mich nicht auf beim Reiten, es sei denn, dass ich es sage!" 2. Könige 4,24

Sie war beharrlich.

„Aber die Mutter des Jungen sprach: So wahr der Herr lebt und so wahr deine Seele lebt, ich lasse nicht von dir! Da machte er sich auf und folgte ihr." 2. Könige 4,30

So sage ich dir noch einmal:

- Fasse neuen Mut!
- Gib nicht auf, weil es so oft nicht funktioniert hat.
- Glaube neu! Glaube wieder!
- Lege deine Zweifel heute ab!

DIE SICHTBARE UND UNSICHTBARE WELT - DER SIEG ÜBER DIE MÄCHTE DER FINSTERNIS

- BEFREIT, UM ZU HERRSCHEN -

Man kann sehr viel über dieses komplexe Thema sagen, aber ich möchte mich auf das beschränken, was für uns besonders wichtig ist: auf den Sieg. Ich möchte nicht die Macht der Finsternis groß machen, sondern darüber sprechen, dass es einen Größeren gibt: Jesus.

In der folgenden Geschichte aus dem Markus Evangelium geht es um einen stummen Jungen, den Jesus heilte. Unmittelbar davor war Jesus mit seinen drei Jüngern Petrus, Johannes und Jakobus auf einem Berg, dem sogenannten Berg der Verklärung. Dort hatten sie eine starke und übernatürliche Begegnung mit Gott dem Vater. Jesus wurde verklärt und Mose und Elia erschienen ihnen. Petrus sagte: „Lass uns immer hierbleiben! Hier ist es so schön." Aber irgendwann ging Jesus wieder hinunter von dem Berg und hier beginnt diese Geschichte.

„Und als er zu den Jüngern kam, sah er eine große Volksmenge um sie her und Schriftgelehrte, die sich mit ihnen stritten Und die ganze Volksmenge geriet sogleich in Bewegung, als sie ihn sah, und sie liefen herzu und begrüßten ihn. Und er fragte die Schriftgelehrten: Was streitet ihr euch mit ihnen? Und einer aus der Menge antwortete und sprach: Meister, ich habe meinen Sohn zu dir gebracht, der hat einen sprachlosen Geist; und wo immer der ihn ergreift, da wirft er ihn nieder, und er schäumt und knirscht mit seinen Zähnen und wird starr. Und ich habe deinen Jüngern gesagt, sie sollten ihn austreiben, aber sie konnten es nicht! Er aber antwortete ihm und sprach: O du ungläubiges Geschlecht! Wie lange soll ich bei euch sein? Wie lange soll ich euch ertragen? Bringt ihn her zu mir! Und sie brachten ihn zu ihm. Und sobald der Geist ihn sah, zerrte er ihn, und er fiel auf die Erde, wälzte sich und schäumte. Und er fragte seinen Vater: Wie lange geht es ihm schon so? Er sprach: Von Kindheit an; und er hat ihn oft ins Feuer und ins Wasser geworfen, um ihn umzubringen; doch wenn du etwas kannst, so erbarme dich über uns und hilf uns! Jesus aber sprach zu ihm: Wenn du glauben kannst — alles ist möglich dem, der glaubt! Und sogleich rief der Vater des Knaben mit Tränen und sprach: Ich glaube, Herr; hilf mir, loszukommen von meinem Unglauben! Da nun Jesus eine Volksmenge herbeilaufen sah, befahl er dem unreinen Geist und sprach zu ihm: Du sprachloser und tauber Geist, ich gebiete dir: Fahre aus von ihm und fahre nicht mehr in ihn hinein! Da schrie er und zerrte ihn heftig und fuhr aus; und er wurde wie tot, sodass viele sagten: Er ist tot! Aber Jesus ergriff ihn bei der Hand und richtete ihn auf; und er stand auf." Markus 9,14-27

Es gibt also jemanden, der stärker ist als jede Macht der Finsternis. Wenn wir das als eine Offenbarung in unserem Herzen wirklich verstehen, und dass derjenige, der stärker als die Macht der Finsternis ist, in uns lebt, dann ist das richtig gut.

Einige einleitende Gedanken:

Erst einmal sehen wir hier, dass der Teufel und die Dämonen nicht in der Hölle sind. Das müssen wir klar feststellen. Wir kennen doch das Bild, das man auch in gotischen Kathedralen sieht, wie der Teufel die Menschen in der Hölle piesackt. Am besten noch mit Pferdefuß, zwei Hörnern und Mistgabel. Aber so ist es gar nicht! Dies ist ein Bild, welches man aus der griechischen Mythologie kennt. Es hat mit dem Teufel, wie die Bibel ihn uns beschreibt, nichts zu tun. In der Bibel heißt es in Matthäus 25, dass die Hölle für den Teufel und seine Engel – die abgefallenen Engel – bereitet ist. Aber er ist nicht dort und piesackt die Menschen; zumindest noch nicht.

In Markus 9 wird uns ein Blick in die übernatürliche Welt gewährt. Die übernatürliche Welt ist Muster und Quelle aller natürlichen Dinge. Das, was wir mit unseren Sinnen wahrnehmen, ist lediglich ein Spiegel der unsichtbaren Welten und vermag niemals allein die Antworten auf alle Fragen zu schenken. Rein irdisch zu denken, heißt Ursachen abzuschneiden und an ihre Stelle bloße Wirkungen zu setzen; es heißt, falsch zu denken. Das Böse hier ist Ausfluss der Dunkelheit, des Aufrührers selbst, über und in Menschen.

Verglichen mit den Dimensionen der ewigen Welten ist das Diesseits sehr begrenzt. Und doch werden hier Konflikte von zeitloser Bedeutung ausgefochten. Nur unter dem biblischen Blickwinkel ist der Rang weltlicher Veränderungen treffend zu bewerten.

Herrscher, Weltreiche, Epochen sind Platzhalter geistlicher Kräfte und zerfallen nach Erfüllung ihrer Aufgaben zu Staub.

Unsere menschlichen Maßstäbe sind zur Orientierung ungeeignet. Unser Verstand, den Gott uns gegeben hat, ist nicht dafür da, um die geistliche Welt zu verstehen. Nur das Wort Gottes vermittelt die Einsicht, Ursache und Wirkung zu trennen. In dieser oben angeführten Begebenheit sehen wir, dass das Reich der Finsternis mitten unter uns sein kann, aber auch, dass es eine wesentlich stärkere Macht gibt, die wir hier auf Erden erleben können und die uns befreien kann: die Macht und die Kraft Gottes, die seinerzeit in Jesus wirkte.

Aber Jesus ist nicht mehr da. Was können wir denn nun tun? Manche sagen: „Wie schön wäre es, wenn Jesus wieder hier wäre!" Aber diese Macht, die seinerzeit in Jesus wirkte, die wir hier in der Geschichte sehen, die wirkt in uns Christen; in allen, die an Jesus glauben; in allen, in denen Jesus lebt. Glauben wir das wirklich? Dann haben wir auch die gleiche Berufung, stimmt´s? Wenn Jesus sagt: „Der Geist des Herrn ist auf mir, weil er mich gesandt hat. Er hat mich gesandt, den Gefangenen Befreiung auszurufen.", dann ist das die gleiche Salbung, die wir heute haben.

Jesus gibt uns durch Sein Leben und Seine Taten ein Beispiel, wie auch wir leben und wirken können und sollen. Es ist also nicht so, dass wir sagen: „Naja, jetzt ist Jesus nicht mehr da. Jetzt müssen wir durchhalten. Wenn er dereinst wiederkommt, dann ist alles klar."

Nein, es ist viel besser! Er ist unser Vorbild. Er wirkte alle Seine Taten durch die Kraft und Salbung des Heiligen Geistes und sagt uns, dass wir noch größere Werke tun werden.

„Wahrlich, wahrlich, ich sage euch: Wer an mich glaubt, der wird die Werke auch tun, die ich tue, und wird größere als diese tun, weil ich zu meinem Vater gehe." Johannes 14,12

In Markus 9 demonstriert er uns Seine Macht über Satan und dessen Mächte und Er gibt uns gleichzeitig ein Beispiel, wie wir auch agieren sollen.

1. Die Macht Jesu über Satan und Dämonen

Im ersten *Johannesbrief 3,8* heißt es: *„Jesus ist gekommen, um die Werke des Teufels zu zerstören…"*

Dafür ist Jesus gekommen. Und es geht darum, dass wir es erleben, und dass wir uns Ihm zur Verfügung stellen; zur Verfügung stellen, um die Werke des Teufels zu zerstören und gleichzeitig – und das läuft parallel – das Reich Gottes aufzurichten und die gesamte Menschheit von der Macht Satans zu befreien.

Wo das Reich Gottes aufgerichtet wird, wird das Reich Satans zerstört. Und wenn wir beten: „Dein Reich komme", dann beten wir, dass sich dieses Reich ausbreitet und die Macht Satans zerstört wird.

Viele Menschen schauen auf die Macht des Bösen. Wenn mir jemand erzählt, dass wieder etwas Schreckliches passiert ist, dann sage ich: „Ja, warum wundert dich das? Es steht doch in der Bibel, dass die ganze Welt im Bösen liegt." Ich bin da gar nicht so erstaunt, empört und entsetzt, denn es passiert einfach. Aber es ist doch nicht unsere Aufgabe, nur auf das Böse zu schauen und es zu kommentieren. Darum möchte ich bewusst die Macht Gottes betonen.

Jesus überwindet den Feind, indem Er Dämonen, beziehungsweise böse und unreine Geister austreibt.

„Austreiben" bedeutet, dass Jesus von Seiner Autorität Gebrauch macht, um Mächte zu zwingen, ihre Kontrolle über Menschen aufzugeben, die bis dahin seelisch und körperlich in Satans Gewalt gewesen sind.

Wer ist nun also Satan und wer sind Dämonen?

Satan war einst einer der obersten Engel, der große Schönheit ausstrahlte, sich aber gegen Gott erhob. Die Bibel beschreibt ihn in Personen von früheren gottlosen Königen und wir sehen dann, dass diese eigentlich treibenden Kräfte, diese Könige, diese Weltreiche, die es gab, nur Platzhalter geistlicher Kräfte sind. Dahinter steht eine geistliche Kraft, nämlich der Satan selbst.

So heißt es in *Jesaja 14,12-15: „Wie bist du vom Himmel gefallen, du Glanzstern, Sohn der Morgenröte! ⊠Wie bist du⊠ zu Boden geschmettert, Überwältiger der Nationen! Und du, du sagtest in deinem Herzen:* »Zum Himmel will ich hinaufsteigen, hoch über den Sternen Gottes meinen Thron aufrichten und mich niedersetzen auf den Versammlungsberg im äußersten Norden. Ich will hinaufsteigen auf Wolkenhöhen, dem Höchsten mich gleichmachen.« *Doch in den Scheol wirst du hinabgestürzt, in die tiefste Grube."*

Dieses Wort „Glanzstern" ist das hebräische Wort „hallel" und wird lateinisch übersetzt als Luzifer, woher das Wort kommt: „du Leuchtender".

In *Hebräer 28,11-19* sehen wir eine Prophetie gegen den Fürsten von Tyrus. Doch plötzlich wandelt sich der ganze Duktus der Prophetie und es wird auf einmal der König von Tyrus angesprochen. Die eigentliche geistliche Macht, die hinter dem Fürsten von Tyrus steht, ist Satan selbst.

„Weiter sprach der Herr zu mir: »Du Mensch, stimm ein Klagelied an über das Unglück, das den König von Tyrus erwartet! Richte ihm aus, was ich, Gott, der Herr, ihm zu sagen habe: Du warst der Inbegriff der Vollkommenheit, voll Weisheit und vollendeter Schönheit. Du lebtest in Eden, dem Garten Gottes, und trugst Edelsteine jeder Art: Karneol, Topas und Jaspis, Türkis, Onyx und Nephrit, Saphir, Rubin und Smaragd. Sie waren kunstvoll verarbeitet und in feinstes Gold eingefasst. Ich schmückte dich mit ihnen an dem Tag, als ich dich schuf. Auf meinem heiligen Berg ließ ich dich wohnen, ein Kerub schützte dich mit ausgebreiteten Flügeln, und zwischen feurigen Steinen gingst du umher. Als ich dich schuf, warst du untadelig und vollkommen, doch dann fingst du an, Unrecht zu tun. Dein Handel blühte, und der Erfolg verführte dich zu üblen Machenschaf-*

ten und Gewalttaten. Darum vertrieb ich dich von meinem Berg, und der Kerub stieß dich von den feurigen Steinen fort in den Untergang. Deine Schönheit ist dir zu Kopf gestiegen, deine prachtvolle Erscheinung ließ dich handeln wie ein Narr. Darum habe ich dich zu Boden geworfen, ich habe dich erniedrigt vor den Augen anderer Könige; voller Verachtung blicken sie nun auf dich herab. Durch betrügerischen Handel hast du große Schuld auf dich geladen und deine Heiligtümer entweiht. Darum ließ ich mitten in deiner Stadt ein Feuer ausbrechen, das sie vollkommen niederbrannte. Wer sie jetzt sucht, findet nur noch einen Haufen Asche. Alle Völker, die dich kannten, sind entsetzt. Ein Bild des Schreckens bist du geworden, es ist aus mit dir für alle Zeit!«"

Was ist eigentlich passiert? Hierzu schauen wir uns einige Bibelstellen an. Satan und seine gefallenen Engel (Dämonen) wurden nach einem Kampf, der im Himmel stattfand, vom Erzengel Michael auf die Erde geworfen.

„Dann brach im Himmel ein Krieg aus: Michael und seine Engel griffen den Drachen an. Der Drache schlug mit seinem Heer von Engeln zurück; doch sie verloren den Kampf und durften nicht länger im Himmel bleiben. Der große Drache ist niemand anders als der Teufel oder Satan, die listige Schlange, die schon immer die ganze Welt verführt hat. Er wurde mit allen seinen Engeln aus dem Himmel auf die Erde hinuntergestürzt. Jetzt hörte ich eine gewaltige Stimme im Himmel rufen:»Nun hat Gott den Sieg errungen, er hat seine Stärke gezeigt und seine Herrschaft aufgerichtet! Alle Macht liegt in den Händen dessen, den er als König auserwählt und eingesetzt hat: Jesus Christus! Denn der Ankläger ist gestürzt, der unsere Brüder und Schwestern Tag und Nacht vor Gott beschuldigte. Sie haben ihn besiegt durch das Blut des Lammes und weil sie sich zu dem Lamm bekannt haben. Für dieses Bekenntnis haben sie ihr Leben eingesetzt und den Tod nicht gefürchtet." Offenbarung 12,7-11

Dies ist nicht etwas, das in der Zukunft stattfinden wird, sondern es ist ein sogenanntes eingeschobenes Ereignis der Offenbarung, was auf etwas hinweist, das schon stattgefunden hat. Das ist für uns heute von großer Relevanz. Da fand ein Kampf statt und nach diesem Kampf heißt es:

„Wehe der Erde und dem Meer, denn der Teufel ist zu euch herabgekommen, und er hat große Wut, da er weiß, dass er nur eine kurze Zeit hat." Offenbarung 12,12

Es ist bereits geschehen. Und nun findet der Kampf auf der Erde statt. Der Teufel verlagert also den Kampf vom Himmel auf die Erde. In *Hiob 1,7* fragt Gott den Satan: *„Woher kommst du?"* und der Satan antwortet:

„Ich habe die Erde durchstreift".

Der Kampf findet mitten unter uns statt. Jetzt könnten wir Angst bekommen. Hier steht sogar „Wehe der Erde!" Aber Jesus weiß es und gibt uns Autorität. Wir haben diesen Kampf zu führen in der Autorität und Salbung Jesu, die Er uns übertragen hat.

„Ich habe euch Vollmacht über den Feind gegeben; ihr könnt unter Schlangen und Skorpionen umhergehen und sie zertreten. Nichts und niemand wird euch etwas anhaben können." Lukas 10,19

Unmittelbar vorher sagt Jesus: *„Ich sehe den Satan wie einen Blitz vom Himmel fallen."* Ich glaube und meine persönliche Sicht ist folgende, dass das passierte, als Jesus die Erlösung vollbracht hat. Wir lesen im Buch Hiob, also lange Zeit vor dem Erlösungswerk Jesu, wie Satan vor Gott erscheint. Einige sagen: „Wie kann das denn sein?" Ja, er hatte offensichtlich noch einen eingeschränkten Zugang zu Gott.

Der Apostel Paulus sagt: *„Wir kämpfen ja nicht gegen Menschen aus Fleisch und Blut, sondern gegen dämonische Mächte und Gewalten, gegen die Weltherrscher der Finsternis, gegen die bösartigen Geistwesen in der unsichtbaren Welt."* Epheser 6,12

Er beschreibt den Kampf, der heute stattfindet, so wie damals auch schon. Gerade in Ephesus gab es eine Konzentration dämonischer Mächte. Unser Kampf ist gegen ein hierarchisches System geistlicher, dämonischer Mächte. Diese Dämonen sind Mitglieder des Reiches Satans und sind Teil eines gut organisierten Imperiums des Bösen. Die Bibel nennt ihn auch den „Fürsten der Lüfte" *(Epheser 2,2)*. Dämonen führen Satans Absichten aus und sind somit die Feinde Gottes und der Menschheit. Sie versklaven Menschen und streben danach, in den Körpern der Menschen zu leben. Sie können Leiden und vielerlei Krankheiten in den, von ihnen versklavten, Menschen bewirken.

Jesus sagt eindeutig, dass Er unter anderem deshalb auf die Erde gekommen ist, um die Werke Satans zu zerstören und Menschen freizusetzen, die vom Teufel gebunden sind.

Lukas berichtete davon, dass Jesus einen Dämon austrieb und danach erklärte, was er getan hat.

„Wenn ich aber die Dämonen durch Gottes Macht austreibe, so ist das ein Zeichen dafür, dass Gottes Reich unter euch angebrochen ist!" Lukas 11,20

Hier merken wir wieder: Wo Dämonen ausgetrieben werden, wird das Reich Gottes aufgerichtet. Dämonen müssen fliehen. Darum sollen wir beten: *„Dein Reich komme" (Matthäus 6,10),* damit die Macht Satans gebrochen wird.

Dann sagte Jesus noch etwas: *„Solange ein starker Mann gut bewaffnet ist und sein Haus bewacht, kann ihm niemand etwas rauben; ..." Lukas 11,21*

Wer ist der Starke? Der Starke ist Satan. Er bewacht seinen Hof. Sein Besitztum sind die Menschen, die er in Knechtschaft festhält. Der Satan gewinnt Macht über die Menschen durch die Sünde und Schuld. Das ist seine Waffenrüstung. Was hat Jesus getan? Er hat die Sünde und Schuld vergeben und damit die Menschen befreit. Deshalb ist der größte und wichtigste Schritt, um aus dem Machtbereich Satans herauszutreten, die Bekehrung zu Jesus.

Jesus sprach aber noch weiter: *„...; es sei denn, er wird von einem Stärkeren angegriffen und überwältigt. Dieser nimmt ihm die Waffen weg, auf die er vertraute, und verteilt seinen ganzen Besitz." Lukas 11,22*

Der Stärkere ist in das Haus des Starken eingedrungen und hat ihm seine Waffenrüstung weggenommen. Sünde und Schuld sind die Rüstung, durch die Satan ein verbrieftes Recht über die Menschen hat. Deshalb nennt Jesus Satan auch den Fürsten der Welt. Denn die Menschheit ist gefallen. Deshalb hat Satan auch die ersten Menschen zur Sünde verführt, um Macht über sie zu gewinnen. Aber die Sünde ist vergeben. Es muss kein Mensch mehr unter der Macht Satans leben.

Satan kann der Macht des Kreuzes nicht widerstehen. Jesu Werk und Sein persönliches Opfer haben Satans Niederlage besiegelt und Gottes Sieg über ihn errungen. Deshalb sagt der Schreiber des Hebräerbriefes:

„Die Kinder aber sind wir, Menschen aus Fleisch und Blut. Christus ist nun auch ein Mensch geworden wie wir, um durch seinen Tod dem Teufel – als dem Herrscher über den Tod – die Macht zu entreißen." Hebräer 2,14

Er hat durch Jesus, durch Seinen Tod, den entmachtet, der die Macht über den Tod hat; weil Jesus am Kreuz unsere Sünden getragen hat, weil Er alles auf sich nahm, damit wir frei sein können. Ist das nicht herrlich?! Das ist eine wirklich gute Botschaft.

Alle Waffen Satans sind durch Jesu Erlösung unwirksam gemacht worden. Unsere Aufgabe im Kampf gegen die finsteren Mächte besteht darin, auf der Grundlage dieses herrlichen Sieges Jesu, diesen Sieg konkret umzusetzen und die Niederlage Satans immer wieder konkret sichtbar zu machen.

2. Jesus auf dem Berg

Nun wollen wir uns einmal anschauen, was auf dem Berg geschah, bevor Jesus den dämonisierten Jungen befreite.

„Sechs Tage später nahm Jesus Petrus, Jakobus und Johannes mit auf den Gipfel eines Berges. Außer ihnen war niemand dort. Plötzlich veränderte sich vor ihren Augen das Aussehen von Jesus. Seine Kleider wurden strahlend weiß, weißer, als es auf Erden möglich war. Dann erschienen Elia und Mose und fingen an, mit Jesus zu sprechen. »Rabbi, wie wundervoll ist es hier!«, rief Petrus aus. »Wir wollen drei Hütten bauen – eine für dich, eine für Mose und eine für Elia.« Aber er wusste nicht, was er redete, denn er und die beiden anderen Jünger fürchteten sich sehr. Da fiel der Schatten einer Wolke auf sie, und aus der Wolke sprach eine Stimme: »Dies ist mein geliebter Sohn. Auf ihn sollt ihr hören.« Als sie sich umschauten, waren Mose und Elia verschwunden, und nur Jesus war noch bei ihnen. Während sie den Berg hinabstiegen, wies er sie an, niemandem zu erzählen, was sie gesehen hatten, bis der Menschensohn von den Toten auferstanden sei." Markus 9,2-9

Wir lesen immer wieder in der Bibel, dass Jesus auf einen Berg ging. Er tat es nicht, um dem Vater näher zu sein. Sondern es bedeutet, dass wir uns immer wieder Zeit nehmen sollen, um mit dem Vater eine besondere Gemeinschaft zu haben. Zeiten, in denen wir uns zurückziehen sind wichtig. Wenn ich gearbeitet habe, geschafft habe, auf die Bedürfnisse der Menschen eingegangen bin, dann muss ich auf den Berg; also nicht buchstäblich, sondern symbolisch geistlich.

Die Jünger wollten immer dortbleiben.

„Es ist gut, dass wir hier sind!" Lukas 9,33

Sie wollten diese herrliche Erfahrung - Mose und Elias erschienen, Jesus wurde verklärt und Er erschien in Herrlichkeit – konservieren. So herrlich sollte es immer bleiben.

Auch wir machen „Bergerfahrungen" wie zum Beispiel Konferenzen, ein Sabbatjahr, der Besuch einer Bibelschule ... und diese sind auch wichtig. Nimm dir Zeit, auf den Berg zu gehen! Aber denke daran, dass Jesus den Berg auch wieder verließ.

3. Jesus verließ den Berg wieder.

Jesus ließ sich nicht darauf ein, auf dem Berg in dieser herrlichen Atmosphäre zu bleiben. Sondern Jesus ging „hinunter" in die Finsternis dieser Welt. Er hat den höchsten Berg verlassen: den Himmel. Er kam bewusst in eine Welt, die vom Bösen regiert wird. Und wir, wenn wir an Jesus glauben, sollten unser Leben so betrachten und auch vom Berg hinuntergehen. Natürlich gehen wir immer mal hinauf, was wichtig ist. Aber wir gehen auch bewusst wieder hinunter, um unseren Auftrag in dieser Welt auszuüben.

Die Jünger gingen mit Ihm. Wo stehst du? Gehst du auch mit, als ein Repräsentant Jesu, mit dem Heiligen Geist in dir? Bist du bereit, den Berg zu verlassen? Jesus hat den Himmel verlassen.

„Du und ich sind ein Teil des Planes Gottes, diese Welt zu retten und unsere Generation vor der totalen Zerstörung zu bewahren." (Quelle: Reinhard Bonnke „Du und der Heilige Geist – Feurig, oder Feuerfest?")

Und die Sendung heißt, wenn wir vom Berg heruntergekommen sind:

„Treibt Dämonen aus!"

„Jesus rief seine zwölf Jünger zu sich und gab ihnen die Vollmacht, böse Geister auszutreiben und alle Arten von Krankheiten und Leiden zu heilen. Geht und verkündet ihnen, dass das Himmelreich unmittelbar bevorsteht. Macht die Kranken gesund, erweckt die Toten zum Leben, heilt die Aussätzigen und treibt böse Geister aus. Teilt eure Gaben genauso großzügig aus, wie ihr sie geschenkt bekommen habt!" Matthäus 10,1.7-8

Das Reich Gottes ist da! Der Beweis dafür ist, dass Dämonen ausgetrieben werden. *„Wenn ich aber die Dämonen durch Gottes Macht austreibe, so ist das ein Zeichen dafür, dass Gottes Reich unter euch angebrochen ist!" Lukas 11,20*

Der Erfolg des Reiches Gottes auf der Erde, bewirkt durch die Gläubigen, steht in einem direkten Bezug zur Vernichtung der satanischen Mächte und der Befreiung der Menschen von dämonischem Einfluss. „Der Finger Gottes" weist daraufhin, Dämonen aktiv auszutreiben.

Die Hand Gottes ist ein Bild für das Handeln Gottes; ein prophetischer Terminus für das, was Gott tut. Der Finger Gottes bedeutet: es ist für Gott überhaupt kein Problem, Dämonen auszutreiben.

In Markus 3,13-15 heißt es: „Und er steigt auf den Berg und ruft zu sich, die er wollte. Und sie kamen zu ihm; und er berief zwölf, damit sie bei ihm waren und damit er sie aussandte, zu predigen und Vollmacht zu haben, die Dämonen auszutreiben. " Sie sollten erst einmal bei ihm sein und dann hingehen, um die Dämonen auszutreiben.

Wir brauchen das Zeugnis der finsteren Mächte, damit Gottes Kraft umso mächtiger sichtbar wird.

Ich behaupte mal, dass wir nicht scharf darauf sind, uns mit finsteren Mächten auseinander zu setzen. Aber wir sehen bei Jesus: *„... als der Geist ihn sah..."* Markus 9,20, dass sich diese fürchten und manifestieren, und dass Gottes Kraft sichtbar und erlebbar wird.

Was machen die Geister, wenn sie uns sehen?

Es gibt eine Anekdote aus der Biografie von Smith Wigglesworth, der in seinem Dienst viele Wunder erlebt und auch Dämonen ausgetrieben hat. Eines Nachts wurde er wach und der Teufel saß an seinem Bett. Was hättest du getan? *Smith Wigglesworth sagte nur: „Ach, du bist es nur!", drehte sich um und schlief weiter. (Quelle: Roberts Liardon „Gottes Generäle – Die Heilungsevangelisten")*

Wir sollen uns nicht lustig darüber machen, aber wir sollen Kenntnis über unsere Autorität haben und sie anwenden.

In der folgenden Bibelstelle sehen wir wieder das Zeugnis der finsteren Mächte; sie fangen an zu reden.

„Und sie begaben sich nach Kapernaum; und er ging am Sabbat sogleich in die Synagoge und lehrte. Und sie erstaunten über seine Lehre; denn er lehrte sie wie einer, der Vollmacht hat, und nicht wie die Schriftgelehrten. Und es war in ihrer Synagoge ein Mensch mit einem unreinen Geist, der schrie und sprach: Lass ab! Was haben wir mit dir zu tun, Jesus, du Nazarener? Bist du gekommen, um uns zu verderben? Ich weiß, wer du bist: der Heilige Gottes! Aber Jesus befahl ihm und sprach: Verstumme und fahre aus von ihm! Da zerrte ihn der unreine Geist hin und her, schrie mit lauter Stimme und fuhr von ihm aus. Und sie erstaunten alle, sodass sie sich untereinander fragten und sprachen: Was ist das? Was für eine neue Lehre ist dies? Mit Vollmacht gebietet er auch den unreinen Geistern, und sie gehorchen ihm! Und das Gerücht von ihm verbreitete sich sogleich in das ganze umliegende Gebiet von Galiläa." Markus 1,21-28

Wenn ich diese Geschichte lese, versuche ich sie auf die heutige Zeit zu übertragen. Sie trafen sich also sonntags am Schabbat zum Gottesdienst in der Synagoge. Dann frage ich mich: „Wie wäre es heute? Wie wäre es in einem unserer Gottesdienste?" Sie kamen zusammen und dabei war ein dämonisierter Mann. Auch wenn es spekulativ ist, frage ich mich: „Wie lange war dieser dämonisierte Mann wohl schon dort im Gottesdienst – unentdeckt?" Vielleicht zum ersten Mal, vielleicht schon Jahre, und keiner hat es gemerkt. Er hat sich wunderbar versteckt und hat am Gottesdienst teilgenommen. Können sich eventuell bei uns in der Gemeinde die Dämonen unerkannt verstecken?

Aber jetzt war Jesus da. Denke daran: Die Jünger (wir) sind mit ihm den Berg hinuntergegangen. Seine Salbung ist da, sie ist in uns! Der Geist des Herrn ist auf uns. Die dämonischen Mächte müssen sich manifestieren.

In *Johannes 16,8 -11* sagt Jesus*: „Und Gottes Gericht zeigt sich daran, dass der Teufel, der Herrscher dieser Welt, bereits verurteilt ist."*

Das Gericht definiert Jesus folgendermaßen: „Der Fürst dieser Welt ist gerichtet!"

Du bist dafür da, damit dieser Fürst es endlich kapiert. Das Reich, die Herrschaft Gottes, ist da und wir dürfen unsere Identität kennen.

Wenn wir bewusst in diesen Kampf mit dem Teufel gehen, dann werden wir ein Feind des Teufels. Wenn wir das nicht tun, sondern nur unsere Ruhe haben wollen, dann sind wir ein Opfer des Teufels. Eine friedliche Koexistenz ist nicht möglich.

Positioniere dich!

DIE FREUDE AM HERRN IST DEINE STÄRKE

- BEFREIT ZUR FREUDE -

„Darum sprach er zu ihnen: Geht hin, esst Fettes und trinkt Süßes und sendet Teile davon auch denen, die nichts für sich zubereitet haben; denn dieser Tag ist unserem Herrn heilig; darum seid nicht bekümmert, denn die Freude am Herrn ist eure Stärke!" Nehemia 8,10

Bevor ich mich dieser Bibelstelle widme, möchte ich etwas grundsätzliches sagen: „Im Himmel ist Freude! Dort ist mehr Freude, als wir uns vorstellen können."

In Matthäus 25 erzählt Jesus ein Gleichnis von den Talenten, die ein Herr seinen Knechten anvertraut. Der Herr steht für Gott und die Talente sind eine gewisse Geldsumme. Nun reist der Herr außer Landes und zwei seiner Knechte gewinnen zu ihren Talenten noch einige dazu, der dritte gewinnt nichts dazu. Zu den beiden, die ihre Talente vermehrt haben, sagt der Herr: *„Sehr gut, du tüchtiger und treuer Diener. Über Weniges warst du treu, über Vieles werde ich dich setzen. Komm, nimm teil am* **Freudenfest deines Herrn!**" *Matthäus 25,21*

Wir sehen hier, dass im Himmel eine beständige Freudenfeier stattfindet.

In Lukas 15,7 sagt Jesus: „Ich sage euch, so wird auch **Freude sein im Himmel über einen Sünder,** *der Buße tut, mehr als über neunundneunzig Gerechte, die keine Buße brauchen!"*

Jetzt stelle ich mir vor, und davon bin ich überzeugt, dass laufend ein Sünder zu Gott kommt und Buße tut. So ist im Himmel laufend Freude. Stell dir einmal vor, was dort los ist!

Im Römerbrief spricht der Apostel Paulus über das Reich Gottes und sagt: *„Denn das Reich Gottes ist nicht Essen und Trinken, sondern Gerechtigkeit, Friede und Freude im Heiligen Geist;" Römer 14,17*

Somit besteht das Reich Gottes nicht aus äußerlichen Dingen, die für uns Menschen manchmal so wichtig sind. Sondern ein Fundament, auf dem das Reich Gottes basiert, ist Freude.

Kein Reich dieser Welt besteht aus Freude. So etwas gibt es gar nicht. Aber Gottes Reich besteht aus Freude.

Jesus weist uns im Vaterunser an, so zu beten: *„Dein Reich komme, dein Wille geschehe, wie im Himmel, so auch auf Erden!"* Das Reich Gottes besteht unter anderem aus Freude, und wir beten, dass die Freude auf die Erde kommt. Gottes Wille ist Freude.

1. Die Situation von Nehemia

Das Volk Gottes kam aus einem über 70 - jährigen Exil in Babylon (Persien) zurück in ihr von Gott versprochenes Land. Inzwischen war das babylonische Reich besiegt und das medopersische Reich hatte die Macht übernommen. Die Meder und Perser verfolgten eine andere Politik als die Babylonier und schickten die Völker, die diese gefangen genommen hatten, wieder zurück in deren Heimat. Nun könnte man doch denken, dass die Juden, das Volk Gottes, das so lange auf diesen Moment gewartet hatte, voller Freude wäre. Viele waren es auch, doch viele auch nicht. Denn nach siebzig Jahren und wenigstens zwei Generationen, hatten sie alles, was sie brauchten. Sie hatten sich dort niedergelassen, waren erfolgreich und Gott hatte sie gesegnet. Viele hatten keinen Bezug mehr zu ihrem Heimatland und so kam nur eine relativ kleine Gruppe zurück nach Israel.

Sie bauten unter großen Schwierigkeiten einen neuen Tempel und auch die Mauern Jerusalems wieder auf. Doch die Ressourcen waren nicht so, wie sie gedacht hatten. Es war alles so klein und mickrig im Gegensatz zu dem ersten Tempel, den Salomo erbaut hatte. Und in diese Situation sprach Nehemia das Wort des Herrn: *„Die Freude am Herrn ist eure Stärke."*

Manchmal sind wir enttäuscht. Wir haben wesentlich mehr erwartet. Wir haben groß gedacht und geplant für unsere Gemeinde, wie auch für unser persönliches Leben. Und das, was dabei herauskommt, ist so viel weniger als gedacht.

Aber Nehemia sagt: „Die Freude am Herrn ist das Wichtigste. Die Kraft liegt nicht im Äußeren, in den Zahlen, im Sichtbaren. Die Freude am Herrn ist das Eigentliche. Freut euch, feiert ein Fest!"

2. Freude in allen Situationen

Paulus und Silas waren im Gefängnis, weil sie das Evangelium verkündigt hatten und aus einer Sklavin eine dämonische Macht ausgetrieben hatten; einen sogenannten Wahrsagegeist. Im Grundtext heißt es: einen Pythongeist. Das war eine mächtige dämonische Macht, die in jener Gegend herrschte. Wahrscheinlich handelte es sich um das Orakel von Delphi. Dorthin brachten die Herren ihre Sklaven, damit diese von dem Geist besetzt und gebraucht wurden, um dann viel Geld mit ihnen zu verdienen. Paulus trieb diesen Geist aus und die Geldquelle versiegte zum Ärgernis der Herren. (Apostelgeschichte 16,16-22)

Nun heißt es hier in der Apostelgeschichte:

„Und nachdem sie ihnen viele Schläge gegeben hatten, warfen sie sie ins Gefängnis und geboten dem Kerkermeister, sie sicher zu verwahren. Dieser warf sie auf solchen Befehl hin ins innere Gefängnis und schloss ihre Füße in den Stock. Um Mitternacht aber beteten Paulus und Silas und lobten Gott mit Gesang, und die Gefangenen hörten ihnen zu. Da entstand plötzlich ein großes Erdbeben, sodass die Grundfesten des Gefängnisses erschüttert wurden, und sogleich öffneten sich alle Türen, und die Fesseln aller wurden gelöst." Apostelgeschichte 16,23-26

Das innere Gefängnis ist zu vergleichen mit dem Hochsicherheitstrakt und die Füße in einen Stock zu schließen, gleicht einer Stellung schlimmster Folter. An diesem tiefen Punkt unter Schmerzen und Lebensgefahr sangen Paulus und Silas Loblieder.

Hier stellt sich mir die Frage: „Was hätten wir getan?"

Die Lehre, die wir daraus ziehen, ist folgende: Du darfst, sollst und kannst dich in allen Situationen freuen und dem Herrn danken. Du darfst dich immer freuen, denn das Reich Gottes besteht in Freude, die immer für dich verfügbar ist.

3. Freude ist unser Schutz.

Wollen wir einmal diesen Vers des Nehemia in verschiedenen Bibelübersetzungen betrachten.

„... darum seid nicht bekümmert, denn die Freude am Herrn ist eure Stärke!" (Schlachter 2000)

„Lasst den Mut nicht sinken, denn die Freude am Herrn gibt euch Kraft!" (Hoffnung für alle)

„Macht euch keine Sorgen, denn die Freude am Herrn umgibt euch wie eine schützende Mauer." (Gute Nachricht) Es gibt also einen Schutz vor den Attacken des Feindes.

„Macht euch keine Sorgen; denn die Freude am Herrn ist eure Stärke." (Einheitsübersetzung)

„Seid nicht traurig, denn die Freude am Herrn ist eure Zuflucht!" (Neues Leben Bibel) Manchmal wollen wir fliehen und wir dürfen wissen, dass die Freude am Herrn unsere Zuflucht ist.

„Seid nicht traurig, denn die Freude an Jahwe ist euer Schutz!" (Neue evangelistische Übersetzung)

„Und seid nicht bekümmert, denn die Freude am Herrn, sie ist euer Schutz!" *(Elberfelder)* In der Fußnote steht dort wörtlich für das Wort „Freude": „Bergfeste, Bollwerk". Dort kann der Feind nicht hingelangen. Im exegetischen Wörterbuch heißt das hebräische Wort „Maos": „Umstärkung; ein Bollwerk um dich herum". Das ist die Freude am Herrn.

Es ist ein stark befestigter Ort, in dem man geborgen ist; kein geografischer Ort, sondern ein geistlicher. Es ist auch ein Damm gegen das wütende Meer, ein geschützter Hafen. Unsere Freude am Herrn ist solch ein „Maos".

Es gibt ein Krankheitsbild, das wir unter dem Begriff „Burnout" oder „depressive Erschöpfung" kennen. Woher kommt es? Meistens hört man die Meinung, dass es von zu viel Arbeit herrührt. Ich möchte behaupten, dass das nicht stimmt, sondern dass die Erschöpfung entsteht:

…, wenn man seine Arbeit, seinen Dienst beständig ohne Freude tut.

…, wenn Menschen uns bedrängen und unseren Dienst nicht würdigen. (Deswegen dürfen wir uns auch gerne gegenseitig mal loben.)

…, wenn du viel arbeitest und scheinbar unter dem Strich nichts dabei herauskommt.

Darum ist es wichtig, unsere Freude bei der richtigen Quelle zu suchen – beim Herrn!

Wir dürfen uns freuen …

… auch in Enttäuschungen – du hast mehr erwartet, bist enttäuscht worden. Und ich sage zum wiederholten Mal: Freue dich!

… wenn jemand dich verletzt hat! (Das setzt Vergebung voraus und gehört zusammen).

… bei Missverständnissen!

…, wenn du Furcht hast.

Freude hat eine Wirkung und sie setzt übernatürliche Kräfte frei! Freude wird gesehen.

4. Freue dich einfach!

„Freut euch im Herrn allezeit; abermals sage ich: Freut euch!" Philipper *4,4*

Auch dieses schrieb Paulus aus dem Gefängnis.

David spricht zu seiner Seele: *„Was bist du so unruhig in mir? - du wirst dich noch freuen!" Psalm 42,6*

Es kann schon einmal passieren, dass wir morgens aufwachen und merken: „Es geht mir nicht gut. Irgend etwas bedrückt mich." Aber die Lehre für uns aus der Bibel lautet: Wir sind nicht einfach so unseren Gefühlsschwankungen ausgeliefert. Gefühle sind gut, aber sie sind keine feste Größe in uns. Sie sind ein guter Diener, aber ein schlechter Herr. Sie sollen uns nicht leiten, deshalb triff die Entscheidung, dich zu freuen – in allen Situationen.

Ein befreundeter Kollege war Pastor einer Gemeinde in einer Kleinstadt. Sonntags trafen sich circa achtzig bis einhundert Menschen zum Gottesdienst, was für die geringe Anzahl von Einwohnern eine beachtliche Zahl war. Ich hatte immer den Eindruck, dass er seine Gemeinde gut leitete. Die Gemeinde wuchs, Menschen kamen dazu und plötzlich gab es Probleme. Es gab üble Nachrede und Feindschaft gegen den Pastor. Menschen sprachen schlecht über ihn und immer, wenn er eine Sache geklärt hatte, gab es das nächste Problem. So war er nur noch damit beschäftigt, Verleumdung und schlechtes Reden aufzudecken und zu klären. Doch an einem bestimmten Punkt, so erzählte er mir, sagte er sich: **„Ich entscheide mich,** ab jetzt nur positiv über meine Gemeinde zu reden und zu denken und mich im Herrn zu freuen!" – Und das negative Gerede und die Feindschaft hörten bald auf!

„Ich will mich freuen und frohlocken in dir ..." Psalm 9,3

Kann man sich einfach so freuen? Das geht doch nicht, oder? Doch, aber es ist manchmal eine bewusste Entscheidung.

Der Prophet Jesaja prophezeite, dass Christus uns Freudenöl geben würde. *„Er hat mich gesandt, um es den Trauernden zu ermöglichen, dass ihnen ein Kopfschmuck anstelle von Asche, Freudenöl anstelle von Trauerkleidern und Lobgesang anstelle eines betrübten Geistes gegeben werde;" Jesaja 61,3*

Als der Engel des Herrn die Geburt Jesu ankündigte, sagte er: *„Siehe ich verkündige euch große Freude, die allem Volk widerfahren wird." Lukas 2,10*

„Du hast Gerechtigkeit geliebt und Gesetzlosigkeit gehasst; darum hat dich, o Gott, dein Gott gesalbt mit Freudenöl (Öl des Frohlockens), mehr als deine Gefährten!" Hebräer 1,9 Hier schreibt der Schreiber des Heb-

räerbriefes über Jesus.

In der Bergpredigt im Matthäusevangelium kommt immer wieder das Wort „glückselig" vor, ebenso wie in der Offenbarung: *„Glückselig ist, der die Worte der Weissagung liest, und die sie hören und bewahren, was darin geschrieben steht! Denn die Zeit ist nahe."* Offenbarung 1,3

Das griechische Wort für „glückselig" heißt „makarios" und bedeutet so viel wie: „keinen Anlass zur Sorge haben, sondern große Freude für die Zukunft."

Viele Menschen haben Angst, das Buch der Offenbarung zu lesen. Aber die Bibel sagt etwas anderes. Wir werden sorglos sein und eine große Freude für die Zukunft haben, wenn wir es lesen.

Es ist eine tiefe Freude, die so groß ist, dass nichts, was uns geschehen kann, diese Freude auch nur im Geringsten trüben kann.

„Dies ist der Tag, den der Herr gemacht hat; wir wollen uns freuen und fröhlich sein in ihm!" Psalm 118,24

Entscheide dich heute und auch zukünftig, dich über dein Leben und am Herrn zu freuen, jeden Tag. Wenn du das tust, nimmst du die negativen Umstände aus der Hand des Teufels und übergibst sie dem Herrn. Die Umstände sind zwar noch da, aber du hast es jetzt nicht mehr mit dem Teufel und den durch ihn initiierten Umständen zu tun, sondern mit deinem liebenden himmlischen Vater. Dann agierst du im Glauben und darauf reagiert der Herr.

Wie äußert sich Freude im Allgemeinen? – Durch Lachen! Wir dürfen über unsere Umstände und Widrigkeiten lachen und damit den Feind entmachten.

Der Philipperbrief, den Paulus im Gefängnis schrieb, spricht vornehmlich von Freude:

- Freude im Gebet 1,4
- Freude über die Christusverkündigung 1,18
- Freude in der Hoffnung 1,20-21
- Freude im Glauben 1,25
- Freude der Einigkeit 2,2
- Freude im Opfer 2,17
- Freude des Wiedersehens 2,28
- Freude in der Gastfreundschaft 2,29
- Freude in dem Herrn 3,1;4,4

- Freude im Geben und Empfangen 4,10
- Freude an den Geschwistern 4,1
- Freude zu jeder Zeit 4,4

Lass dich von der göttlichen Freude anstecken! Dies soll kein Appell sein, sondern ich bete, dass es eine Offenbarung in unseren Herzen wird.

SEIN NAME HEISST ...
„FRIEDEFÜRST"

- BEFREIT, UM FRIEDEN ZU SCHENKEN -

Im Buch des Propheten Jesaja Kapitel 9 sind die fünf Namen des Messias erwähnt....

„Denn ein Kind ist uns geboren, ein Sohn ist uns gegeben; und die Herrschaft ruht auf seiner Schulter; und man nennt seinen Namen: Wunderbarer, Ratgeber, starker Gott, Ewig-Vater, Friedefürst.“ Jesaja 9,5

Wir merken in unserem Leben, dass wir den Frieden Gottes sehr nötig haben. Wir brauchen ihn immer wieder. Es gibt so viele Situationen, die uns den Frieden rauben möchten. Ich bin überzeugt davon, dass unser Feind, der Teufel, es darauf anlegt, den Menschen den Frieden zu rauben.

Die Namen, die wir hier lesen, sagen aus, wie Jesus als Herrscher regieren wird. Sie sind seine Regierungserklärung. In der Bibel sind Namen nicht nur Bezeichnungen, sondern es sind prophetische Eigennamen.

Einen dieser Namen möchte ich genauer betrachten: *„Sein Name ist Friedefürst.“* Ich möchte über die Herrschaft des Friedefürsten sprechen.

1. Die Herrschaft des Friedefürsten

Wie regiert dieser Friedefürst, wo in dieser Zeit doch äußerlich kein Friede ist, sondern Unfrieden und Krieg in der Welt herrscht?

Der Friedefürst regiert durch Frieden in unseren Herzen.

Als ich zum Glauben als achtzehnjähriger junger Mann kam – Gott ist mir nachgegangen, hat mir Menschen geschickt, die zu mir gesprochen haben – da habe ich Frieden erlebt. Nachdem ich in einem Gottesdienst bewusst mein Leben Jesus gegeben habe, hatte ich einen Gedanken: „Jetzt wird alles gut und mir kann nichts mehr geschehen.“

David beschreibt in einem seiner Psalmen, was der Friede Gottes ist.

„Von David. Der Herr ist mein Licht und meine Rettung – vor wem sollte ich mich fürchten? Der Herr ist die Zuflucht meines Lebens – vor wem sollte ich erschrecken? Wenn Gewalttäter auf mich eindringen, um mich zu verschlingen, meine Bedränger und meine Feinde, dann sind sie es, die stolpern und zu Fall kommen. Wenn ein Heer mich belagert, fürchtet mein Herz sich nicht, ja, wenn Krieg sich gegen mich erhebt, dann bin ich dennoch voller Vertrauen.“ Psalm 27,1-3

Immer wenn ich an Frieden denke, dann fällt mir dieser Psalm ein. Wir wissen nicht genau, wann David ihn schrieb. Egal ob vor oder nach seiner Inthronisierung: Er hatte auch Probleme und Anfechtungen. Auch

Könige können Probleme haben. Jeder Mensch hat auf seiner Ebene Anfechtungen.

Paulus schreibt folgendes über den Frieden an die Römer: *„Da wir nun gerechtfertigt **sind** durch Glauben, **haben wir Frieden** mit Gott durch unseren Herrn* Jesus Christus. Römer 5,1

Dass wir gerechtfertigt sind, ist die Grundlage für Frieden. Erst wenn wir an Jesus glauben, wenn wir durch Ihn gerecht gemacht sind, können wir echten Frieden erleben. Die Strafe liegt auf Ihm zu unserem Frieden, und weil wir gerecht gesprochen sind, **haben** wir Frieden. Wir haben ihn!

Das hebräische Wort für Frieden heißt Schalom und ist gleichzusetzen mit Frieden, Erlösung, Wohlergehen, Unversehrtheit, Gedeihen, Wohlstand ... So grüßen sich die Juden untereinander.

Der Neue Bund, den Jesus mit uns eingegangen ist, in dem wir heute leben, ist ein Bund des Friedens.

Vierhundertneunzigmal steht in der Bibel in über vierhundert Versen das Wort Schalom. Schalom ist nicht unbedingt der äußerliche Friede oder gute Umstände, sondern die Art von Frieden, die direkt von Gott kommt.

Wir müssen Gott nicht mehr krampfhaft zufrieden stellen. Glaubst du, dass Gott mit dir zufrieden ist? Ja, Er hat selbst dafür gesorgt; Er ist **zu – frieden** durch das, was Jesus für uns tat. Wir dürfen dies im Glauben annehmen.

Jesus ist der „Fürst des Friedens". Von Ihm geht der Frieden aus und ohne Ihn gibt es keinen wahren Frieden.

Als ich mich auf diese Predigt vorbereitet und alles überdacht habe, gab Gott mir ein prophetisches Wort. Er sagt zu dir und zu mir: „Ich bin Herr deiner Lage, Herr deiner Umstände, egal wie sie aussehen mögen!" Und ich frage es noch einmal: „Glaubst du das?" Dann zieht echter Frieden in dein Herz ein.

Echter Frieden im Herzen bringt auch eine Ruhe in unser Leben.

Tomas Sjödin schreibt in seinem Buch: *„Bis der Mensch auf die Bühne tritt, ist das meiste bereits erledigt. Er muss die Welt nicht (noch einmal) schaffen. Die Welt ist schon fertig – ein Gedanke, in den man sich in Ruhe (!) vertiefen kann." „Alles mit Ruhe beginnen, statt mit einem Seufzer der Erschöpfung zu enden." (Quelle: Tomas Sjödin „Warum Ruhe unsere Rettung ist" Seite 22)*

Das bedeutet nicht, dass wir in Passivität fallen und nur noch tatenlos zu Hause sitzen sollen. Hast du Jesus in der Bibel jemals in Hektik erlebt? Nein, Er agierte immer in Ruhe und Frieden. Er ist der Friedefürst.

In der folgenden Bibelstelle spricht Mose rückblickend von der Schöpfung.

„Denn in sechs Tagen machte der Herr Himmel und Erde, aber am siebenten Tage ruhte er und erquickte sich (... aber am siebten Tag hat er gefeiert und geruht. - ... am siebten Tag aber hat er geruht und Atem geschöpft.) 2. Mose 31,17

Wenn wir die Schöpfungsgeschichte lesen, sehen wir, dass Gott der größte Künstler ist. Er hat das gewaltigste Kunstwerk geschaffen, das du dir vorstellen kannst, einschließlich des Menschen; das war das größte Werk – die Krone Seiner Schöpfung.

Als er Himmel und Erde, und was auf ihr lebt, geschaffen hatte, schaute Er sich alles an und sagte: „Sehr gut!" Er war voller Bewunderung und Erstaunen über Sein eigenes Werk und freute sich daran. So verstehe ich diese Verse.

Martin Luther sagte: *„Man kann Gott nicht allein mit Arbeit dienen, sondern auch mit Feiern und Ruhe."* (Quelle: *„Bei Tische zu Melanchthon"* Tischreden, Altenburg 1530)

Jesus hat alle Voraussetzungen geschaffen, damit wir im Frieden leben und Schalom erfahren können.

2. Frieden im Kampf

Für uns bedeutet unser Leben auch manchmal Kampf und wir können sehr herausgefordert sein. Es gibt zum Beispiel Menschen, die uns nicht mögen und eine Herausforderung für uns sind. Die Bibel sagt uns, dass wir einen Kampf zu kämpfen haben. *Epheser 6,12* spricht von diesem geistlichen Kampf.

„Denn unser Kampf richtet sich nicht gegen Menschen aus Fleisch und Blut, sondern gegen die herrschenden Mächte, die Autoritäten, die in dieser Finsternis ihr Unwesen treiben, gegen die Geistesmächte der Bosheit, die sich in den Himmelswelten aufhalten."

Wir kämpfen nicht gegen Menschen, auch wenn der Teufel Menschen für diesen Kampf benutzt.

Als Christen sind wir hineingestellt in einen geistlichen Kampf gegen finstere Geister, die sich in der unsichtbaren Sphäre um uns herum („epouranus") aufhalten und von dort die Erde kontrollieren wollen. Dieses Wort „in den Himmelswelten" bedeutet nicht „im Himmel bei Gott", denn dort sind sie nicht mehr. Jesus sagte: *Ich sah den Satan wie einen Blitz vom Himmel fallen."* (Lukas 10,18)

Dort ist er nicht mehr, auch wenn er einmal einen eingeschränkten Zugang zum Himmel hatte, wie wir es im Buch Hiob lesen. Durch die Erlösung hat Satan jedes Recht verwirkt, um im Himmel zu erscheinen. Er ist auf die Erde geworfen, wie es in Offenbarung 12 heißt.

Das Wort für Himmelswelten „epouranus" heißt so viel wie „unter dem Himmel". Es bezeichnet die Welt zwischen Himmel und Erde; die unsichtbare Welt um uns herum. Dort halten sich die finsteren Mächte auf. Das Reich der Finsternis steht der Expansion des Reiches Gottes entgegen.

Aber in diesem Kampf dürfen wir wissen: Er, Jesus, herrscht über unsere Feinde.

Seine Herrschaft in uns bringt Frieden mitten im Kampf! Das darf ich dir zusagen, auch wenn du momentan vielleicht in einem Kampf stehst.

Dazu fällt mir eine Begebenheit aus dem Alten Testament ein, an der wir sehen, wie Gott für Sein Volk kämpft. Josua bekam von Gott den Auftrag gegen Jericho zu kämpfen. Jericho war eine Bastion des Feindes, eine menschlich gesehen uneinnehmbare Festung, die dem Volk Israel im Weg stand.

„Jericho aber war verschlossen und verriegelt vor den Kindern Israels, sodass niemand heraus- oder hineingehen konnte. Und der HERR sprach zu Josua: Siehe, ich habe Jericho samt seinem König und den tapferen Kriegern in deine Hand gegeben. Darum sollt ihr um die Stadt ziehen, alle Kriegsleute, einmal rings um die Stadt herum." Josua 6,1-3

Josua wusste, wenn er das verheißene Land, das Gott ihm versprochen und gegeben hatte, einnehmen wollte, dann musste er erst gegen Jericho kämpfen und diese Stadt musste fallen.

Gott sprach zu Josua und gab ihm eine Kampftechnik an die Hand – das ist so typisch für Frieden im Kampf.

„Sechs Tage lang sollt ihr jeden Tag einmal mit allen kampffähigen Männern um die Stadt ziehen. Nehmt die Bundeslade mit! Lasst sieben Priester mit Widderhörnern in der Hand vor ihr hergehen! Am siebten Tag sollt

ihr siebenmal um die Stadt ziehen, und die Priester sollen die Hörner blasen. Wenn der langgezogene Signalton des Widderhorns ertönt, so stimmt ein lautes Kriegsgeschrei an! Dann wird die Stadtmauer einstürzen, und ihr könnt von allen Seiten nach Jericho eindringen." Josua 6,3-5

Die Mauer stürzte ein und Josua konnte diese Stadt einnehmen. Ich denke, dass Engel diese Mauern zum Einsturz gebracht haben.

Wer im Frieden Gottes lebt, holt sich seine Waffen aus einem anderen Arsenal als aus dem eigenen.

3. Frieden durch Vergebung

Der Friede Gottes ist verfügbar, weil Jesus uns vergeben hat, wie es im Römerbrief steht: *„Nachdem wir durch den Glauben von unserer Schuld freigesprochen sind, haben wir Frieden mit Gott durch unseren Herrn Jesus Christus." Römer 5,1*

Wenn wir die Vergebung annehmen, erfahren wir den Frieden Gottes. Aber das Wort Gottes lehrt uns auch, diese erfahrene Vergebung anderen nicht vorzuenthalten.

„Und wenn ihr dasteht und betet, so vergebt, wenn ihr etwas gegen jemand habt, damit auch euer Vater im Himmel euch eure Verfehlungen vergibt." Markus 11,25

Wenn man den Kontext liest, dann sieht man in den beiden Versen vorher, was für eine Art von Gebet Jesus hier meint.

„Denn wahrlich, ich sage euch: Wenn jemand zu diesem Berg spricht: Hebe dich und wirf dich ins Meer! und in seinem Herzen nicht zweifelt, sondern glaubt, dass das, was er sagt, geschieht, so wird ihm zuteilwerden, was immer er sagt. Darum sage ich euch: Alles, was ihr auch immer im Gebet erbittet, glaubt, dass ihr es empfangt, so wird es euch zuteilwerden!" Markus 11,23-24

Jesus sagt also: „Wenn ihr so betet, dann denkt auch daran, dass ihr vergeben sollt."

In einem Gleichnis im Matthäusevangelium redet Jesus von dem unbarmherzigen Gläubiger, der in der Lutherbibel auch als Schalksknecht betitelt wird.

„Da trat Petrus zu ihm und sprach: Herr, wie oft soll ich meinem Bruder vergeben, der gegen mich sündigt? Bis siebenmal? Jesus antwortete ihm: Ich sage dir, nicht bis siebenmal, sondern bis siebzigmalsieben-

mal! Darum gleicht das Reich der Himmel einem König, der mit seinen Knechten abrechnen wollte. Und als er anfing abzurechnen, wurde einer vor ihn gebracht, der war 10 000 Talente schuldig. Weil er aber nicht bezahlen konnte, befahl sein Herr, ihn und seine Frau und seine Kinder und alles, was er hatte, zu verkaufen und so zu bezahlen. Da warf sich der Knecht nieder, huldigte ihm und sprach: Herr, habe Geduld mit mir, so will ich dir alles bezahlen! Da erbarmte sich der Herr über diesen Knecht, gab ihn frei und erließ ihm die Schuld. Als aber dieser Knecht hinausging, fand er einen Mitknecht, der war ihm 100 Denare schuldig; den ergriff er, würgte ihn und sprach: Bezahle mir, was du schuldig bist! Da warf sich ihm sein Mitknecht zu Füßen, bat ihn und sprach: Habe Geduld mit mir, so will ich dir alles bezahlen! Er aber wollte nicht, sondern ging hin und warf ihn ins Gefängnis, bis er bezahlt hätte, was er schuldig war. Als aber seine Mitknechte sahen, was geschehen war, wurden sie sehr betrübt, kamen und berichteten ihrem Herrn den ganzen Vorfall. Da ließ sein Herr ihn kommen und sprach zu ihm: Du böser Knecht! Jene ganze Schuld habe ich dir erlassen, weil du mich batest; solltest denn nicht auch du dich über deinen Mitknecht erbarmen, wie ich mich über dich erbarmt habe? Und voll Zorn übergab ihn sein Herr den Folterknechten, bis er alles bezahlt hätte, was er ihm schuldig war. So wird auch mein himmlischer Vater euch behandeln, wenn ihr nicht jeder seinem Bruder von Herzen seine Verfehlungen vergebt." Matthäus 18,23-35

Petrus dachte wohl, dass siebenmal schon häufig genug ist, aber Jesus sagte: siebzigmal siebenmal. Das bedeutet so viel wie uneingeschränkt, unendlich. Die Zahl sieben steht für die Unendlichkeit.

Der König, welcher hier gemeint ist, ist ein Bild für Jesus, den reichen Herrn. Diesem schuldete der Knecht zehntausend Talente. Das war eine Summe von heute circa einer Millionen Euro, die er niemals hätte zurückzahlen können. Doch sein Herr hatte Erbarmen. Jesus hat unsere ganze Schuld bezahlt, wie groß sie auch sein mag.

Die hundert Denare, die ihm ein Mitknecht schuldete, wollte er allerdings nicht erlassen. Diese Summe war nicht wenig, aber man hätte sie zurückzahlen können. Ein Denar war damals der Tagelohn eines Arbeiters. Und der Mitknecht flehte und wollte alles zurückbezahlen, was auch realisierbar gewesen wäre. Doch der Knecht **wollte** es nicht.

Vergebung ist eine Sache des Willens; eine Willensentscheidung und keine Gefühlsentscheidung. Letztendlich wurde der böse Knecht für seine Unbarmherzigkeit den Folterknechten übergeben.

Was bedeutet es, wenn dort steht: *„den Folterknechten übergeben"*? Jesus redet hier nicht von der Hölle.

Die unbarmherzige Weigerung, anderen zu vergeben, nachdem wir selbst für uns Vergebung beansprucht haben, macht nicht nur die uns geschenkte Vergebung unwirksam, sie bringt uns obendrein noch in ein Gefängnis, wo wir von „Folterknechten" (das heißt: von dämonischen Kräften) geplagt werden. Sie bekommen dann Anrechte, um uns zu quälen. Wir öffnen unbewusst unser Herz und unser Leben dafür, indem wir anderen nicht vergeben. Dann ist „der Kreislauf der Gnade" nicht mehr intakt, sondern wir gehen in das Alte Testament zurück. Wir gehen zurück in die Prinzipien des Alten Bundes.

Die einzige Person, die uns aus solch einem Gefängnis herausholen kann, sind wir selbst, dadurch dass wir Vergebung gewähren. Vergebung ist eine sehr konkrete Handlung. „Er gab ihn los." Die Bedeutung des Wortes „losgeben" im Griechischen ist „freisetzen, jemanden von einer Sache befreien".

Es existiert ein Gemälde von dem niederländischen Renaissance Maler Hieronymus Bosch, der 1450 geboren wurde, mit dem Titel „Christus trägt das Kreuz." Es ist kein schönes Bild. Der Maler wollte bewusst ein hässliches Bild malen und damit die Menschen darstellen, wie sie sind. Man sieht viele Menschen und mittendrin Jesus, der das Kreuz trägt. Keiner dieser Menschen, die sich gegenseitig hasserfüllt ansehen, sieht Jesus an. Dieser ist der Einzige, der auf dem Bild voller Frieden ist. Würden die Menschen Jesus ansehen, könnte ihnen vergeben werden; sie könnten sich gegenseitig vergeben und der Friede, der auf Jesus liegt, könnte über sie alle kommen. Dann wäre es ein schönes Bild. Jesus möchte diesen Frieden an alle weitergeben.

Wir können vergeben, weil wir „in Christus" sind. Es ist kein großer Kraftakt, sondern eine Entscheidung des Glaubens und nicht eine Entscheidung der Gefühle.

4. Endloser Frieden

Es heißt in *Jesaja 9,6*, nachdem diese Namen genannt wurden: *„... damit seine Herrschaft groß wird und der Friede auf dem Thron Davids und in seinem Königreich kein Ende hat ..."*

Diese Punkte, die ich bisher genannt habe, sind für heute. Sie beziehen sich darauf, wie wir heute leben können und sollen.

In Galater 5 geht es um die neunfache Frucht des Geistes und beginnt mit Liebe, Friede, Freude. Dieser Friede ist in unserem Herzen; in dem neuen Menschen, der Jesus Christus angenommen hat. Der neue Geist ist ein Geist des Friedens. Wir dürfen Frieden haben im Kampf und wir dürfen Vergebung gewähren, weil wir Frieden haben. So können wir auch anderen den Frieden zusprechen. Wir müssen nicht mehr gegeneinander kämpfen. Das ist nicht mehr notwendig, sondern das entspringt noch dem alttestamentlichen Denken.

Glauben ist für heute. Wenn wir im Glauben etwas beanspruchen, dann ist es für jetzt, für heute.

Aber es kommt eine Zeit, die in der Zukunft liegt, in der die Regierung des Friedefürsten schließlich für alle Völker sichtbaren Frieden bringt. Noch haben wir keinen Frieden auf der Welt. Selbst wenn man von Friedensverträgen in Kriegsgebieten spricht, redet man gleichzeitig von schwer bewaffneten Friedenstruppen, die an den Grenzen patrouillieren, um den Frieden zu bewahren. So merkt man, dass der Frieden, den die Welt bringt, kein wahrer Frieden ist.

Doch Jesus bringt den echten Frieden. Die Mächte des Bösen sind dann endgültig vernichtet.

Das erste Kommen Jesu – zu Weihnachten vor 2000 Jahren – zeigte den Menschen, wie man in Gottes Königreich eintritt und wie man durch die Botschaft der Befreiung wahren inneren Frieden, sowie ein neues Leben und eine persönliche Beziehung zu Gott erhält. In dieser Zeit leben wir heute.

Wir können von drei Arten von Advent sprechen. Der erste Advent war, als Jesus zu Weihnachten in diese Welt kam - Advent heißt Ankunft. Die zweite Art von Advent ist, wenn Jesus in unseren Herzen ankommt. Und die dritte Art ist, wenn Jesus wiederkommt und Sein Reich auf Erden aufrichtet.

Eines Tages wird Jesus leiblich wiederkommen und Sein Reich für jedermann sichtbar aufrichten. Dann wird Er die Mächte des Bösen, die heute bereits besiegt sind, endgültig aus Seinem Reich beseitigen und ein sichtbares Reich des Friedens aufrichten. Dann wird Er mit uns, den Gläubigen, regieren. Ich weiß zwar nicht, wie es aussehen wird, aber wenn dort steht: *„Er wird mit uns herrschen von Ewigkeit zu Ewigkeit"* *(Offenbarung 22,5)*, dann muss ja auch noch etwas da sein, worüber wir herrschen. Sonst müssen wir nicht herrschen. Es passiert also noch etwas, das uns die Bibel nicht in vollem Licht zeigt. Aber um zu herrschen, muss man ausgebildet werden. Wo werden wir ausgebildet? Hier - durch das, was uns begegnet, vielleicht auch durch negative Umstände.

Wir dürfen uns bewusst machen: Das Reich Gottes ist schon da und trotzdem kommt es. Es ist da und expandiert, aber die Mächte des Bösen sind auch noch da.

Der Psalm 110 wird im Neuen Testament am meisten zitiert – ein sogenannter messianischer Psalm, denn er spricht vom Messias, dem Messias Israels. Dort spricht David prophetisch zu dem Messias: *„Herrsche inmitten deiner Feinde!"* *(Psalm 110,2)* Es wird die Zeit kommen, da sind die Feinde nicht mehr da. Aber hier sagt er: *„Herrsche!"* und das ist heute.

Du darfst über alle deine Umstände herrschen. Das Reich Gottes hat begonnen.

DER IN DIR GEBOREN IST

- BEFREIT, UM ZU VERTRAUEN -

Ich möchte mit diesen folgenden Versen beginnen, die mit Weihnachten zu tun haben. Aber dabei möchte ich nicht bleiben, sondern weitergehen. Denn auch nach Weihnachten geht es weiter.

„Und du, Betlehem im Land Juda, du bist keineswegs die unbedeutendste unter den Städten Judas; denn aus dir wird ein Fürst hervorgehen, der mein Volk Israel führen wird wie ein Hirte seine Herde." Matthäus 2,6

„Und der Engel sprach zu ihnen: Fürchtet euch nicht! Denn siehe, ich verkündige euch große Freude, die dem ganzen Volk widerfahren soll. Denn euch ist heute in der Stadt Davids der Retter geboren, welcher ist Christus, der Herr." Lukas 2,10

In beiden Versen geht es um eine Stadt – um Bethlehem, die Stadt Davids. Hier wurde der große König geboren. Zur Zeit Jesu war Bethlehem eine der kleinsten und unbedeutendsten Städte in Juda. Diese kleine, bedeutungslose Stadt hat Gott erwählt, damit Sein Sohn dort geboren wird. Weil der größte und bedeutungsvollste Mann aller Zeiten dort geboren wurde, ist diese Stadt nicht mehr bedeutungslos, sondern weltweit bekannt und begehrt; zumindest zu Weihnachten, wenn die ganze Welt von Bethlehem spricht und singt.

Die Weihnachtsbotschaft hat nicht nur etwas damit zu tun, wer damals in Bethlehem geboren wurde, sondern ob derselbe auch in dir geboren wurde. Darum geht es.

Dies ist die Botschaft, mit der der Heilige Geist uns heute segnen will. Das ist für dich persönlich. Du bist nicht länger bedeutungslos, weil Jesus in dir geboren ist. Derselbe Gott, der in der sogenannten Weihnachtsgeschichte wirkte und agierte, spricht heute wichtige Worte zu dir und Er sagt: „Du bist nicht mehr bedeutungslos, nicht mehr arm, kein Fremder mehr für Gott, nicht mehr verachtet. Weil ich in dir geboren bin, sollst du geachtet sein, sollst du groß sein. Du bist jemand! Ich sah dich in deinem Stand der Niedrigkeit, aber du sollst einmal neben dem König der Könige sitzen, ja der König der Könige lebt in dir. So sollst du mit erhobenem Haupt einhergehen!"

Das ist kein Stolz, sondern die göttliche Wahrheit. Biblische Demut hat nichts mit Selbstmitleid und mit dem Betonen der eigenen Niedrigkeit zu tun, sondern mit dem Annehmen von göttlicher Wahrheit und Offenbarung.

„Daher, wenn jemand in Christus ist, so ist er eine neue Schöpfung; das Alte ist vergangen, siehe, Neues ist geworden." 2. Korinther 5,17

In dem Augenblick, wo du von neuem geboren wurdest und Jesus durch den Heiligen Geist in dir Wohnung genommen hat, wurdest du eine neue Schöpfung.

Diese neue Schöpfung ist jeder anderen Schöpfung in der Welt überlegen. Diese neue Schöpfung ist deine neue Identität. Diese Erkenntnis wird dein Leben erneuern und verändern.

Deine geistliche Gesundheit und dein Wohlergehen beruhen nicht auf dem, was du von deinem natürlichen Menschen her bist, sondern auf dem, der in dir lebt.

„All denen jedoch, die ihn aufnahmen und an seinen Namen glaubten, gab er das Recht, Gottes Kinder zu werden." Johannes 1,12

Ich mag dieses Wort „aufnahmen". Wenn wir Speise in uns aufnehmen, ist sie in uns. Wenn wir Jesus aufnehmen – geistlich gemeint – ist Er in uns. Wir sympathisieren nicht nur mit Ihm, sondern Er lebt in uns.

Stelle die wichtigste Weiche deines Lebens: Lebe ein Leben mit Jesus!

Christus in dir ist der König der Könige. Wer kann dir noch Angst einjagen? Er setzt Könige ein und ab, sagt Gottes Wort. Der Herrscher des Universums lebt in dir.

Ich möchte hier vier Personen vorstellen, von denen es heißt: „Christus ist größer als..."

1. Der, der in uns lebt, ist größer als Salomo.

Die Geschichte schildert König Salomo als die weiseste Person auf dem gesamten Erdkreis. Und ich sage dir, dass derjenige, der größer ist als Salomo, in dir lebt.

„Die Königin des Südens wird im Gericht auftreten gegen dieses Geschlecht und wird es verurteilen, denn sie kam vom Ende der Erde, um die Weisheit Salomos zu hören; und siehe, hier ist einer, der größer ist als Salomo!" Matthäus 12,42

Derjenige, der Salomo mit erstaunlicher Weisheit füllte, der wird auch dich mit himmlischer Weisheit füllen.

Das heißt: Du bist fähig, alle deine Probleme zu überwinden. Gottes Weisheit ist in dir. Gottes Ratschläge sind für dich da. Es gibt keine Sackgassen mehr. Mit göttlicher Weisheit wird dir alles Gelingen.

„Gott allein hat es ermöglicht, dass ihr in Christus Jesus sein dürft. Den hat er zu unserer Weisheit gemacht. Durch ihn sind wir vor Gott gerecht gesprochen und unser Leben wird durch ihn geheiligt. Durch ihn sind wir erlöst." 1. Korinther 1,30

Die Bibelstelle besagt, dass Gott Jesus zu deiner und meiner Weisheit gemacht hat. Christus, der in dir wohnt, wird dir in jedem Bereich deines Lebens Sieg geben. Glaubst du das?

„Denn wer kennt schon die Gedanken des Herrn, dass er ihn belehren könnte? Aber wir haben die Gedanken des Christus." 1. Korinther 2,16

Wir haben die Gedanken Jesu. Paulus spricht von sich und den Gläubigen, also von uns. Wir haben die Art Jesu zu denken. Diese Weisheit in dir wird freigesetzt durch das Wort Gottes in deinem Herzen.

Ein Mann erzählte von seinem zehnjährigen Sohn, der große Probleme in der Schule hatte. Die Eltern unterstützten ihn beim Lernen, doch es war schwierig und die Noten in zwei Hauptfächern waren sehr schlecht. Zu dem Zeitpunkt las der Vater diese Bibelstelle aus dem *1. Korintherbrief 2,16: „Aber wir haben die Gedanken des Christus."* Dieser Vers traf das Herz des Vaters und er ging zu seinem Sohn, der mit seinen zehn Jahren schon sein Leben Christus anvertraut hatte, und sagte zu ihm: „Lass uns diesem Wort glauben! Wir wollen uns auf dieses Wort stellen. Du hast Christi Art zu denken, dann wirst du auch in der Schule klarkommen." „Ja", sagte der Sohn, „das glaube ich." Beide beteten gemeinsam dafür. „Aber nicht, dass du denkst wir üben nicht mehr. Wir werden üben und glauben, dass du es dann verstehst", sagte der Vater. Der Sohn brachte gute Noten mit nach Hause und es wurde besser und besser. Wir dürfen Worte Gottes persönlich und so wie sie geschrieben stehen, wörtlich nehmen. Die Weisheit in uns wird freigesetzt durch das Wort Gottes in unserem Herzen.

„Ich bin verständiger geworden als alle meine Lehrer, denn über deine Zeugnisse Sinne ich nach." Psalm 119,99 Der Psalmist sagt, dass er verständiger als alle seine Lehrer geworden ist, weil Gott Wort in seinem Herzen ist.

2. Der, der in uns lebt, ist größer als Johannes der Täufer.

Von Johannes heißt es: *„Ich versichere euch: Von allen Menschen, die jemals gelebt haben, war keiner größer als Johannes der Täufer. Und doch ist noch der Geringste im Himmelreich größer als er!" Matthäus 11,11*

Jesus sagte, dass unter allen von Frauen Geborenen keiner größer sei als Johannes der Täufer. Es gab keinen Größeren. Er hatte die gewaltigste Botschaft und diese Botschaft war Jesus. Er wies auf Jesus hin, das Lamm Gottes. Er hatte die größte Offenbarung aller Propheten von Jesus. Und jetzt sagt Jesus, dass der Geringste im Himmel größer ist als Johannes. Ja, wer ist denn im Himmelreich? Wir denken dann: „Wenn wir gestorben und im Himmel bei Gott sind." Aber ich sage: „Nein, denn das Himmelreich ist ein Synonymbegriff für das Reich Gottes." Jesus sagt: „Das Reich Gottes ist inwendig in uns." Er sagt auch: „Der, der größer ist als Johannes der Täufer, ist hier."

Das bedeutet, dass der, der größer ist als Johannes der Täufer, in dir geboren ist; der lebt in dir! Du bist jemand besonderes, weil Jesus in dir lebt. Es gibt keinen Grund mehr für Gedanken der Minderwertigkeit und der falschen Niedrigkeit. Der Engel Gabriel sagte über Johannes den Täufer:

„Denn er wird groß sein in den Augen des Herrn. Er wird keinen Wein und keine starken Getränke zu sich nehmen, und schon im Mutterleib wird er mit dem Heiligen Geist erfüllt sein." Lukas 1,15.

Johannes war groß vor dem Herrn, aber du bist in den Augen Gottes größer als er. Sehe dich mit den Augen Gottes, nicht mit den Augen der Menschen. Also: Erhebe dein Haupt! Schaue nach oben, nicht nach unten!

Johannes war ein Prophet. Ein Prophet steht für Offenbarung. Wir sind ein prophetisches Volk. Wir dürfen Erkenntnis des Wortes Gottes haben. Wir dürfen wissen, was der Herr vorhat, auch wenn kein Prophet zu uns redet, beziehungsweise geredet hat!

Johannes Dienst bestand darin, dem Herrn den Weg zu bahnen. Jesus hat uns den Weg gebahnt und so sollen wir anderen den Weg zu Jesus zeigen. Ein Prophet ist ein Rufer, ein Wegweiser, ein Mahner. Das ist der prophetische Geist in uns. Das ist unser aller Dienst.

„Jener war wirklich die Leuchte, die mit hellem Schein brannte; ihr aber wolltet euch nur eine Zeitlang an ihrem Lichtschein vergnügen." Johannes 5,35

3. Der, der in uns lebt, ist größer als Jona.

Der Prophet Jona hatte eine Botschaft für alle Einwohner Ninives. Es war eine der kraftvollsten Botschaften aller Zeiten und er war der gesalbteste Prophet aller Zeiten. Auf seine Predigt hin taten 120000 Menschen, vom

König an bis zum Geringsten, Buße von ihren Bosheiten. Und Ninive war eine gewaltig böse Stadt. Sie kehrten mit Fasten um zum lebendigen Gott und das Gericht wurde für eine lange Zeit aufgeschoben. Solch eine Salbung habe ich noch nie gesehen. Und nun sagt Jesus: „Der, der in euch lebt, ist größer als Jona."

„Die Männer von Ninive werden im Gericht auftreten gegen dieses Geschlecht und werden es verurteilen, denn sie taten Buße auf die Verkündigung des Jona hin; und siehe, hier ist einer, der größer ist als Jona!" Matthäus 12,41

Genau wie Jona und noch stärker, können wir viele Menschen mit göttlicher Salbung zur Umkehr führen. Denn derjenige, der größer ist als Jona, lebt in uns. Eine größere Salbung ist da, eine größere Kraft, ein besserer Bund mit stärkeren Verheißungen. Die Prophetien, die wir als Gemeinde vom Herrn empfangen haben, können sich nur mit diesem Bewusstsein erfüllen. Wir müssen die Weichen in unserem Denken stellen, damit das geschieht, was Gott gesprochen hat.

Können wir uns wirklich vorstellen, dass wir viele Menschen aus unserer Nation zum Herrn führen können? Es gibt keinen Grund, warum das nicht passieren könnte, aber sehr viele Gründe, warum das möglich sein sollte. Wir müssen unser Denken ändern. Wir müssen ein „Christus in uns Denken" praktizieren.

Lasst uns anfangen mit diesem Denken „Christus in uns" viele Menschen und unsere noch-nicht-gläubig gewordenen Verwandten zum Herrn zu beten und zu führen.

Christus ist in uns geboren. Die Kraft, um Situationen und Umstände grundlegend zu ändern, liegt in uns.

4. Der, der in uns lebt, ist größer als Satan.

Der Apostel Johannes schrieb alle drei seiner Briefe gegen eine bestimmte Lehre, die in der damaligen Christenheit am Ende des ersten Jahrhunderts grassierte: die gnostische Irrlehre, eine sehr finstere Irrlehre. Einige Historiker sagen, dass zu gewissen Zeiten fünfundsiebzig Prozent der damaligen Gemeinden davon infiziert waren. Die Gnosis war teilweise dem Christentum ähnlich, hatte sich in die Gemeinden eingeschlichen und war doch grundlegend anders, weil sie leugnete, dass Jesus Christus der im Fleisch gekommene Gott war. Sie leugneten diese Art der Erlösung. Und jetzt sagt Johannes dieses Wort:

„Kinder, ihr seid aus Gott und habt jene überwunden, weil der, welcher

in euch ist, größer ist als der, welcher in der Welt ist." 1. Johannes 4,4

Er erinnert die Menschen an ihre Identität: *"...weil der, welcher in euch ist... deswegen..."*

Der Apostel Paulus spricht in 2. Korinther 4,4 von Satan als dem Gott dieses Zeitalters. Aber der, der in euch ist, ist größer.

*"Der Satan, **der Gott dieser Welt**, hat die Gedanken der Ungläubigen so verblendet, dass sie das herrliche Licht der Botschaft nicht wahrnehmen können. Damit bleibt ihnen unsere Botschaft über die Herrlichkeit von Christus, der das Ebenbild Gottes ist, unverständlich."*

Wir müssen eine neue Offenbarung über den bekommen, der in uns ist. Satan, der Fürst dieser Welt, kann nur diese Welt regieren, aber nicht dich, denn du bist nicht von dieser Welt. Die ganze Welt wird vom Bösen beherrscht.

"Wir wissen, dass wir von Gott stammen und dass die ganze Welt um uns herum vom Bösen beherrscht wird." 1. Johannes 5,19

Aber du bist in Christus, dem König der Könige, der den Satan überwunden hat. In dir lebt der Größte aller Herrscher. Was will der Feind uns denn antun? Wovor sollten wir Angst haben? Du gehörst nicht mehr zum Reich der Finsternis.

"Er hat uns errettet aus der Herrschaft der Finsternis und hat uns versetzt in das Reich des Sohnes seiner Liebe." Kolosser 1,13

Glaube das und bekenne das, damit du es hörst und glaubst und damit der Teufel es hört und auch weiß, dass du es weißt. Denn er ist ein Lügner und will uns über das, was wir in Christus sind, haben und können, im Unklaren lassen. Glaube nicht deinen Erfahrungen, deinen Gefühlen, falschen Lehren, sondern glaube dem Wort Gottes! Sprich es aus! Sei, was du bist! Lebe, was du bist! Das ist die Botschaft der Geburt unseres Herrn. Das darfst du im Glauben nehmen, weil Gottes Wort es sagt. Glaube nicht deinem „Aber," das vielleicht gerade jetzt kommt, sondern glaube dem Wort Gottes!

"Denn alles, was aus Gott geboren ist, überwindet die Welt; und unser Glaube ist der Sieg, der die Welt überwunden hat. Wer ist es, der die Welt überwindet, wenn nicht der, welcher glaubt, dass Jesus der Sohn Gottes ist?" 1. Johannes 5,4-5

Es geht immer um das, was in uns ist. Was ist denn aus Gott geboren? Christus in uns, unser neuer Geist, den Gott uns gegeben hat, unsere neue Identität, die Jesus für uns erwirkt hat am Kreuz.

Der, der in dir geboren wurde, ist wirklich groß. Du bist nicht irgendjemand. Du bist nicht unbedeutend. Unsere Berufung besteht darin, dass wir einmal die Welt beherrschen und mit Christus regieren. Sei das, was du bist!

Gott sagt zu Jesus in *Psalm 110: „Herrsche inmitten deiner Feinde!"* Die Feinde sind noch da, aber Gott sagt: „Herrsche!" Wie kann man denn herrschen, wenn man weiß, wer in uns lebt?

Dies alles wird sichtbar, so sagt es diese Bibelstelle, durch den Glauben. Glaube sieht die unsichtbare Wirklichkeit, die Wahrheit Gottes. Der Glaube fürchtet keine Bedrohung. Er handelt gemäß dem Heilsplan Gottes. Der Glaube sagt Ja zu Jesus und nimmt Ihn auf in sein Leben.

JONA –
EINE BOTSCHAFT
DER LIEBE GOTTES

- GOTTES LIEBE BEFREIT -

Es ist erstaunlich, wie eine Begebenheit, die zweitausendachthundert Jahre zurückliegt, heute zu uns redet. Das Buch der Bibel ist, egal wann wir es lesen, immer brandaktuell.

„Und Gott sah ihre Taten, dass sie umkehrten von ihren bösen Wegen, und ihn reute das Übel, das er ihnen angedroht hatte, und er tat es nicht." Jona 3,10

Wenn das Buch Jona mit Kapitel 3 aufgehört hätte, dann wäre Jona wohl als der größte Prophet aller Zeiten in die Geschichte eingegangen. Denn wo und wann hat es so etwas gegeben, dass eine solch verderbte und dem Gericht geweihte Stadt umgekehrt ist und statt Gericht, Erweckung gekommen ist?

Aber es gibt hier ein viertes Kapitel!

„Das aber missfiel Jona sehr, und er wurde zornig. Und Jona betete zum Herrn und sprach: Ach, Herr, ist's nicht das, was ich mir sagte, als ich noch in meinem Land war, dem ich auch durch die Flucht nach Tarsis zuvorkommen wollte? Denn ich wusste, dass du ein gnädiger und barmherziger Gott bist, langmütig und von großer Gnade, und das Unheil reut dich! Und nun, Herr, nimm doch meine Seele von mir; denn es ist besser, ich sterbe, als dass ich lebe! Da sprach der Herr: Ist es recht, dass du so zornig bist? Hierauf ging Jona zur Stadt hinaus und ließ sich östlich von der Stadt nieder und machte sich dort eine Hütte und saß unter ihrem Schatten, bis er sähe, wie es der Stadt ergehen würde. Da entsandte Gott, der Herr, eine Rizinusstaude, die wuchs über Jona empor, um seinem Haupt Schatten zu spenden und ihn von seiner üblen Laune zu befreien; und Jona freute sich sehr über den Rizinus. Da entsandte Gott einen Wurm, als die Morgenröte am anderen Morgen aufstieg; der stach den Rizinus, sodass er verdorrte. Und es geschah, als die Sonne aufging, da entsandte Gott einen heißen Ostwind, und die Sonne stach Jona aufs Haupt, sodass er ganz matt wurde; und er wünschte sich den Tod und sprach: Es ist besser, dass ich sterbe, als dass ich am Leben bleibe! Da sprach Gott zu Jona: Ist es recht, dass du so zornig bist wegen des Rizinus? Da sprach er: Ja, ich bin mit Recht zornig bis zum Tod! Da sprach der Herr: Du hast Mitleid mit dem Rizinus, um den du dich doch nicht bemüht und den du nicht großgezogen hast, der in einer Nacht entstanden und in einer Nacht zugrunde gegangen ist. Und ich sollte kein Mitleid haben mit der großen Stadt Ninive, in der mehr als 120 000 Menschen sind, die ihre rechte Hand nicht von ihrer linken unterscheiden können, dazu so viel Vieh!" Jona 4,1-11

Mit dieser rhetorischen Frage endet das Buch Jona, denn die Antwort ist klar. Natürlich sollte Gott Mitleid mit den Menschen dieser Stadt haben.

1. Gott erzieht seine Kinder.

Nachdem Jona seine Verlorenheit im Bauch des Fisches so sehr gespürt hatte und so wunderbar daraus errettet wurde, war er dem Auftrag Gottes gehorsam. Wäre er gleich gehorsam gewesen, hätte er diese Erfahrung nicht machen müssen.

Gott erzog Jona und Er erzieht auch uns.

„Denn Gott erzieht denjenigen, den er liebhat, und er diszipliniert jeden, den er als seinen Sohn oder seine Tochter bei sich aufnimmt." Hebräer 12,6

Wie Gott seine Kinder erzieht, möchte ich an einem persönlichen Beispiel verdeutlichen. Als zwanzigjähriger Mann – ich hatte mich mit achtzehn Jahren bekehrt – trat ich meinen Zivildienst an. Ich hatte mich vorher selbst um eine Zivildienststelle in einem Jugendfreizeitheim gekümmert und hatte die Zusage bekommen, dort arbeiten zu dürfen. Als dann mein Einberufungsbescheid kam, wurde ich allerdings nicht dorthin berufen, sondern an einen anderen Ort in ein Pflege- und Seniorenheim. Überall wollte ich hin, nur nicht in dieses Altenheim. So versuchte ich telefonisch diesen Irrtum aufzuklären. Tatsächlich gab es koordinative Schwierigkeiten und man sagte mir, dass ich für die ersten sechs Wochen in das Seniorenheim müsste. So arbeitete ich für diese sechs Wochen dort, was sehr schwer für mich war. Nach dieser Zeit tat sich nichts. Das Nachfragen bei dem betreffenden Bundesamt ergab, dass wieder etwas schiefgelaufen war und ich auch die restliche Zeit meines Zivildienstes im Heim auf der Pflegestation bleiben musste. Ich war sauer auf das Bundesamt und ich war sauer auf Gott. Aber tief im Herzen spürte ich, dass Gott wollte, dass ich dort bleibe. Es war am Anfang sehr schwer für mich. Ich habe viel gebetet und am Ende war es dann doch meine beste Stelle. Gott hat mich erzogen und noch heute kommt mir das zugute, was ich dort gelernt habe.

Gut, dass Gott seinen Propheten Jona erzogen und diszipliniert hat, sonst wären die 120000 Einwohner von Ninive alle umgekommen. Doch so kam eine große Erweckung.

Wer liebt sein Kind mehr: ein Vater, der es tun lässt, was ihm schadet, oder der Vater, der sein Kind korrigiert, erzieht und zurechtbringt, damit es lernt, was richtig ist?

Gottes Erziehung ist ein Zeichen Seiner Liebe zu uns, aber auch für diejenigen, für die wir einen Auftrag haben – siehe Jona. Bis zuletzt erzieht der Herr Seinen Propheten.

Gott stellt uns heute folgende Frage: „Wird es nicht Zeit, in meinen Wegen zu gehen und wirklich gehorsam zu sein?"

Der Herr hat viel Geduld, aber er will auch, dass wir schneller wachsen und schneller vorangehen. Wir haben einen großen Dienst, heute und in alle Ewigkeit, Gottes Reich bekannt zu machen und zu repräsentieren. Es wird Zeit!

„... und seine Knechte werden ihm dienen ... und sie werden regieren von Ewigkeit zu Ewigkeit." Offenbarung 22,3.5

Erst kommt das Dienen, welches vielleicht nicht immer so angenehm ist. Aber es ist gut für mich und andere. Und die Knechte werden regieren. Dieses Wort im Grundtext heißt sogar: „als Könige herrschen". Für diese Aufgabe werden wir heute ausgebildet!

2. Erweckung durch den Dienst des Jona

Unsere Motivation für unseren Dienst ist die Liebe Gottes, aber auch die Liebe zu den Menschen, die verloren gehen. Zur Liebe Gottes gehört auch, dass wir die Menschen manchmal warnen müssen vor den Konsequenzen der Sünde.

„Und das Wort des Herrn erging zum zweiten Mal an Jona folgendermaßen: Mache dich auf, geh nach Ninive, in die große Stadt, und verkündige ihnen die Botschaft, die ich dir sagen werde!" Jona 3,1-2

Als der Fisch Jona ausgespuckt hatte, sprach Gott zu ihm und Jona war unter der Inspiration Gottes und gab den Niniviten genau das weiter, was Gott ihm sagte.

Gott will uns eine gewaltige Salbung für diesen Dienst geben.

Gehorsam setzt Salbung frei. Salbung ist die manifeste Kraft des Heiligen Geistes auf unserem Leben, die Gott durch uns offenbaren will. Sie kann eine wirkliche Erweckung und Veränderung freisetzen. Lasst uns auf die göttliche Salbung bauen!

Gott will Großes wirken und Er will uns dazu gebrauchen. Lasst uns jede Erziehung Gottes vor diesem Hintergrund sehen!

„Wo aber die Sünde mächtig geworden ist, da ist die Gnade noch viel mächtiger geworden." Römer 5,20

In Ninive herrschte die Sünde überreich, aber Gottes Gnade ist mächtiger. Ninive erlebte eine Erweckung! Welch eine Salbung wurde in der Predigt des Jona offenbar!

Zu der Zeit Jonas regierte in Ninive König Adadnirari III. Selbst assyrische Quellen erwähnen unter ihm eine religiöse Reform. Diese Buße und Erweckung in der Stadt Ninive, die sogar den König und die abgöttische Regierung erfasste, ist also geschichtlich dokumentiert.

Der große Erweckungsprediger Dwight L. Moody (1831-1899) sagte: „Erweckungen sind vollkommen biblisch... Immer, wenn der Mensch Buße tat, seine Götzen beseitigte und Gott allein diente, da kam Gott mit mächtiger Kraft und trieb den Feind hinaus. So ist es in der Menschheitsgeschichte immer gewesen."

3. Freude im Himmel und auf Erden über die göttliche Errettung

Jona erlebt hier, wie die Feinde seines Volkes gerettet werden. Wir müssen uns vor Augen malen, was es für Jona bedeutet haben muss, dass Israels größte Feinde gerettet wurden.

Jesus lehrt uns, dass Freude im Himmel ist über einen Sünder, der zu Gott umkehrt, und hier kehrten 120000 um. Was für ein Freudenfest im Himmel!

Aber wie reagiert Jona? Jona verhält sich hier genauso wie der ältere Bruder in der Geschichte des verlorenen Sohns.

Da war ein Vater, der zwei Söhne hatte. Eines Tages kam der jüngere Sohn zu ihm und ließ sich vorzeitig sein Erbe auszahlen. Und es heißt: „Der Vater teilte ihnen das Erbe." Also bekamen beide Söhne das Erbe, nicht nur der Jüngere. Der ältere Sohn, der auch ein Erbe bekam, blieb aber im Haus des Vaters, arbeitete, diente ihm und machte alles richtig. Der jüngere Sohn zog mit viel Geld in der Tasche in ein fernes Land. Dort hatte er viele Freunde und es ging ihm richtig gut. Er verprasste jedoch sein ganzes Geld buchstäblich, wie man sagt, mit: Wein, Weib und Gesang. Nun hatte er kein Geld mehr und eine große Hungersnot kam über das Land, so dass ihm nichts anderes übrigblieb, als die Schweine zu hüten. Für einen Juden ist es das Schlimmste, was er sich vorstellen kann, Schweine zu hüten. Schweine sind unreine Tiere. Der jüngere Sohn war also ganz unten angekommen. Doch dann hatte er eine glorreiche Idee: „Ich gehe zurück zu meinem Vater. Wenn er mich nur als Tagelöhner aufnimmt." Der Vater sah ihn schon von Ferne, lief ihm entgegen, küsste ihn und setzte ihn wieder ein mit allen Rechten des Sohnes.

Es ist Freude im Himmel – und der Vater steht hier für Gott – über einen Sünder, der zu Gott umkehrt.

Doch nun geht der Fokus auf den älteren Sohn:

„Währenddessen war sein älterer Sohn auf dem Feld. Als er in die Nähe des Hauses kam, hörte er die festliche Musik und den Tanz. Da rief er einen der Hausangestellten zu sich und fragte ihn, was da los sei. Der sagte: »Das ist ein Fest, weil dein Bruder wiedergekommen ist. Dein Vater hat für ihn das gemästete Kalb schlachten lassen, weil er ihn wohlbehalten wiederhat!« Da wurde er sehr wütend und wollte nicht in das Haus hineingehen. Aber sein Vater kam heraus und redete ihm gut zu. Doch er erwiderte seinem Vater: »Jetzt schau mal her! So viele Jahre mühe ich mich hier bei dir ab und arbeite und habe kein einziges Mal auch nur eine einzige Anweisung von dir missachtet! Aber mir hast du noch nie auch nur einen einzigen Ziegenbock gegeben, damit ich es mir zusammen mit meinen Freunden einmal gut gehen lassen kann! Jetzt aber, wo der da, dein Sohn, der deinen Besitz mit Prostituierten verprasst hat, wieder auftaucht, da hast du für ihn sogar das gemästete Kalb schlachten lassen!« Da sagte der Vater: »Mein Kind! Du bist doch immer bei mir und alles, was mir gehört, gehört auch dir! Aber wir müssen uns doch freuen und so richtig feiern! Denn er, dein Bruder, war tot und ist jetzt wieder am Leben, er war völlig verloren und wir haben ihn wieder zurückbekommen!« Lukas 15,25-32

Der ältere Bruder war wütend und freute sich nicht, dass sein Bruder wiedergekommen war. Hier sehen wir deutlich die Parallele zu Jona. Er hatte große Probleme mit der Gnade Gottes, aber unser Gott ist ein Gott der Gnade, ein Gott, der uns beschenkt, ein Gott, der beschenkt, wo wir es nicht verdient haben. Sein Wesen ist Gnade. Gnade schließt immer Verdienst aus!

Wir alle stehen in der Gefahr, ein „älterer Sohn" zu werden.

Vielleicht hat Jona auch gedacht: „Alle Mühe ist umsonst. Die Niniviten überleben, obwohl sie doch wirklich die Strafe Gottes verdient hätten. Wie stehe ich jetzt da?"

4. Die Erneuerung des Herzens

„Doch Jona wurde darüber sehr böse und zornig. Er beklagte sich beim Herrn: »Ach Herr, habe ich das nicht schon gesagt, bevor ich von zu Hause aufbrach? Deshalb bin ich ja fortgelaufen nach Tarsis! Ich wusste, dass du ein gnädiger und barmherziger Gott bist, dass du geduldig und voller Liebe bist, weil du das Unheil bedauerst. So mach nun meinem

Leben ein Ende, Herr! Ich will lieber sterben, als zu leben.« Der Herr antwortete ihm: »Ist es recht, dass du deshalb zornig bist?« Jona 4,1-4

Der Herr hat Geduld mit Jona, dessen Missmut bis zum Lebensüberdruss wächst. Jona ärgert sich über das Mitleid des Herrn!

Jona war glücklich, als Gott ihn rettete, aber er wurde zornig, als Ninive gerettet wurde.

Der Kern eines jeden Problems ist das Problem im Herzen und da waren auch Jonas Probleme zu finden.

„Was aber aus dem Mund herauskommt, das kommt aus dem Herzen, und das verunreinigt den Menschen. Denn aus dem Herzen kommen böse Gedanken, Mord, Ehebruch, Unzucht, Diebstahl, falsche Zeugnisse, Lästerungen. Das ist's, was den Menschen verunreinigt! Aber mit ungewaschenen Händen essen, das verunreinigt den Menschen nicht." Matthäus 15,18-20

Ob immer alles gut ist, was in unserem Herzen ist? Wenn es in Übereinstimmung mit dem Herzen Gottes ist, dann ist es gut.

Als Jona, nachdem er im Bauch des Fisches war, eine Herzensveränderung erlebte, war er gehorsam und Gott schenkte Erweckung. Erweckung kommt in Antwort auf ein erneuertes Herz, aber Jona fiel hier wieder zurück in seine alte Haltung. Dies ist eine Lehre für uns heute, denn manchmal fallen auch wir zurück in das, was gar nicht mehr zu uns gehört.

Erweckung wird bei uns auch nur dann kommen, wenn wir bereit sind, uns zu verändern!

Jona musste sich zuerst verändern, die Niniviten mussten sich verändern, auch wir heute müssen uns verändern und Veränderung zulassen! Jede Veränderung fängt mit einer Veränderung des Herzens an.

Wenn wir den Status Quo verwalten wollen, wenn wir wollen, dass alles so bleibt, wie es ist, dann brauchen wir keine Veränderung.

Wenn wir aber Erweckung, nicht nur einige Bekehrungen, sondern wirkliche Erweckung wollen, die Gott geben will, dann müssen wir uns als einzelne, sowie als gesamte Gemeinde verändern und wir müssen bereit sein, neue Wege zu gehen.

Wer ist dafür bereit?

Jonas Gebete

Zum zweiten Mal in dieser Geschichte betet Jona, aber dieses zweite Gebet unterscheidet sich in Inhalt und Ziel sehr von dem ersten.

Er betet sein bestes Gebet am schlimmsten Ort: im Bauch des Fisches. Und er betet sein schlimmstes Gebet am besten Ort: in Ninive, der Stadt, in der Gott gerade eine Erweckung geschenkt hat. Sein erstes Gebet kam aus einem zerbrochenen Herzen, aber sein zweites Gebet kam aus einem zornigen Herzen, das nicht vergeben wollte. Sein erstes Gebet erhört der Herr, das zweite glücklicherweise nicht.

„Darum sage ich euch: Alles, was ihr auch immer im Gebet erbittet, glaubt, dass ihr es empfangt, so wird es euch zuteilwerden! Und wenn ihr dasteht und betet, so vergebt, wenn ihr etwas gegen jemand habt, damit auch euer Vater im Himmel euch eure Verfehlungen vergibt." Markus 11,24-25

Jona hat Probleme mit der Liebe Gottes, der auch unsere Feinde liebt. Hast du gerade einen Konflikt mit jemandem, vielleicht sogar aus deiner eigenen Gemeinde? Dann sollst du wissen, dass der Herr diesen Menschen genauso liebt wie dich. Gott will seine Gebete genauso erhören, wie Er auch deine Gebete erhören möchte.

Eine falsche Herzenshaltung kann uns in die Niedergeschlagenheit und Depression bringen, so wie Jona in Vers 4 sagte: *„Ich will lieber sterben, als zu leben."* Aber Gott arbeitet an Jonas Charakter, er will ihn erziehen, wie auch uns. Das ist ein großer Trost für uns! Er redet mit Jona durch ein Gleichnis. Er lässt eine Rizinusstaude wachsen, dann kommt der Wurm, der Ostwind… Was für eine Mühe sich Gott macht, um Seinen Propheten Jona, den Er liebt, zurecht zu bringen!

Zu uns redet Gott zuerst durch Sein Wort, durch die Bibel, aber oft auch durch prophetische Worte und manchmal auch durch die Lebensumstände. Jona schmerzt der Verlust der Pflanze, die ihm Schatten gespendet hatte. Sie schmerzte ihn persönlich wohl mehr, als der drohende Tod der Niniviten. Sollte der Liebe Gottes der Tod von 120000 Menschen etwa gleichgültig sein?

„Da sprach der Herr: Du hast Mitleid mit dem Rizinus, um den du dich doch nicht bemüht und den du nicht großgezogen hast, der in einer Nacht entstanden und in einer Nacht zugrunde gegangen ist. Und ich sollte kein Mitleid haben mit der großen Stadt Ninive, in der mehr als 120 000 Menschen sind, die ihre rechte Hand nicht von ihrer linken unterscheiden können, dazu so viel Vieh!" Josua 4,10-11

Mit dieser Aussage Gottes endet die Geschichte von Jona.

Gerade dem geistlichen Hochmut Israels gegenüber hat sich Jesus in zweifacher Hinsicht auf Jona berufen. Einmal weist Er mit dem Zeichen des Jona auf Seine Auferstehung hin.

„Er aber erwiderte und sprach zu ihnen: Ein böses und ehebrecherisches Geschlecht begehrt ein Zeichen; aber es wird ihm kein Zeichen gegeben werden als nur das Zeichen des Propheten Jona. Denn gleichwie Jona drei Tage und drei Nächte im Bauch des Riesenfisches war, so wird der Sohn des Menschen drei Tage und drei Nächte im Schoß der Erde sein." Matthäus 12,39-40

Zum anderen stellt er die Bußbereitschaft der Niniviten als Maßstab hin, an dem Seine jüdischen Volksgenossen beim Jüngsten Gericht gemessen werden. *„Die Männer von Ninive werden im Gericht auftreten gegen dieses Geschlecht und werden es verurteilen; denn sie taten Buße auf die Verkündigung des Jona hin; und siehe, hier ist einer, der größer ist als Jona!"* Lukas 11,32

Mit einer wichtigen offenen Frage am Schluss endet das Buch Jona und wendet sich damit gegen alle menschliche Selbstgerechtigkeit.

„Und ich sollte kein Mitleid haben mit der großen Stadt Ninive, in der mehr als 120 000 Menschen sind, die ihre rechte Hand nicht von ihrer linken unterscheiden können, dazu so viel Vieh!" Jona 4,11

Gott will alle retten, die zu Ihm kommen:

- Gott verschonte die Matrosen, als sie um Gnade flehten.
- Gott rettete Jona, als er im Innern des Fisches betete.
- Gott rettete die Niniviten, als sie auf Jonas Predigt reagierten.
- Gott antwortet auf die Gebete derer, die Ihn anrufen und Er wünscht sich, dass alle zu Ihm kommen, Ihm vertrauen und gerettet werden.

Gott ist Liebe. Er liebt Seine Geschöpfe und möchte nicht, dass auch nur eines davon verloren geht.

NACHWORT

Ganz bewusst habe ich die Predigt über das vierte Kapitel des Buches Jona an das Ende dieser Sammlung gesetzt.

Gott ist Liebe. Er liebt Seine Geschöpfe und Seine Liebe zu uns Menschen ist so groß, dass Er nicht möchte, dass auch nur einer davon verloren geht.

Vielleicht hast du dieses Buch von jemandem geschenkt bekommen und bist ganz unverhofft in dieses Abenteuer der Liebe Gottes hineingeschlittert, oder du hast selbst ganz gezielt in diesem Buch nach Gott gesucht. Ich möchte dich hier und heute ermutigen, diese Reise weiter zu beschreiten und das Angebot Gottes für dich anzunehmen.

Du hast hier gelesen, dass Gott, dein himmlischer Vater, dich liebt und sich nach einer persönlichen Beziehung zu dir sehnt. Er hat Seinen Sohn, Jesus Christus, auf diese Erde gesandt, damit Er die Verbindung zwischen sich und den Menschen wieder herstellt, die im Garten Eden durch den Sündenfall zerstört wurde.

Gott sandte Seinen einzigen Sohn Jesus auf diese Erde, damit dir alles, was dich jemals von Gott getrennt hat, vergeben wird und du ewig leben kannst.

Alle deine Fehler und Schuldgefühle darfst du bei Jesus ablegen und durch Ihn einen Neuanfang starten. Jesus Christus starb am Kreuz, um für all unser Fehlverhalten zu bezahlen, und stand am dritten Tag von den Toten wieder auf. Weil Jesus den Tod besiegt hat, kannst du ewig leben.

Gott sieht dich. Er liebt dich und Er sehnt sich nach dir. Es geht Ihm um dein Herz und Er wünscht sich, dass du dich persönlich an Ihn wendest und bei Ihm Ruhe findest.

Du bist nur ein Gebet von deinem himmlischen Vater und Seiner Erlösung für dich entfernt.

Wenn du möchtest, darfst du beten:

„Jesus, ich glaube, dass Du Gottes Sohn bist. Ich habe bisher nicht so gelebt, wie Du es wolltest. Danke, dass Du am Kreuz für meine Schuld gestorben bist und dadurch den Weg zu Gott für mich frei gemacht hast. Vergib mir bitte meine Schuld. Ich nehme Dich jetzt als meinen Retter an. Du sollst mein persönlicher Herr in meinem Leben sein. Bitte führe und leite Du mich. Ich glaube, dass Du von den Toten auferstanden bist und heute noch lebst. Bitte erfülle mich mit Deinem Heiligen Geist, der

mir die Gewissheit des Glaubens schenkt. Danke Herr Jesus, dass ich nun auf ewig Dir gehöre. Nun gestalte mein Leben so, dass ich es Dir zur Ehre und Freude leben kann. Amen."

Ich freue mich sehr für dich. Wir sind nun Glaubensgeschwister und ich möchte dich herzlich ermutigen, dir eine Gemeinde zu suchen, in der das Wort Gottes gelehrt und Jesus geliebt wird. Wenn du Fragen hast oder Hilfe benötigst, wende dich gerne an die folgende Emailadresse:

ccn-buero@christuscentrum.de

Vielleicht bist du aber auch schon eingetaucht in Gottes Liebe und weißt, wer du in Ihm bist, so wie Pastor Michael Kaizik es in einer seiner Predigten beschreibt:

„Keine Macht der Welt, keine negative, böse, dämonische Macht der Welt, hat mehr einen Anspruch auf die Gläubigen. Der Gläubige ist ein Kind Gottes. Durch den Glauben an Jesus sind wir neue Menschen, die nicht mehr der Sünde, dem Tod oder dem Teufel gehören."

Dann möchte ich dich ermutigen, in dieser Wahrheit zu leben und deine Autorität, die Jesus dir mit Seinem Heiligen Geist gegeben hat, wahrzunehmen. So wird das Reich Gottes, das schon mitten unter uns ist, sichtbar und ein Zeugnis für viele werden.

„Denn siehe, das Reich Gottes ist mitten unter euch." Lukas 17,21

Sei reich gesegnet!

DANKSAGUNG

Danksagung von Michael Kaizik

Mein besonderer Dank gilt …

- meiner geliebten Frau Karin, die mich immer unterstützt und mich beständig ermutigt hat in meinem Dienst
- meinen Kindern Tabea, Bettina, Anika, Jenny und Samuel, die mein Leben immer wieder neu bereichert haben
- dem hervorragenden Team der Gemeindeleitung des Christus Centrum Neumünster, mit denen zusammen es große Freude macht, im Reich Gottes zu dienen
- meiner Mitarbeiterin und Leiterin unseres Gemeindebüros, Marlen Lange, die die Idee für dieses Buch hatte und in unermüdlicher Arbeit die Skripts meiner Predigten gelesen und in Abgleichung mit Audio- und Videoaufzeichnungen in eine abschließende Form gebracht hat.

Danksagung von Marlen Lange

Zuerst einmal möchte ich meinem Schöpfer, Erlöser, Ratgeber und himmlischen Vater danken. Du hast mich geschaffen und führst mich auf Deinen guten Wegen. Danke, dass ich auf diesen Wegen immer wieder bei Dir ausruhen darf, dass Du mich erfrischst und dass ich auch in schwierigen Situationen weiß: Du bist immer bei mir! Wenn ich stehenbleibe, mich umdrehe und auf meinen bisher zurückgelegten Weg schaue, erkenne ich mit Staunen, dass ausschließlich Deine Güte und Gnade mir folgen. Deine Gnade gibt mir Sicherheit und befähigt mich, Dir zu vertrauen und jeden Tag aufs Neue nach Deinem Wirken Ausschau zu halten. Ich danke Dir für die Idee zu diesem Buch. Es soll Deinen Namen verherrlichen und vielen Menschen das Geschenk Deiner Gnade nahe bringen.

Ich danke meiner wunderbaren Familie mit meinem lieben Ehemann, unseren Kindern, Schwiegerkindern, Enkelkindern und meiner Mutter, die ihr mein Leben so reich macht. Ich danke euch für eure Liebe, Wertschätzung und Unterstützung. Ein besonderer Dank gilt auch Nils (Layout) und Lotta (Korrektur) für eure immerwährende Ermutigung, Inspiration und zeitliche Investition.

Dieses Buch wäre nicht ohne die wunderbaren Predigten unseres Pastors Michael Kaizik entstanden. Ich danke dir sehr, Michael, für dein Vorbild, deinen inspirierenden Hirten- und Lehrdienst und deine Wertschätzung. Es ist eine große Freude, für dich und das Christus Centrum

Neumünster tätig sein zu dürfen.

Auch meine Glaubensgeschwister aus dem CCN, und darüber hinaus, möchte ich nicht unerwähnt lassen, ebenso wie meine Schwester mit ihrer Familie. Ich bin sehr dankbar, dass wir eineinander haben, dass wir uns gegenseitig stützen und gemeinsam Gott erleben.

Mein Gebet ist, dass wir in Seiner Gnade, die uns aus der Macht der Finsternis befreit hat, das Reich Gottes auf dieser Erde sichtbar werden lassen und immer mehr erkennen, wozu Er uns durch Seine Gnade befähigt hat.

*"Weil Gott so gnädig ist,
hat er euch durch den Glauben gerettet.
Und das ist nicht euer eigenes Verdienst;
es ist ein Geschenk Gottes."*

Epheser 2,8